Workbook and Lab Manual

Second Edition

Crescendo!

An Intermediate Italian Program

Quaderno degli escercizi e Manuale d'ascolto

Cristina Villa
University of Southern California

Gianluca Rizzo
University of California at Los Angeles

Roberta Tabanelli
Christopher Newport University

Francesca Italiano
University of Southern California

Irene Marchegiani
State University of New York, Stony Brook

JOHN WILEY & SONS, INC.

COVER ART: © *Aaron Graubart/Iconical/Getty Images*

To order books or for customer service, please call 1(800)-CALL-WILEY (225-5945).

Printed in the United States of America.

ISBN 978- 0-470-42468-1

Printed and bound by Integrated Book Technology, Inc.

10 9 8 7 6 5 4 3

Indice generale

CAPITOLO 1

Conosciamoci meglio!

TEMI

La descrizione fisica e psicologica

A. Indovina. Osserva le foto e indica a chi si potrebbero riferire le affermazioni che seguono. Segui l'esempio.

Esempio: _____ ha i capelli ricci.
Marco ha i capelli ricci.

Marco

Antonio

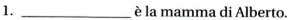

Simona

1. _____ è la mamma di Alberto.
2. _____ lavora in banca.
3. _____ è sportiva e dinamica.
4. _____ ha i capelli lisci e molto corti.
5. _____ fa la cantante.
6. _____ è aperto e altruista.
7. _____ fa la casalinga a Roma.
8. _____ fa il pittore.
9. _____ è il padre di Giorgio.
10. _____ ha i capelli molto lunghi.
11. _____ è tranquilla e timida.
12. _____ è introverso e solitario.
13. _____ porta gli occhiali.
14. _____ è sempre gentile coi suoi clienti [*customers*].

Barbara

B. **Ritratti.** Descrivi il carattere delle persone nelle foto. Completa le frasi con il contrario dell'aggettivo sottolineato.

Esempio: Marco non è <u>noioso</u>, al contrario è _____.
*Marco non è <u>noioso</u>, al contrario è **divertente**.*

1. Barbara non è <u>pigra</u>, al contrario è _____.

2. Marco e Antonio non sono <u>egoisti</u>, al contrario loro sono _____.

3. Simona e Marco non sono <u>disonesti</u>, al contrario sono _____.

4. Antonio non è <u>introverso</u>, al contrario è _____.

5. Simona e Barbara non sono <u>deboli</u>, al contrario sono _____.

6. Marco non è <u>cattivo</u>, al contrario è _____.

7. Antonio non è <u>pessimista</u>, al contrario è _____.

8. Barbara non è <u>nervosa</u>, al contrario è _____.

9. Simona e Antonio non sono <u>antipatici</u>, al contrario sono _____.

10. Simona non è <u>loquace</u>, al contrario è _____.

C. **Chattiamo!** Marco e Barbara si incontrano su una chat-line. Immagina un dialogo tra i due ragazzi. Prendi in considerazione i seguenti punti e quello che hai imparato dei due ragazzi nelle attività precedenti.

SUGGERIMENTI
residenza   professione   qualità   difetti   passatempi   vacanze ideali progetti per il futuro   orario e luogo dell'appuntamento

_____

_____

_____

_____

_____

_____

_____

_____

_____

_____

_____

D. Un personaggio famoso: il *David* di Michelangelo. Aiutandoti con Internet (inserisci i dati da cercare in un motore di ricerca italiano) ed osservando l'immagine, completa la carta di identità di questa famosa statua italiana.

1. Nome: <u>David</u>

2. Anno di nascita: _____

3. Autore: _____

4. Città: _____

5. Corporatura: _____

6. Altezza: _____

7. Sguardo: _____

8. Lineamenti: _____

9. Capelli: _____

10. Come ti immagini il carattere di David?

_____

_____

La routine giornaliera

A. In che ordine? Descrivi la giornata di Simona, indicando con un numero l'ordine logico delle sue attività giornaliere. Il numero 1 è già stato inserito.

_____ a. Prepara da mangiare ad Alberto.

__1__ b. Si sveglia e si lava.

_____ c. Prepara la colazione.

_____ d. Prepara il pranzo.

_____ e. Si rilassa con un libro e si addormenta.

_____ f. Fa un pisolino dopo pranzo.

_____ g. Si incontra nel pomeriggio con le amiche per un caffè.

_____ h. Prepara la cena.

_____ i. Si trucca.

_____ l. Va a fare commissioni.

B. La giornata di Antonio e Marco. Antonio è molto abitudinario e ha una vita molto regolare, Marco è invece estremamente impulsivo e disordinato. Leggi le seguenti frasi ed indovina chi fa le seguenti azioni. Segui l'esempio.

Esempi: ANTONIO   Porta a scuola suo figlio Giorgio.
         MARCO   Dorme spesso di giorno e lavora di notte.

_____ 1. Si fa la barba tutte le mattine.

_____ 2. Si alza molto tardi.

_____ 3. Va al lavoro alle 8.00.

_____ 4. Torna a casa a pranzo alle 12.30 e poi fa un pisolino.

_____ 5. Sta sveglio tutta la notte a dipingere.

_____ 6. Esce dal lavoro alle 19:00 e va a casa a cenare.

_____ 7. Gli piace passeggiare di notte per le vie deserte della sua città.

_____ 8. La sera guarda la televisione con la famiglia.

_____ 9. Si alza tutte le mattine molto presto.

_____ 10. Non si pettina mai.

C. **Che cos'è?** Scrivi il nome degli oggetti che usiamo per prepararci la mattina. Non dimenticare l'articolo determinativo.

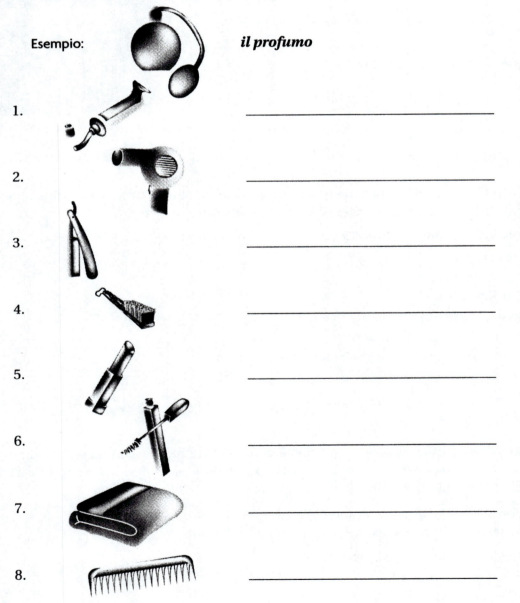

Esempio: *il profumo*

1. _____

2. _____

3. _____

4. _____

5. _____

6. _____

7. _____

8. _____

STRUTTURE

1.1 Gli articoli indeterminativi e determinativi

Scriviamo

A. Barbara e i suoi amici. Completa correttamente le seguenti frasi con l'articolo indeterminativo *un, uno, una, un'*.

Barbara è _____ (1) ragazza italiana giovane e ambiziosa. Lei abita in

_____ (2) appartamento in centro a Torino. Lei vive con (3) _____ amico,

Matteo, e (4) _____ amica, Diana. Lei è _____ (5) cantante reggae e canta

con _____ (6) gruppo, i «Fara Reggae», ogni venerdì sera in _____ (7) bar

ai Murazzi. I Murazzi sono in _____ (8) zona storica di Torino vicino a

_____ (9) grande e bel fiume, il Po, dove ci sono molti bar, discoteche e ristoranti.

B. L'articolo determinativo. Completa correttamente le seguenti frasi con l'articolo determinativo *il, lo, l', la, i, gli, le*.

Modifica gli articoli dal *plurale* al *singolare*.

1.	le giornate	_____ giornata
2.	i deodoranti	_____ deodorante
3.	le amiche	_____ amica
4.	i vestiti	_____ vestito
5.	gli inverni	_____ inverno
6.	le abitudini	_____ abitudine
7.	gli zii	_____ zio
8.	le pelli	_____ pelle
9.	gli ottimisti	_____ ottimista
10.	gli specchi	_____ specchio

Modifica gli articoli dal *singolare al plurale*.

1.	la domenica	_____ domeniche
2.	il naso	_____ nasi
3.	l'amico	_____ amici
4.	il capello	_____ capelli
5.	la mattina	_____ mattine
6.	il mercoledì	_____ mercoledì
7.	lo spazzolino	_____ spazzolini
8.	la statura	_____ stature
9.	il gigante	_____ giganti
10.	la bambina	_____ bambine

C. L'incubo [*nightmare*] di Marco. Marco domani deve incontrare Barbara ed è molto nervoso. Ha un vero incubo in cui vede una donna stranissima, forse Barbara. Completa correttamente le seguenti frasi con l'articolo determinativo.

Esempio: La donna ha: _____ piedi estremamente grandi.
i piedi estremamente grandi.

La donna ha anche:

1. _____ naso enorme e verde.
2. _____ bocca molto molto piccola.
3. _____ denti giganteschi.
4. _____ carnagione porpora.
5. _____ capelli viola e molto ricci.
6. _____ gambe cortissime.
7. _____ faccia grande.
8. _____ corpo miniaturizzato.
9. _____ occhi gialli e blu.
10. _____ orecchie gialle.

Mamma mia! Che paura! Povero Marco!

D. L'appuntamento di Marco e Barbara. Completa con la forma corretta dell'articolo indeterminativo o determinativo.

a. Finalmente Barbara e Marco si incontrano in _____ (1) bar alle dieci di sera.

Barbara porta _____ (2) top molto sexy, _____ (3) gonna molto corta

e _____ (4) scarpe con i tacchi alti. Marco è felicemente sorpreso. Per fortuna

che Barbara non è _____ (5) donna mostruosa che ha visto in sogno

_____ (6) notte precedente. Al contrario è _____ (7) ragazza molto

bella e simpatica.

b. Barbara guarda Marco e pensa: «Finalmente _____ (8) uomo che non

assomiglia a _____ (9) carciofo [*artichocke*]!» Marco, infatti, ha

_____ (10) capelli lunghi e ricci e _____ (11) occhi azzurri. Non è

_____ (12) stereotipo ragazzo italiano. Marco ha anche _____ (13)

personalità acuta ed è molto intelligente.

Ascoltiamo

(CD 1, TRACK 1)

A. Cosa dimentica Marco? Marco deve partire per un viaggio, ma è molto distratto e dimentica a casa molte cose. Ascolta la serie di oggetti che Marco dimentica. Ripeti ogni nome con l'articolo determinativo coretto. Ripeti la risposta corretta dopo averla ascoltata.

Esempio: spazzola
la spazzola

1. _____
2. _____
3. _____
4. _____
5. _____
6. _____
7. _____
8. _____
9. _____

(CD 1, TRACK 2)

B. Simona e suo figlio Alberto. Alberto impara a parlare e Simona lo aiuta. Ascolta la serie di parole che Alberto pronuncia e ripetile aggiungendo l'articolo determinativo corretto. Ripeti la risposta corretta dopo averla ascoltata.

Esempio: mamma
la mamma

1. _____
2. _____
3. _____
4. _____
5. _____
6. _____
7. _____
8. _____

1.2 I nomi

Scriviamo

A. **Il castello in Toscana.** In Toscana ci sono un conte [*count*] e una contessa [*countess*] che vivono in un castello e hanno una vita molto interessante. Completa le frasi con il corrispettivo maschile o femminile dei nomi sottolineati.

> Esempio: A scuola io ho <u>un professore</u> di italiano e_____ _____ di storia.
> *A scuola io ho <u>un professore</u> di italiano e **una professoressa** di storia.*

1. Al castello ci sono sempre molte persone in visita e per questo motivo ci sono <u>una cuoca</u>
   e _____ _____ per preparare da mangiare.

2. Per intrattenere gli ospiti ci sono <u>un'attrice</u> comica e _____ _____
   drammatico che recitano tutte le opere di Goldoni[1] e Alfieri[2] a memoria.

3. C'è anche <u>un poeta</u> che scrive versi surrealisti e con lui _____ _____
   che compone ballate.

4. Di solito, il venerdì sera arrivano <u>un cantante</u> e _____ _____ per far
   divertire gli ospiti [*guests*] con arie d'opera famose tratte dalla *Tosca* o dalla *Bohème* di
   Puccini.

5. Infatti la contessa è <u>un'amante</u> dell'opera e anche il conte è_____
   _____ delle opere italiane.

6. Tra gli ospiti ci sono sempre <u>una farmacista</u> di Siena e _____ _____
   di Firenze.

7. Con loro arrivano sempre <u>una dottoressa</u> e _____ _____. Loro sono
   molto amici del conte, che è ipocondriaco.

8. Al castello vivono anche <u>un ragazzo</u> e _____ _____ molto giovani: gli
   strani figli del conte e della contessa.

9. Infatti lei vuole diventare <u>una scrittrice</u> di romanzi gialli[3] e lui _____
   _____ di romanzi rosa![4]

---

[1] Carlo Goldoni (1707–1793) è un drammaturgo italiano autore di famose commedie.

[2] Vittorio Alfieri (1749–1803) è un letterato e poeta italiano, autore di numerose tragedie.

[3] In Italia il romanzo poliziesco è chiamato «romanzo giallo».

[4] In italiano un romanzo romantico e sentimentale è chiamato «romanzo rosa».

B. Le strane avventure nel castello. Trasforma le seguenti frasi dal singolare al plurale seguendo l'esempio.

Esempio: Il cuoco del castello è un mago della cucina italiana e giapponese.
I cuochi dei castelli sono dei maghi delle cucine italiane e giapponesi.

1. Nella cucina c'è una gallina [*hen*] che fa sempre l'uovo.

   _____

2. Il conte è allergico al cibo giapponese e sta molto male.

   _____

3. Il medico corre dal suo paziente ricco e importante.

   _____

4. Lui chiama una sua collega per un consiglio professionale.

   _____

5. Il tema della conversazione è il problema dell'uomo ipocondriaco [*hypochondriac*].

   _____

6. Lei consiglia all'amico e compagno di lavoro di portare il conte all'ospedale.

   _____

7. Sfortunatamente c'è solo una clinica privata in un'altra città lontana.

   _____

8. Il dottore chiama il re [*king*], fratello del conte, che manda un elicottero [*helicopter*].

   _____

9. Mentre viaggiano, il malato e sua moglie guardano un film.

   _____

10. Finalmente arrivano nella piccola località e vanno nello studio di un gastroenterologo.

    _____

11. Lo specialista dice che il paziente ha solo bisogno di uno psicologo!

    _____

Che dire? . . . molto rumore per nulla, come diceva il buon vecchio Shakespeare!

Ascoltiamo
(CD 1, TRACK 3)

A. I sogni [*dreams*] di due mamme. Simona elenca le possibili professioni future di suo figlio Alberto con la sua amica Laura, che vuole lo stesso per sua figlia. Ascolta la serie di professioni elencate da Simona e trasformale al femminile, seguendo l'esempio. Ripeti la risposta corretta dopo averla ascoltata.

Esempio: il dottore
la dottoressa

1. _____   5. _____
2. _____   6. _____
3. _____   7. _____
4. _____

B. **Cosa c'è nel bagno di Barbara?** Ascolta la serie di oggetti che ci sono nel bagno di Barbara e trasforma l'articolo e il nome al plurale, seguendo l'esempio. Ripeti la risposta corretta dopo averla ascoltata.

Esempio: il rossetto
i rossetti

1. _____
2. _____
3. _____
4. _____

5. _____
6. _____
7. _____
8. _____

1.3 Gli aggettivi

Scriviamo

A. **La coppia perfetta esiste?** Marco e Barbara pensano, dopo il loro primo appuntamento, a quello che hanno o non hanno in comune. Scegli la forma corretta dell'*aggettivo*.

1. Noi siamo   a. belli   b. begli   c bei
2. Abbiamo una corporatura   a. magre   b. magro   c. magra
3. Abbiamo i capelli   a. ricchi   b. ricci   c. riccio
4. Abbiamo i capelli mediamente   a. lungi   b. lungo   c. lunghi
5. Siamo due persone   a. ottimista   b. ottimisti   c. ottimiste
6. Siamo   a. simpatichi   b. simpatici   c. simpatiche
7. Marco non è molto   a. loquaco   b. loquace   c. loquacio
8. Barbara è un po'   a. introverse   b. introversa   c. introverso
9. Tutti e due siamo . . . a prendere l'aereo.   a. restio   b. restie   c. restii
10. Abbiamo deciso di fare insieme un viaggio   a. brevio   b. breve   c. breva
11. Quando andiamo in vacanza facciamo foto   a. maghifice   b. magnifiche   c. magnifici

B. Simona e la sua famiglia. Barbara descrive a Marco la famiglia della sua amica Simona. Scrivi delle frasi complete con i seguenti elementi.

Esempio: Simona / avere / occhi / verde / capelli / liscio /
Simona ha gli occhi verdi ed i capelli lisci.

1. Suo marito Pietro / essere / di Milano.

   _____

2. Pietro / sembrare / persona / fantasioso / romantico.

   _____

3. Simona e Pietro / avere / bello / figlio.

   _____

4. Sua madre Rita / di solito / raccontare / storie / divertente / ad Alberto, il figlio di Simona e Pietro.

   _____

5. Sua nonna Angela / preparare / sempre / buono / torta / per Simona.

   _____

6. Barbara / essere / amica di famiglia / vecchio.

   _____

7. Simona e Pietro / abitare / appartamento / grande / vecchio.

   _____

8. Esserci / stanza / piccolo / per Alberto.

   _____

C. Il mondo al negativo. Antonio è un brav'uomo ma ha un fratello gemello [*twin*] cattivo e pessimista, Riccardo. Completa con la forma corretta dell'*aggettivo* fra parentesi.

1. Riccardo ha una famiglia disastrosa mentre Antonio ha una _____ (bello) famiglia.

2. Riccardo ha un atteggiamento negativo e maleducato mentre Antonio ha un _____ (buono) modo di comunicare con le persone.

3. Riccardo ha un _____ (grande) problema ad esprimere i suoi sentimenti mentre Antonio è estroverso e comunicativo.

4. La moglie di Riccardo è una _____ (santo) donna per sopportare il suo costante cattivo umore.

5. Antonio ha due _____ (bello) figli, simpatici e intelligenti, mentre Riccardo odia i bambini e non ha voluto avere nessun figlio.

6. Riccardo non ha _____ (buono) e _____ (grande) opinioni del suo bravo fratello Antonio.

7. Al contrario, Antonio, è molto ingenuo e pensa che suo fratello sia un _____ (santo) uomo.

D. **. . . e ancora Antonio e Riccardo.** Antonio e Riccardo si confrontano ancora. Completa le seguenti frasi con la forma corretta degli aggettivi *bello, buono, grande* e *santo*.

1. Ad Antonio tutte le persone che incontra sembrano _____ mentre per Riccardo sono tutte brutte.

2. Antonio non ha paura del futuro, mente Riccardo ha una _____ paura del futuro.

3. Antonio ha un _____ amico, Davide, e una _____ amica, Simona. Al contrario Riccardo è solo.

4. I colleghi di Riccardo sono dei _____, hanno molta pazienza e sicuramente sono destinati al Paradiso.

5. Antonio, Davide e Simona sono veramente _____ amici da molti anni.

6. Riccardo si annoia sempre e non passa mai una _____ serata con gli amici a bere _____ vino.

7. A Riccardo piace guardare film di serie B mentre Antonio guarda sempre un _____ film d'autore.

Ascoltiamo

(CD 1, TRACK 5)

A. **Com'è Marco?** Barbara descrive Marco alla sua amica Simona. Completa le frasi che senti con gli aggettivi suggeriti facendo tutti i cambiamenti necessari. Ripeti la risposta corretta dopo averla ascoltata.

Esempio: SENTI: Marco è . . .
VEDI: sensibile
DICI: *Marco è **sensibile**.*

SUGGERIMENTI

1. azzurro
2. chiaro
3. biondo

4. alto
5. lungo
6. simpatico

7. divertente
8. piccolo

B. **Come sono?** Ascolta le seguenti frasi che descrivono Antonio, Marco, Simona e Barbara. Scegli due aggettivi tra i suggerimenti offerti e formula una frase facendo i cambiamenti necessari. Segui l'esempio e ripeti la risposta corretta dopo averla ascoltata.

Esempio: SENTI: Antonio aiuta sempre gli amici.
VEDI: Antonio: gentile / avaro / altruista / artistico
DICI: *Antonio è gentile e altruista.*

1. Barbara: noioso / estroverso / bugiardo / socievole
2. Barbara e Marco: egoista / sportivo / sensibile / atletico
3. Antonio: coraggioso / stressato / comprensivo / nervoso
4. Barbara e Simona: calmo / pessimista / tranquillo / infelice
5. Barbara: sensibile / altruista / felice / ottimista
6. Simona: comprensivo / triste / sensibile / onesto
7. Marco: bugiardo / timido / atletico / introverso

1.4 I pronomi personali soggetto

Scriviamo

Come distruggere il mondo di Antonio. Riccardo e suo fratello Antonio hanno opinioni molto differenti riguardo i membri delle loro famiglie. Leggi il dialogo tra i due fratelli e sostituisci ai nomi propri i pronomi soggetto corrispondenti e agli aggettivi in corsivo il loro opposto, come nell'esempio.

Esempio: ANTONIO: Mio figlio Francesco è un ragazzo *alto* e *forte*!
RICCARDO: *Non è vero, **lui è basso e debole!***

1. ANTONIO: I miei amici sono *tranquilli* e *simpatici*!
RICCARDO: _____

2. ANTONIO: Mia moglie è molto *bella* ed è una *buona* persona!
RICCARDO: _____

3. ANTONIO: Tua moglie è *taciturna* e *timida*!
RICCARDO: _____

4. ANTONIO: Io sono *intelligente* e *divertente*!
RICCARDO: _____

5. ANTONIO: I miei figli sono *loquaci* ed *estroversi*!
RICCARDO: _____

6. ANTONIO: Tu sei un *buon* fratello!
RICCARDO: _____

7. ANTONIO: Tu sei molto *sensibile* e *gentile*!
RICCARDO: _____

8. ANTONIO: Il mio amico Mario è *allegro* e *chiaccherone* [*a great talker*]!
RICCARDO: _____

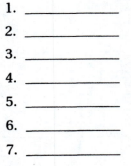 *Ascoltiamo*

(CD 1, TRACK 7)

A. **Simona, la sua famiglia e i suoi amici.** Simona parla a Barbara della sua famiglia. Ascolta le seguenti frasi e scrivi il pronome soggetto appropriato per ogni frase. La frase sarà ripetuta due volte.

Esempio: SENTI: Alberto è un bravo bambino.
SCRIVI: *Lui*

1. _____
2. _____
3. _____
4. _____
5. _____
6. _____
7. _____
8. _____

(CD 1, TRACK 8)

B. **La vita di Barbara.** Barbara parla ora della sua vita a Simona e le fa domande sulla sua. Ascolta le seguenti frasi e sostituisci il soggetto con il pronome personale soggetto. Ripeti la risposta corretta dopo averla ascoltata.

Esempio: Marco è divertente.
Lui è divertente.

1. _____
2. _____
3. _____
4. _____
5. _____
6. _____
7. _____
8. _____

1.5 Il presente indicativo

Scriviamo

A. **Io non sono d'accordo.** Riccardo contraddice tutto quello che dice Antonio. Rispondi alle domande con la forma corretta del verbo tra parentesi.

   Esempio: ANTONIO: Noi rimaniamo a casa stasera.

   RICCARDO: *No, voi (andare)* **andate** *al cinema.*

1. ANTONIO: Noi andiamo al cinema sabato sera.

   RICCARDO: No, voi (restare) _____ a casa sabato sera.

2. ANTONIO: Voi fate shopping domani.

   RICCARDO: No, noi (fare) _____ shopping oggi.

3. ANTONIO: I bambini possono andare al mare questo fine settimana.

   RICCARDO: No, loro (dovere) _____ andare al mare il prossimo weekend.

4. ANTONIO: Hai voglia di mangiare una pizza venerdì sera?

   RICCARDO: No, io non (avere) _____ voglia di mangiare la pizza venerdì.

5. ANTONIO: A me piace molto il vino rosso.

   RICCARDO: Io, invece, (preferire) _____ il vino bianco.

6. ANTONIO: Noi teniamo molti soldi nel portafoglio per uscire la sera.

   RICCARDO: Io e mia moglie, invece, (usare) _____ sempre la carta di credito.

7. ANTONIO: Cristina deve invitare anche gli amici di famiglia al suo matrimonio.

   RICCARDO: No, lei (potere) _____ invitare soli i parenti.

8. ANTONIO: Noi lasciamo decidere agli amici cosa fare.

   RICCARDO: No, voi (decidere) _____ da soli!

B. **Una serata tra amici.** Marco e Barbara decidono di uscire con Simona e altri amici e fanno piani per la serata. Completa le frasi con la forma corretta di uno dei verbi della lista.

comprare   invitare   desiderare   venire   avere   andare   ubbidire
rimanere   dire   essere   potere

BARBARA: Perché (noi) non _____ (1) ai Murazzi a vedere un concerto dal vivo?

MARCO: (Io) _____ (2) sicuramente con te: mi piacciono i concerti!

BARBARA: (Tu) _____ (3) anche i tuoi amici a venire con noi?

MARCO: Sì, se (loro) _____ (4) tempo stasera.

BARBARA: Allora io lo _____ (5) anche a Simona. (Lei) _____ (6) conoscerti.

MARCO: Anch'io _____ (7) felice di conoscerla, finalmente!

BARBARA: Allora, (noi) _____ (8) i biglietti per il concerto per tutti?

MARCO: Va bene! Io _____ (9) a casa e tu _____ (10) andare a comprare i biglietti per tutti!

BARBARA: Ma che pigrone [*incredibly lazy*]! Ma qui non c'è democrazia: tu _____ (11) e io comando!

C. Persone socievoli. Trasforma le affermazioni di Barbara dal singolare al plurale seguendo l'esempio e fai tutti i cambiamenti necessari.

Esempio: Tu sei felice.
Voi siete felici.

1. Tu giochi a calcio in spiaggia. _____

2. Lei traduce una storia dell'orrore. _____

3. Io rimango a casa la sera dopo il lavoro. _____

4. Tu hai paura di volare. _____

5. Io salgo sull'Everest. _____

6. Lui deve lavorare il fine settimana. _____

7. Tu esci la sera. _____

8. Io so cantare bene. _____

D. Incontrarsi online. Completa il dialogo tra Barbara e il suo coinquilino [*roommate*] Matteo con la corretta forma dei verbi *volere, potere, dovere.*

MATTEO: Barbara, mi _____ (1) aiutare a mettere il mio profilo online per un sito Internet per incontrare nuovi amici?

BARBARA: Certo che (io) ti _____ (2) aiutare. Cosa (noi) _____ (3) fare?

MATTEO: (Noi) _____ (4) scrivere una pagina sul mio aspetto fisico e il mio carattere. Le persone che visitano il sito, di solito, _____ (5) anche vedere una foto.

BARBARA: (Tu) quale foto desideri mettere online?

MATTEO: (Io) _____ (6) mettere quella in cui sono seduto in giardino mentre bevo una birra.

BARBARA: No, (tu) non _____ (7)! Sembri un alcolizzato dalla faccia rossa rossa!

MATTEO: Allora tu e il tuo amico fotografo _____ (8) farmi delle nuove foto per favore?

BARBARA: Certo, con piacere! Ti faremo delle foto meravigliose!

Ascoltiamo

(CD 1, TRACK 9)

A. **La vita di Marco.** Barbara confronta la vita di Marco alla sua vita e a quella dei suoi amici. Ascolta le frasi di Marco e forma una nuova frase con il nuovo soggetto che ti sarà suggerito e fai tutti i cambiamenti necessari. Dopo averla ascoltata, ripeti la risposta corretta.

Esempio: Io non dormo molto. (Matteo)
*Matteo non **dorme** molto.*

1. _____
2. _____
3. _____
4. _____
5. _____
6. _____
7. _____
8. _____

(CD 1, TRACK 10)

B. **Meglio soli che mal accompagnati!** Questo proverbio significa che è meglio fare le cose da soli che con persone con cui si possono avere problemi. Ascolta le frasi al plurale e trasformale al singolare. Ripeti la risposta corretta dopo averla ascoltata.

Esempio: Usciamo stasera.
Esco stasera.

1. _____
2. _____
3. _____
4. _____
5. _____
6. _____
7. _____
8. _____

1.6 Il presente indicativo dei verbi riflessivi

Scriviamo

A. La mattina di Barbara. Completa il seguente brano con la forma corretta del *presente indicativo dei verbi riflessivi* nella tabella.

fermarsi farsi radersi lavarsi sentirsi mettersi addormentarsi svegliarsi lamentarsi truccarsi

Barbara _____ (1) sempre tardi perché lavora fino a tardi la sera. Non ha mai voglia di alzarsi. Lei _____ (2) davanti allo specchio [*mirror*]: ha un sonno incredibile! Lei _____ (3) la doccia e poi _____ (4) i denti. Non _____ (5) e non usa il rasoio, perché non è un uomo. Ma _____ (6): usa il mascara e il rossetto. Poi _____ (7) i pantaloni neri, una maglietta nera e i sandali neri. Barbara _____ (8) che non ha tempo di mangiare perché è in ritardo e ha fretta. Ma se non beve il caffè di mattina, lei non _____ (9) bene. Quindi _____ (10) al bar a bere un caffè.

B. Barbara legge *Centuria* (1979) di Giorgio Manganelli. Barbara legge un libro interessante, composto da 100 storie con personaggi fantastici e vicende stranissime. Ecco la storia del giovane uomo della *Centuria sessanta*. Coniuga il verbo tra parentesi.

1. Un giovane uomo _____ (sedersi) su una panchina del parco.

2. Lui pensa: «Io _____ (trovarsi) in una situazione complicata.»

3. «Io e una donna _____ (amarsi) da molto tempo.»

4. «Ma noi non _____ (incontrarsi) mai.»

5. Lui, poi, _____ (rivolgersi) a due signori accanto a lui.

6. «Voi _____ (innamorarsi) spesso di molte donne?»

7. Lui non _____ (muoversi) dalla sua posizione statica per ore.

C. La giornata di Antonio. Antonio, da giovane, sognava una vita da bohémien e viaggiatore in giro per il mondo. Ecco la sua giornata. Coniuga i verbi tra parentesi al *presente indicativo*. I suoi sogni si sono avverati [*came true*]?

Antonio _____ (1. alzarsi) tutti i giorni verso le sette del mattino. Per prima cosa

_____ (2. farsi) la barba e _____ (3. lavarsi). Poi lui e la moglie,

Margherita, _____ (4. fare) colazione: loro _____ (5. bere) del caffelatte.

Alle 7.30 del mattino lui e Margherita _____ (6. accompagnare) il figlio Giorgio a

scuola. Poi Antonio _____ (7. andare) in banca, dove _____ (8. lavorare)

da vent'anni. Margherita, invece, _____ (9. tornare) a casa e _____

(10. pulire). All'una del pomeriggio Antonio _____ (11. uscire) dalla banca e

_____ (12. dirigersi) verso casa per pranzare con Margherita. Loro _____

(13. preferire) pranzare insieme e parlare della loro giornata.

MARGHERITA: «Oggi pomeriggio io _____ (14 riposarsi). Sono molto stanca!»

«A che ora (tu) _____ (15. finire) di lavorare?»

ANTONIO: «Alle sei e poi io e i miei colleghi _____ (16. fermarsi) al bar a prendere un aperitivo.»

MARGHERITA: «A che ora tu e Giorgio _____ (17. incontrarsi) per tornare a casa insieme?»

ANTONIO: «Alle otto davanti al bar.»

 *Ascoltiamo*

(CD 1, TRACK 11)

A. Le bugie di Riccardo. Antonio parla con suo fratello Riccardo, che è un gran bugiardo. Ascolta le affermazioni di Riccardo e indica se sono logiche o illogiche. Se l'affermazione è logica rispondi «sì», se è illogica rispondi «no». Ripeti la risposta corretta dopo averla ascoltata.

Esempio: Mi addormento sulla televisione.
No.

1. _____
2. _____
3. _____
4. _____
5. _____
6. _____
7. _____
8. _____

(CD 1, TRACK 12)

B. Le abitudini di Antonio. Antonio descrive le sue abitudini e le confronta con quelle di Riccardo e della sua famiglia. Ascolta le affermazioni di Antonio e poi trasformale con i nuovi soggetti che ti vengono suggeriti. Ripeti la risposta corretta dopo averla ascoltata.

Esempio: Mi addormento tardi. (tu)
 ***Tu ti addormenti** tardi.*

1. _____
2. _____
3. _____
4. _____
5. _____
6. _____
7. _____
8. _____

 **ASCOLTIAMO**

Chiara, di passaggio a Torino, si incontra con la sua vecchia amica di scuola Barbara e si raccontano la loro vita.

(CD 1, TRACK 13)

A. La settimana di Barbara. Ascolta la prima conversazione e fai attenzione a come Barbara descrive la sua routine quotidiana. Indica quali delle seguenti affermazioni sono vere e quali sono false.

_____ 1. Barbara non lavora il fine settimana

_____ 2. Barbara si sveglia molto tardi.

_____ 3. Barbara la mattina va al lavoro molto presto.

_____ 4. Barbara lavora il pomeriggio in un bar.

_____ 5. Il week-end va a ballare con le amiche.

_____ 6. Barbara canta di solito dalle dieci a mezzanotte.

_____ 7. Alle sette di sera prende l'aperitivo con il suo gruppo.

_____ 8. Riesce a guadagnare soldi per vivere col suo lavoro.

(CD 1, TRACK 14)

B. La settimana di Chiara. Ascolta la seconda conversazione e poi scegli il verbo che accuratamente completa le seguenti frasi.

1. Chiara si sveglia/lavora alle sei del mattino.
2. Va al lavoro in treno/in metropolitana.
3. Il lavoro inizia alle 6 e mezza/7 e mezza.
4. Chiara finisce solitamente di lavorare alle 6 e mezza/alle nove di sera.
5. Il fine settimana Chiara va a Milano/fa yoga.
6. Chiara e Barbara decidono di andare al lago di Como/cenare al ristorante.

(CD 1, TRACK 15)

C. La settimana di Barbara e Chiara. Ascolta ancora i due dialoghi, poi indica se ogni frase sta descrivendo Barbara o Chiara, cerchiando la risposta corretta.

1. Vive a Milano   Barbara   Chiara
2. Lavora per un'organizzazione no-profit   Barbara   Chiara
3. La mattina dorme fino alle 11:00   Barbara   Chiara
4. A volte lavora fino alle 9:00 di sera   Barbara   Chiara

D. La giornata più interessante: quella di Barbara o di Chiara? Indica quale giornata ti sembra più interessante e perché.

_____

_____

_____

_____

COSA SAPPIAMO DEGLI ITALIANI

In Italia recentemente si parla di crescita [*growth*] zero e di una popolazione che invecchia [*gets older*] sempre più e con una lunga vita media. Questi e molti altri fattori hanno trasformato l'immagine della famiglia italiana. Tendono a scomparire [*disappear*] le famiglie molto numerose e appaiono [*appear*] famiglie mononucleari, coppie di fatto, genitori single, ecc.

Prima di leggere

Prima di leggere il testo rispondi alle seguenti domande.

1. Come sono le famiglie nel tuo Paese, numerose o a numero ridotto? Descrivi dettagliatamente.

   _____

   _____

2. Com'è la situazione dei giovani nel tuo Paese? Vivono a lungo con la famiglia o no? Perché?

   _____

   _____

3. La tua è una famiglia ristretta o estesa, tradizionale o moderna? Spiega il perché.

   _____

   _____

La famiglia in Italia

La famiglia italiana tradizionale e l'industrializzazione

La famiglia tradizionale, agricola[1] e patriarcale, era molto numerosa. Solitamente genitori, figli e nipoti abitavano insieme e, mentre gli uomini lavoravano, le donne si occupavano[2] della casa e dell'educazione dei figli. Con l'industrializzazione, l'urbanizzazione, in particolare in seguito al boom economico degli anni sessanta, la situazione cambia perché molti cercano lavoro in altre città e spesso altre regioni allontanandosi[3] dalla famiglia d'origine. Si creano, di conseguenza, famiglie più ristrette[4] con uno o due figli, dove anche la donna lavora per poter mantenere la famiglia.

[1] rural

[2] took care of

[3] going far away

[4] reduced

Ulteriori[5] evoluzioni della famiglia italiana: la crescita zero e la «famiglia lunga»

Negli ultimi trent'anni si è anche assistito alla diminuzione del numero dei figli: sempre più numerose sono le famiglie con un figlio o senza figli. Una ragione è il peso[6] economico dei figli in un'Italia che deve affrontare[7] una crescente[8] crisi economica. Un altro motivo è il diverso ruolo della donna che desidera realizzarsi anche a livello professionale prima di affrontare la gravidanza.[9] Inoltre si è anche alzata l'età media del matrimonio legata al fenomeno definito della «famiglia lunga».

   Questo significa che i giovani tendono a vivere con la famiglia anche dopo aver finito gli studi ed iniziato a lavorare, spesso oltre i trent'anni. La situazione è legata[10] da un lato alla difficoltà di trovare velocemente un lavoro e all'alto costo della vita, dall'altro ad una tendenza dei giovani a rimanere nel grembo[11] protetto della famiglia e a non prendersi forti responsabilità. È questa la generazione dei «mammoni»[12], legati alla mamma che lava, stira[13], cucina, cuce[14], . . . D'altro canto, secondo studi recenti, questa situazione è anche favorita dai genitori italiani, iperprotettivi e spesso possessivi, che dimostrano poca propensione a concedere l'indipendenza ai figli.

[5] further

[6] weight / [7] to face / [8] increasing

[9] pregnancy

[10] connected

[11] bosom

[12] mommy's boys / [13] irons

[14] sews

Il divorzio, le coppie di fatto e i genitori single

Altri cambiamenti sono legati alla crisi del modello della famiglia tradizionale con un aumento[15] del numero dei divorzi e separazioni grazie alla legge[16] sul divorzio del 1970. Tuttavia[17], in un paese cattolico e fortemente tradizionale, è solo negli ultimi dieci anni che si diffonde maggiormente[18] la pratica del divorzio, anche se il tasso[19] è molto basso rispetto agli altri Paesi europei. Questo porta il lento diffondersi[20] di famiglie con un solo genitore, costituite non solo da genitori divorziati ma anche da genitori single definiti «ragazzo-padre» o «ragazza-madre», che non sono sposati e hanno un figlio.

La mutata[21] situazione è dovuta ad un cambiamento dei valori e dell'atteggiamento nei confronti della religione e dell'istituzione del matrimonio, meno importante nella società italiana rispetto[22] al passato. Infatti aumentano anche le coppie di fatto, che convivono senza essere sposate, costituite da coppie di sesso diverso o, più raramente, dello stesso sesso. L'Italia, a questo proposito, si trova in una posizione arretrata[23] rispetto agli altri Paesi europei come la Francia o i Paesi scandinavi in quanto non riconosce a livello giuridico[24] le coppie di fatto.

[15] increase / [16] law
[17] however
[18] much more
[19] rate
[20] to spread
[21] changed
[22] compared to
[23] backward
[24] legal

Fonti

E. Giannocci e R. Rocchi. *Le ultime evoluzioni nella famiglia italiana*. «Rivista europea di terapia breve e strategica», n. 1, 2004. Pag. 298–301.

AA.VV., *Rapporto sulla situazione demografica italiana*. Istituto di ricerche sulla popolazione. *www.irpps.cnr.it*. 2000.

Comprensione

A. Vero o falso? Leggi l'articolo sulla famiglia italiana, indica se le seguenti affermazioni sono vere o false e correggi le affermazioni false.

_____ 1. La popolazione italiana è in crescita.

_____

_____ 2. La vita media degli italiani è più lunga rispetto al passato.

_____

_____ 3. L'Italia approva la legge sul divorzio solo negli anni settanta.

_____

_____ 4. La famiglia tradizionale italiana è molto estesa.

_____

_____ 5. I ragazzi italiani non vivono a lungo con la famiglia.

_____

_____ 6. La percentuale dei divorzi è molto alta in Italia.

_____

_____ 7. In Italia sta gradualmente diminuendo il numero dei matrimoni.

_____

B. **Panoramica della famiglia italiana.** Scegli DUE risposte esatte tra le quattro scelte presentate.

1. Com'è la famiglia italiana tradizionale?
   a. patriarcale
   b. cittadina
   c. numerosa
   d. piccola

2. Quali sono i fenomeni che hanno maggiormente cambiato la famiglia italiana?
   a. una religiosità più intensa.
   b. la legge sul divorzio.
   c. il forte supporto dello Stato alla famiglia.
   d. il trasferimento in città alla ricerca di lavoro di molti italiani.

3. Quali sono alcune ragioni che hanno portato ad avere sempre meno figli?
   a. il costo della vita.
   b il desiderio delle donne di realizzarsi anche nel lavoro.
   c. la voglia di divertirsi.
   d. la campagna dello Stato contro il sovrappopolamento.

4. Cosa significa «famiglia lunga»?
   a. una famiglia con molte persone.
   b. una famiglia dove i figli vivono a lungo con i genitori.
   c. una famiglia con figli adottati all'estero.
   d. una famiglia dove generazioni diverse vivono insieme.

5. Chi sono i «mammoni»?
   a. persone che desiderano diventare mamme.
   b. persone che amano moltissimo la mamma.
   c. persone che preferiscono continuare a vivere con la mamma.
   d. persone che cercano una mamma nel loro partner.

6. Da chi sono composte le famiglie con genitori single?
   a. da un genitore divorziato che va spesso a trovare i figli.
   b. da un genitore che vive con i figli e la sua famiglia d'origine.
   c. da un genitore non sposato con figli.
   d. da un genitore divorziato con figli.

7. Cos'è una «coppia di fatto»?
   a. una coppia sposata con matrimonio civile.
   b. due persone che vivono insieme senza essere sposate.
   c. due persone che dividono la stessa casa per non pagare molte spese.
   d. una coppia che non ha in Italia riconoscimento legale.

C. La metamorfosi della famiglia. Rispondi alle seguenti domande in base alla lettura.

1. Riassumi in modo conciso tutti i cambiamenti avvenuti nella famiglia italiana negli ultimi trent'anni.

_____

_____

_____

_____

2. Il numero dei figli nella famiglia italiana è molto ridotto. Secondo te è un cambiamento positivo o negativo?

_____

_____

_____

_____

_____

SCRIVIAMO

A. Giornata critica: i miei difetti e le mie cattive abitudini. Oggi stai avendo una brutta giornata e sei molto critico/-a nei confronti di te stesso/-a. Scrivi una pagina di diario confessando i lati negativi della tua personalità e le tue brutte abitudini.

Caro diario,

_____

_____

_____

_____

B. La famiglia nel tuo Paese. Ispirandoti alla lettura, scrivi una pagina di diario riflettendo sull'attuale situazione della famiglia nel tuo Paese e, se possibile, fai confronti con quella italiana.

Caro diario,

_____

_____

_____

_____

_____

C. **Una giornata splendida: i miei pregi e le mie buone abitudini.** Oggi sei estremamente positivo/-a, felice e soddisfatto/-a di te stesso/-a. Scrivi una pagina di diario descrivendo i lati positivi del tuo carattere e le tue buone abitudini.

Caro diario,

_____

_____

_____

_____

 **NAVIGHIAMO NELLA RETE**

Albachiara. «Albachiara» è il titolo di una famosissima canzone del più popolare cantante italiano, Vasco Rossi, che fa parte dell'album *Non siamo mica gli americani* del 1979. Naviga su un motore di ricerca italiano e cerca il testo della canzone e il file MP3, se possibile. Leggi il testo, ascolta la canzone e rispondi alle seguenti domande. Sintetizza ciò che hai imparato.

1. **Cosa fa Albachiara?** Leggi il testo e poi trascrivi i verbi regolari e irregolari e quelli riflessivi al presente nelle seguenti tabelle.

Verbi regolari e irregolari	**Verbi riflessivi**
_____	_____
_____	_____
_____	_____
_____	_____

2. **Com'è Albachiara?** Scrivi una lista di aggettivi che descrivono Albachiara nella tabella accanto.

Aggettivi

_____

_____

_____

_____

3. **Chi è Albachiara e cosa fa?** In base al testo della canzone scrivi una descrizione di Albachiara e della sua routine quotidiana.

_____

_____

4. **Chi è Vasco Rossi?** Cerca su Internet il «Vasco Rossi official site», leggi le informazioni sulla sua vita e la sua carriera. Riassumi ciò che hai imparato.

_____

_____

CAPITOLO 2

Tanti racconti del passato

TEMI

Tanti ricordi del passato: l'infanzia, l'adolescenza e i rapporti con gli amici e i familiari

A.   L' infanzia particolare di Costanza. Leggi il seguente racconto breve e poi completa gli esercizi.

Ciao a tutti. Mi presento: mi chiamo Costanza o meglio Costi o Costacchiella per gli amici. Ora vivo a Milano e sono pittrice e la mia vita è molto diversa da quando ero piccola.

Da bambina io vivevo con la mia famiglia a Monterosso, nelle Cinque Terre. Ero una bambina alta, grassottella [*chubby*], con un naso pieno di lentiggini [*freckles*]. Ero molto socievole, aperta e affettuosa. Avevo molti amici sia a scuola che nel paesino di Monterosso. I miei migliori amici erano i pescatori [*fishermen*] che mi regalavano sempre del pesce fresco che avevano appena pescato. Che cari i miei amici pescatori! Di solito ero molto ubbidiente, ma qualche volta il mio spirito ribelle ed indipendente si risvegliava. Allora. . . mi piaceva camminare per chilometri sulla spiaggia con l'unica compagnia del mio cane Sansone e cantare a squarciagola [*at the top of my voice*]. Questo non piaceva ai miei genitori, molto severi e autoritari, che non mi vedevano per ore. Per questo motivo si preoccupavano moltissimo e spesso chiamavano i carabinieri [*police*]! Quando tornavo allegra e felice dalle mie lunghe passeggiate. . . .

. . .Eh sì! I miei genitori a volte mi punivano. Non potevo guardare i miei cartoni animati giapponesi preferiti alla tele, *Sampei, ragazzo pescatore* e *Ken il guerriero,* per un mese. Non potevo nemmeno mangiare la mia merenda preferita: pane e Nutella. Dura la vita per una bambina indipendente come me!

   1. **Vero o falso?** Indica se le seguenti affermazioni sono vere o false e correggi quelle false.

   _____ 1. I genitori di Costanza non si interessavano a lei.

   _____

   _____ 2. Costanza aveva tanti amici.

   _____

   _____ 3. Costanza era una bambina introversa.

   _____

   _____ 4. Aveva molta paura di stare sola.

   _____

_____ 5. Costanza aveva genitori molto permissivi.

_____

_____ 6. La famiglia chiamava i carabinieri quando Costanza spariva.

_____

_____ 7. A Costanza non piaceva cantare.

_____

2. **Carta d'identità di Costanza da bambina.** In base alle informazioni lette, completa la seguente carta d'identità.

    1. Nome: Costanza.

    2. Soprannome [*nickname*]: _____

    3. Statura: _____

    4. Corporatura: _____

    5. Altre caratteristiche fisiche: _____

    6. Carattere: _____

    7. Luogo di residenza: _____

    8. Migliori amici: _____

    9. Cartoni animati preferiti: _____

  10. Cibo preferito: _____

3. **La tua carta d'identità da bambino/a.** Ora compila la tua carta d'identità di quando andavi alle elementari, ispirandoti a quella di Costanza.

    1. Nome: _____

    2. Soprannome: _____

    3. Statura: _____

    4. Corporatura: _____

    5. Altre caratteristiche fisiche: _____

    6. Carattere: _____

    7. Luogo di residenza: _____

    8. Migliori amici: _____

    9. Cartoni animati preferiti: _____

  10. Cibo preferito: _____

B. Parole crociate. Completa il seguente cruciverba.

Orizzontali

1. pronunciare parole volgari
5. il contrario di «ridere»
6. discutere in modo animato e intenso
7. concedere tutto e diseducare

Verticali

1. non dire la verità
2. ricompensare
3. penalizzare per aver fatto una cattiva azione
4. comportarsi in modo bizzarro, poco corretto con i genitori per ottenere qualcosa

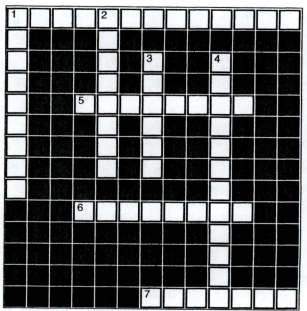

C. Pierino la peste [*the rascal*]. Pierino la peste è un famosissimo personaggio italiano che ormai è entrato a far parte della cultura popolare ed appare in fumetti, film e numerosissime barzellette [*jokes*]. Completa il seguente brano con l'opposto degli aggettivi sottolineati.

1. Pierino non è il prototipo del <u>bravo</u> bambino ma quello del bambino _____.
2. Pierino non è un bambino <u>educato</u>, al contrario è molto _____.
3. Pierino e i suoi amici non sono mai <u>ubbidienti</u> ma sono sempre _____.
4. Pierino non è un bambino <u>sincero</u> ma è un _____.
5. Pierino non è un bambino <u>docile</u> e <u>remissivo</u>, al contrario è _____.
6. La mamma di Pierino, con un figlio come lui, non può essere <u>permissiva</u>, ma deve essere _____ e _____.
7. Pierino non è un bambino _____, anzi è <u>divertente</u> e un po' <u>ridicolo</u>.

Storie di esperienze e momenti indimenticabili

A. Allora Babbo Natale non esiste? Completa il seguente brano con la forma corretta degli aggettivi della lista.

| emozionato indimenticabile nervoso soddisfatto spaventato infelice |
| frustrato buono bello tranquillo triste |

Uno dei momenti più _____ (1) dell'infanzia di Costanza è stato quando ha scoperto che Babbo Natale non esiste.

Era la notte di Natale e nevicava molto. Costanza aveva otto anni ed era tanto _____
(2) perché lei e i suoi fratelli erano stati molto _____ (3) ed erano sicuri di ricevere
_____ (4) regali. Suo fratello Oscar era molto _____ (5) e non riusciva a
dormire. Invece suo fratello Giuliano era molto _____ (6) e dormiva
_____ (7) nel suo bel lettino. Improvvisamente Costanza ha sentito un rumore in
salotto e ha pensato: «Ecco Babbo Natale!» È corsa nel salotto buio, ma ha visto due grandi
ombre [shadows]. Era _____ (8) ed ha urlato: «AHHHH!». Ma ha sentito la voce della
mamma che diceva: «Costanza! Sono io! Io e il papà stiamo solo mettendo i regali sotto
l'albero!»

No! Costanza in quel momento si è sentita veramente _____ (9): «Allora Babbo
Natale non esiste!» E lei era molto _____ (10) perché aveva sempre sognato di
visitare Babbo Natale nella sua casa a Rovaniemi, nella capitale della Lapponia in Finlandia.
Anche i suoi genitori erano molto _____ (11) nell'aver distrutto il sogno e l'illusione
della loro figlioletta.

B. Il primo amore. Prendendo ispirazione dalle fotografie, descrivi il momento in cui
Costanza, al liceo, incontra il suo primo amore, Matteo. Spiega le impressioni che l'uno/a
ha della personalità e dell'aspetto fisico dell'altro/a e utilizza i verbi nella tabella.

incontrarsi innamorarsi giudicare sentirsi spaventare telefonarsi bere, divertirsi annoiarsi guardarsi offrire pensare parlare

_____
_____
_____
_____
_____

STRUTTURE

2.1 Gli aggettivi e i pronomi possessivi

Scriviamo

A. Riordina la famiglia. Abbina ogni definizione della colonna A con il termine corretto della colonna B.

A

1. Il padre di mio padre
2. Il fratello della loro madre
3. Suo padre e sua madre
4. Il marito di vostra sorella
5. I figli del loro padre
6. Le sorelle di nostra madre
7. La moglie di mio fratello
8. La figlia di nostra zia

B

a. nostra cugina
b. i loro fratelli
c. le nostre zie
d. il loro zio
e. mia cognata
f. mio nonno
g. i suoi genitori
h. vostro cognato

B. La famiglia Addams. Inserisci l'aggettivo o il pronome possessivo corretto.

a. Uno dei programmi televisivi preferiti di Costanza quando aveva dodici anni era «La famiglia Addams». _____ (1) madre le permetteva di guardare il telefilm ogni sera con _____ (2) amici.

Questo telefilm degli anni sessanta parla di una strana famiglia americana, gli Addams. _____ (3) casa è un'enorme e macabra villa con vista sul cimitero. Il padre, Gomez, è un eccentrico uomo d'affari che ama moltissimo _____ (4) moglie, Morticia. Lei è una bellissima donna che si preoccupa di nutrire _____ (5) piante carnivore in giardino e _____ (6) piraña nell'acquario. Gomez dice sempre a Morticia: «Tesoro, quando parli francese con me, _____ (7) accento francese mi fa impazzire!»

b. _____ (8) figli, Mercoledì e Pugsley sono strani bambini. _____ (9) giochi preferiti sono giocare con la dinamite per Pugsley e per Mercoledì tagliare la testa alle _____ (10) bambole che si chiamano tutte Maria Antonietta, come la famosa regina di Francia. Spesso litigano:

MERCOLEDÌ: Pugsley, rivoglio _____ (11) libro sulla magia nera che ti ho dato un mese fa.

PUGSLEY: Ma quello è il mio libro e non _____ (12)! Me l'ha regalato la nonna!

c. I bambini hanno una strana nonna. _____ (13) capelli sono bianchi e lunghi, _____ (14) naso è lungo e aguzzo [*sharp*] e _____ (15) faccia brutta brutta. Sembra una strega [*witch*] ma è molto simpatica. Lei dice sempre ai suoi amici maghi e streghe: «_____ (16) nipoti, Pugsley e Mercoledì, sono i bambini più bravi del mondo. Come sono _____ (17)?» E gli amici rispondono: «_____ (18) non sono molto bravi. Non sanno usare gli esplosivi come _____ (19) nipote Pugsley o decapitare le bambole come _____ (20) nipote Mercoledì!»

C. Quando ero teenager. Rispondi alle domande sulla tua adolescenza seguendo l'esempio.

Esempio: Il tuo gioco preferito era nascondino?
*No, **il mio** gioco preferito non era nascondino.*

1. Dove abitava la tua famiglia?
_____

2. Com'era la vostra casa?
_____

3. Com'erano i tuoi genitori? Severi o permissivi?
_____

4. Eri più vicino/a a tuo padre o a tua madre?
_____

5. Qual era il tuo programma televisivo preferito?
_____

6. Dove abitavano i tuoi migliori amici?
_____

7. Quali erano le loro qualità?
_____

8. Quali erano i vostri passatempi preferiti?
_____

Ascoltiamo
(CD 1, TRACK 16)

A. Pierino è davvero molto curioso. Ascolta le domande che Pierino fa alla maestra a scuola. Rispondi utilizzando il corretto aggettivo possessivo e il suggerimento fornito. Segui l'esempio e ripeti la risposta corretta dopo averla ascoltata.

Esempio: SENTI: Dov'è lo zaino di Paolo?
           VEDI: vicino alla porta
           DICI: *Il suo zaino è vicino alla porta.*

SUGGERIMENTI

1. qui vicino	4. Jon Voight	7. a scuola
2. Ted Kennedy	5. *La dolce vita* di Fellini	8. al lavoro
3. Napolitano	6. Roberto Benigni	

(CD 1, TRACK 17)

B. Pierino parla con Paolo, un amico. Ascolta le domande che Paolo fa a Pierino. Rispondi alle domande, utilizzando il pronome possessivo. Segui l'esempio e ripeti la riposta corretta dopo averla ascoltata.

Esempio: La mia maestra è brava e la tua?
         *Anche **la mia** è brava.*

1. _____
2. _____
3. _____
4. _____
5. _____
6. _____
7. _____

2.2 L'Imperfetto indicativo

Scriviamo

A. Il diario di papà. Costanza trova il diario delle scuole medie di suo padre, Angelo, e, curiosa com'è, lo legge. Scriveva suo padre. «Caro amico immaginario, ormai ho tredici anni e sono grande e molto cambiato da quando ero piccolo. . .» Scegli la forma corretta del verbo fra le tre possibilità offerte.

1. Da bambino mi (*piaceva* / *piacevano* / *piacevo*) comprare e leggere i fumetti di Topolino [*Mickey Mouse*].

2. Io li (*leggevo* / *leggeva* / *leggevano*) ogni giorno prima di andare a scuola.

3. Spesso io e mio fratello Alberto (*erano / eravate / eravamo*) in ritardo a scuola per finire i fumetti.

4. La maestra a scuola ci (*puniva / punivi / punivo*) per il ritardo.

5. Noi (*dovevano / dovevamo / dovevi*) stare in classe mentre gli altri bambini (*giocavamo / giocavo / giocavano*) a calcio nel cortile della scuola.

6. Anche il mio amico Gino (*stavo / stavi / stava*) in classe perché lui (*dicevo / dicevi / diceva*) sempre le bugie alla maestra.

B. **I giochi d'infanzia di nonno Aldo.** Nonno Aldo risponde alle domande di sua nipote Costanza sulla sua infanzia. Rispondi alle seguenti domande e coniuga all'imperfetto i verbi tra parentesi seguendo l'esempio. Fa' tutti i cambiamenti necessari e presta attenzione agli aggettivi possessivi.

Esempio: COSTANZA: Com'era tuo fratello?

NONNO ALDO: _____ (studiare) sempre.

NONNO ALDO: ***Studiava** sempre.*

1. COSTANZA: Cosa facevate da piccoli tu e i tuoi amici?

   NONNO ALDO: _____ (andare) sempre al fiume a nuotare.

2. COSTANZA: I vostri genitori erano permissivi?

   NONNO ALDO: No, _____ (controllare) quello che (noi) _____ (fare).

3. COSTANZA: Cosa faceva il tuo papà?

   NONNO ALDO: _____ (lavorare) nei campi [*fields*].

4. COSTANZA: Cosa faceva la tua mamma?

   NONNO ALDO: _____ (essere) una casalinga e (lei) _____ (prendersi) cura [*to take care*] dei figli.

5. COSTANZA: Tu avevi molti giocattoli?

   NONNO ALDO: No, _____ (usare) bastoni di legno come spade [*swords*] per giocare alla guerra.

6. COSTANZA: Tu e i tuoi amici vi annoiavate spesso?

   NONNO ALDO: No, _____ (divertirsi) sempre.

7. COSTANZA: I tuoi amici vivevano vicino a te?

   NONNO ALDO: _____ (abitare) vicino a casa mia.

8. COSTANZA: Tu andavi a scuola volentieri?

   NONNO ALDO: No, non _____ (piacere) andare a scuola!

C. *Il professor Grammaticus* **di Gianni Rodari.** Lo scrittore Gianni Rodari ha scritto racconti per bambini come *Essere o avere*, dove il protagonista è il professor Grammaticus e l'argomento riguarda i verbi ausiliari «essere» o «avere» usati al passato prossimo. Completa il seguente riassunto della storia con l'imperfetto del verbo tra parentesi.

Il professor Grammaticus _____ (1. viaggiare) in treno e con attenzione

_____ (2. ascoltare) le conversazioni delle persone che _____ (3. essere)

vicino a lui: due emigranti che _____ (4. tornare) in Italia perché _____

(5. dovere) votare alle elezioni.

Uno di loro _____ (6. raccontare): «Io ho andato in Germania nel 1958. Ma ho

andato prima in Belgio».

Il professore _____ (7. sembrare) molto nervoso e irritato e ha detto: «Non avete

imparato a scuola che non si dice ‹Ho andato›, ma ‹Sono andato›! Il verbo ‹andare› è

intransitivo e vuole l'ausiliare essere!»

I due uomini _____ (8. guardare) il professore stupiti. . . E poi hanno risposto: «È sì

un verbo intransitivo ma è anche un verbo triste. Vuol dire lasciare la casa, la famiglia, i

bambini per cercare lavoro!»

Dopo quelle parole, il professore _____ (9. sentirsi) male e _____ (10.

ripetere) continuamente dentro di sé: «Stupido! Stupido! Mentre i due _____ (11.

parlare), io _____ (12. cercare) gli errori nella grammatica e non _____

(13. considerare) altri problemi e errori più grossi!»

Ascoltiamo

(CD 1, TRACK 18)

A. Alice e il coniglio [rabbit]. Ecco l'inizio della fiaba di Lewis Carrol *Alice nel paese delle meraviglie*. Ascolta le seguenti frasi al presente e trasformale all'imperfetto. Ripeti la risposta corretta dopo averla ascoltata.

Esempio: Alice sta seduta in un prato.
*Alice **stava seduta** in un prato.*

1. _____
2. _____
3. _____
4. _____
5. _____
6. _____
7. _____
8. _____

(CD 1, TRACK 19)

B. **Pierino e i suoi amici a scuola.** Ascolta le seguenti domande che la mamma fa a Pierino sulla sua giornata a scuola. Rispondi alle domande, utilizzando l'imperfetto e i suggerimenti forniti. Segui l'esempio e ripeti la risposta corretta dopo averla ascoltata.

Esempio: SENTI: Cosa facevi ieri a scuola?
VEDI: dormire in classe
DICI: ***Dormivo*** *in classe.*

SUGGERIMENTI

1. giocare in giardino
2. spiegare la storia
3. sembrare attento
4. leggere i fumetti

5. disegnare
6. annoiarsi
7. mangiare la merenda
8. sedere sulle sedie

2.3 Il passato prossimo

Scriviamo

A. ***La vita è bella*** **di Roberto Benigni.** Questo famoso film parla di Guido, di sua moglie Dora e del loro figlio Giosuè. Riordina la loro storia collegando le frasi della colonna A con quelle della colonna B e coniuga i verbi tra parentesi al passato prossimo.

A

1. Guido _____ (andare)
2. Guido _____ (cominciare)
3. Dora e Guido _____ (incontrarsi)
4. Guido _____ (innamorarsi)
5. Dora _____ (decidere)
6. Dora e Guido _____ (sposarsi)
7. Giosuè _____ (nascere)
8. La famiglia _____ (vivere)

B

a. poco dopo il matrimonio.
b. ad Arezzo a lavorare con suo zio.
c. di lasciare il suo fidanzato per Guido.
d. subito.
e. tranquillamente per anni.
f. di Dora molto velocemente.
g. per la seconda volta nella piazza di Arezzo.
h. a lavorare per il Grand Hotel come cameriere.

B. Chi ha fatto cosa? Persone e personaggi famosi. Indica le azioni fatte da persone e personaggi famosi. Completa le frasi con i verbi della lista al passato prossimo.

> andare   dire   scrivere   correre   cantare   abitare   fare   morire

1. Gli americani _____ sulla luna nel 1969.
2. John F. Kennedy _____ nel 1963 a Dallas, in Texas.
3. Il famoso scrittore Umberto Eco _____ il romanzo *Il nome della Rosa* nel 1980.
4. Gianni Versace _____ in una bella villa a Miami per moltissimi anni.
5. L'attore e regista Roberto Benigni _____ il film *La vita è bella* nel 1997.
6. L'etiope Abebe Bikila _____ la maratona a piedi nudi alle Olimpiadi di Roma del 1960.
7. Andrea Bocelli _____ molte arie dalle opere di Giuseppe Verdi nell'album *Verdi* (2000).
8. Martin Luther King, Jr. _____ in un famoso discorso del 1963: «Io ho un sogno. . .»

C. Frasi dei film da ricordare. Completa con la forma corretta del passato prossimo. Coniuga i verbi indicati tra parentesi al passato prossimo.

1. Ancora (tu) non _____ (morire)? Eppure m'hanno detto che il lavoro ammazza [*kills*] la gente! (Pier Paolo Pasolini, *Accattone*)

2. Sally: «Per voi uomini è diverso! Charlie Chaplin _____ (fare) figli fino a 73 anni!» Harry: «Sì, ma non ce la faceva a portarli in braccio. . .!» (Rob Reiner, *Harry ti presento Sally*)

3. «Io _____ (vedere) cose che voi umani non potete immaginarvi». (Ridley Scott, *Blade Runner*)

4. «(Noi) non _____ (perdere) in Vietnam! . . . Abbiamo pareggiato [*It was a draw*]!» (Charles Crichton, *Un pesce di nome Wanda*)

5. «La guerra è una parentesi bestiale e solo quando _____ (finire) ci si accorge della sua inutilità». (Luciano Salce, *Il federale*)

6. Un giorno (io) _____ (chiedere) a mia moglie: «Cara, dove vuoi andare per il tuo compleanno?» E lei: «In un posto in cui (io) non _____ (stare) mai». «Ah, sì? Allora prova in cucina!» (Martin Scorsese, *Quei bravi ragazzi*)

7. «La mia vita _____ (essere) tutta così . . . piena di piccoli segni [*signs*] che mi vengono a cercare». (Sergio Castellito, *Non ti muovere*)

D. **Una strana cena di Natale a casa di Matteo.** Matteo scrive una pagina di diario descrivendo la cena di Natale a casa sua il giorno precedente. Completa con la forma corretta del passato prossimo.

Caro diario,

ieri era Natale. Sfortunatamente _____ (1. nevicare) per ore ed ore. La mamma

_____ (2. cominciare) a lamentarsi: «Io _____ (3. dovere) preparare tutte

queste cose da mangiare per il cenone di Natale e con questa neve nessuno verrà!» E lei e mia

zia _____ (4. passare) due ore a brontolare [*grumbling*]: « Nessuno ci capisce!

Per due giorni noi non ci _____ (5. potere) rilassare per cucinare per l'intera

famiglia e gli ospiti!» Nel frattempo il papà sospirava e pensava: «Certo che la serata

_____ (6. cominciare) veramente bene: due donne arrabbiate e neve, neve, neve!»

Poi lui _____ (7. chiedere): «Ragazzi _____ (8. finire) di pulire il cortile

dalla neve?» Ma poi tutti _____ (9. sentire) un rumore [*noise*] incredibile dal tetto. Il

papà _____ (10. salire) sul tetto ed _____ (11. scendere) con Babbo

Natale che _____ (12. dire): «_____ (13. volere) venire a farvi un saluto e

io e le mie renne _____ (14. passare) da casa vostra per augurarvi Buon Natale!»

Quella sera Babbo Natale _____ (15. cenare) con noi e mio fratello più piccolo

Matteo _____ (16. volere) un suo autografo.

 Ascoltiamo

(CD 1, TRACK 20)

A. **La giornata di Costanza.** Costanza è molto abitudinaria e ieri la sua giornata non è stata differente da quella di oggi. Ascolta le seguenti frasi al presente e trasformale al passato prossimo seguendo l'esempio. Ripeti la risposta corretta dopo averla ascoltata.

Esempio: Costanza pulisce la casa.
*Anche ieri Costanza **ha pulito** la casa.*

1. _____
2. _____
3. _____
4. _____
5. _____
6. _____
7. _____
8. _____

(CD 1, TRACK 21)

B. **Pinocchio, Geppetto, la fata turchina [the *Blue Fairy*] e il grillo parlante [*Jiminy Cricket*].** Ascolta le domande di Geppetto a Pinocchio e poi rispondi. Trasforma le frasi dal presente al passato prossimo, seguendo l'esempio, e fa' tutti i cambiamenti necessari. Ripeti la risposta corretta dopo averla ascoltata.

Esempio: Fai i compiti?
           Li ho fatti.

1. _____
2. _____
3. _____
4. _____
5. _____
6. _____
7. _____
8. _____

2.4 Il passato prossimo e l'imperfetto

Scriviamo

A. **Le avventure di una bambina e di un lupo [*wolf*] nel bosco.** Di solito, nelle fiabe, le bambine come Cappuccetto Rosso sono sempre buonissime e gentilissime e i lupi sono sempre cattivissimi. Ma non è sempre così. . . . Ecco cosa è successo a Cappuccetto Rosso in versione moderna alcuni giorni fa. Coniuga il verbo tra parentesi al passato prossimo o all'imperfetto.

Alcuni giorni fa, una bambina _____ (1. camminare) in un bosco nerissimo e

grandissimo. Improvvisamente _____ (2. incontrare) un lupo grande e grosso. Ma

lei non _____ (3. avere) paura di lui. Non _____ (4. gridare [*to shout*]),

non _____ (5. dare) calci [*to kick*] al lupo. _____ (7. guardare) il lupo

lungamente.

Il lupo _____ (8. iniziare) ad avere una grandissima paura della bambina. Gli

occhi della bambina _____ (9. essere) grandissimi e paurosi, i suoi denti

lunghissimi. Le gambe del lupo _____ (10. cominciare) a tremare di paura. I suoi

peli [*hair*] _____ (11. rizzarsi) [*stood on end*] e lui _____ (12. piangere)

per molto tempo. (Voi) _____ (13. vedere/mai) un lupo enorme che piange di fronte

a una bambina piccolissima?

Ecco perché, quando _____ (14. arrivare) tre cacciatori [*hunters*], loro

_____ (15. stupirsi) nel vedere questa scena surreale. Il lupo _____

(16. piangere) sempre più forte. Ma la bambina _____ (17. avere) fame.

_____ (18. sembrare) una strana bambina. Infatti, di solito, _____ (19.

mangiare) i lupi a colazione. Quindi _____ (20. addentare [*to bite*]) il lupo. Il lupo

_____ (21. urlare) forte. I cacciatori _____ (22. salvare) la vita al lupo e

_____ (23. dovere) portare la bambina a casa della sua nonna malata, o meglio da

uno psicologo.

B. **Il film più strano dell'infanzia di Matteo:** *La mano.* Matteo si ricorda sempre di un film bizzarro che ha visto da bambino. Completa il brano con la forma corretta del verbo della lista al passato prossimo o all'imperfetto.

> trasformarsi   essere   dormire   cominciare   avere   vedere   capire   prendere
> sembrare   aprire

Il film più strano mai visto durante la sua infanzia, Matteo l'_____ (1) al cinema

Ariston di Milano. Prima di tutto un uomo _____ (2) in un parco, seduto su una

panchina [*bench*]. Mentre, con gli occhi chiusi, _____ (3), la panchina

_____ (4) in una mano enorme che in due secondi _____ (5) l'uomo con

grande violenza, totalmente incosciente. La mano, per un'illusione ottica, _____ (6)

grande come l'Empire State Building. Ecco come il film _____ (7). Dopo due minuti

io _____ (8) che la mano non era altro che MANO della famiglia Addams. Nella

famiglia Addams, Mano, sempre gentile, _____ (9) la porta agli ospiti di Gomez e

Morticia. In questo film, invece, _____ (10) una personalità cattivissima!

C. **I genitori di Matteo.** I genitori di Matteo hanno divorziato molti anni fa. Leggi il paragrafo per scoprire alcune delle ragioni del divorzio e coniuga i verbi al passato prossimo o all'imperfetto.

La madre di Matteo, Antonia, _____ (1. separarsi) da suo marito, Paolo, moltissimi

anni fa. Paolo _____ (2. essere) un maniaco delle pulizie. Ogni giorno

_____ (3. mettersi) a pulire la cucina e il bagno in modo esagerato. Non

_____ (4. dimenticarsi) un singolo centimetro. Un giorno Antonia e Matteo gli

_____ (5. consigliare) di andare dallo psicologo per risolvere questa ossessione.

Paolo _____ (6. promettere) di andarci e poi non _____ (7. mantenere) la

promessa. Che bugiardo! Antonia e Matteo non _____ (8. volere) dipendere da un

uomo del genere! Antonia, inoltre, _____ (9. accorgersi) di non essere più

innamorata di Paolo. Così l'_____ (10. lasciare)! Ciao ciao, caro Paolo!

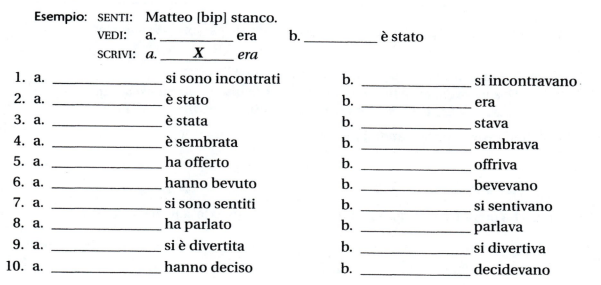

Ascoltiamo

(CD 1, TRACK 22)

A. **Nonno Aldo e Costanza.** Costanza racconta al nonno quello che lei e i suoi amici hanno fatto. Nonno Aldo risponde che lui e i suoi amici non passavano mai il tempo così. Trasforma le frasi di Costanza alla forma negativa e sostituisci il passato prossimo con l'imperfetto. Segui l'esempio e ripeti la risposta corretta dopo averla ascoltata.

Esempio: Abbiamo cenato in un ristorante elegante.
Non cenavamo mai *in un ristorante elegante.*

1. _____
2. _____
3. _____
4. _____
5. _____
6. _____
7. _____
8. _____

(CD 1, TRACK 23)

B. **L'appuntamento di Matteo e Costanza.** Ascolta la seguente descrizione e sentirai un «bip» al posto del verbo. Scegli il verbo corretto per completare la descrizione. Ogni frase sarà ripetuta due volte.

Esempio: SENTI: Matteo [bip] stanco.
VEDI: a. _____ era   b. _____ è stato
SCRIVI: *a. ___X___ era*

1. a. _____ si sono incontrati   b. _____ si incontravano
2. a. _____ è stato   b. _____ era
3. a. _____ è stata   b. _____ stava
4. a. _____ è sembrata   b. _____ sembrava
5. a. _____ ha offerto   b. _____ offriva
6. a. _____ hanno bevuto   b. _____ bevevano
7. a. _____ si sono sentiti   b. _____ si sentivano
8. a. _____ ha parlato   b. _____ parlava
9. a. _____ si è divertita   b. _____ si divertiva
10. a. _____ hanno deciso   b. _____ decidevano

2.5 Il trapassato prossimo

Scriviamo

A. **Prima del 2000.** Matteo, la sua famiglia e i suoi amici sembrano aver già fatto tutto prima del nuovo secolo, ma forse non tutto! Forma le frasi al trapassato prossimo con le informazioni fornite seguendo gli esempi.

Esempi: 1. Io / già / volare / su un elicottero.
*Io **avevo già volato** su un elicottero.*
2. Tu / non . . . ancora / viaggiare / per mesi da solo.
*Tu non **avevi** ancora **viaggiato** per mesi da solo.*

1. Io / non . . . ancora / uscire / in barca a vela / nell'oceano Pacifico.

_____

2. Io e i miei amici / già / andare / in vacanza da soli.

_____

3. I miei amici / non . . . ancora / diplomarsi.

_____

4. Io e i miei amici / non . . . ancora / visitare / gli Stati Uniti.

_____

5. Io / già / finire / le scuole superiori.

_____

6. Mio fratello / non . . . ancora / guidare / un'auto.

_____

7. La mia famiglia / già / essere / in Cina.

_____

8. Mio fratello e mia sorella / non . . . ancora / prendere / un appartamento da soli.

_____

B. Cos'era successo prima? Inventa due attività che le persone avevano fatto prima degli eventi indicati.

Esempio: Ieri abbiamo comprato una macchina nuova.
*Due giorni fa **eravamo passati** a vedere la macchina nuova di Luca.*
*Due mesi fa **avevamo comprato** una rivista specializzata di auto.*

1. Tu e Matteo in agosto siete andati in Grecia.

   a. _____

   b. _____

2. Costanza ha organizzato una festa a sorpresa per Matteo la settimana scorsa.

   a. _____

   b. _____

3. La notte scorsa io sono andato/-a sulla luna in sogno.

   a. _____

   b. _____

C. La gita di fine anno di Costanza. Costanza scrive una lettera alla sua amica Barbara e le racconta una gita disastrosa e incredibile. Completa la seguente lettera di Costanza con l'imperfetto, il passato prossimo o il trapassato prossimo dei verbi indicati.

Cara Barbara,

alla fine del liceo, la mia classe _____ (1. decidere) di andare a Londra e Dublino per la gita di fine anno. Chiara _____ (2. visitare / già) la città inglese due anni prima. Io, invece, _____ (3. abitare) a Dublino con la mia famiglia prima di allora ed _____ (4. tornare / appena) ad abitare in Italia.

La professoressa di inglese _____ (5. pensare) di partire giovedì sera.

Sfortunatamente io _____ (6. dovere) andare urgentemente dal dottore venerdì.

Tutti i miei compagni, al contrario, _____ (7. essere) liberi e loro _____ (8. volere) partire mercoledì sera. Impossibile! Allora io _____ (9. chiedere) al mio medico di cambiare l'appuntamento.

Noi _____ (10. partire) giovedì sera da Milano Malpensa per Londra Stanstead. Noi _____ (11. volare) con Ryan Air, una compagnia aerea estremamente economica. Tutti _____ (12. pagare) circa 30 euro per il biglietto. Incredibile! Quando io _____ (13. andare) a Dublino l'anno prima, _____ (14. pagare) 300 euro!

Quando noi _____ (15. arrivare) a Londra, la polizia all'aeroporto _____ (16. aprire) le valigie di Matteo. _____ (17. sembrare) un criminale! Loro _____ (18. cominciare) a fare moltissime domande al mio povero amico, mentre lui _____ (19. sorridere) sempre e _____ (20. cercare) di rispondere educatamente.

I poliziotti _____ (21. domandare) a Matteo di andare alla stazione di polizia con loro per essere interrogato. Che paura! Così _____ (22. cominciare) il nostro favoloso viaggio in Inghilterra. . . alla stazione di polizia!

Il resto. . . un'altra volta! Ora ti saluto!

    Con affetto, Costanza

Ascoltiamo

(CD 1, TRACK 24)

A. Matteo contraddice sempre Costanza. Matteo contraddice sempre le affermazioni di Costanza. Ascolta le seguenti frasi e trasformale dal passato prossimo al trapassato prossimo seguendo l'esempio. Ripeti la risposta corretta dopo averla ascoltata.

Esempio: Giulia è partita ieri.
         *No, **era già partita** ieri.*

  1. _____

  2. _____

  3. _____

4. _____

5. _____

6. _____

7. _____

(CD 1, TRACK 25)

B. **Chi è più bugiardo?** Costanza ha fatto molto cose nel duemila, ma Matteo le ha fatte molto prima. Sarà vero? Ascolta le seguenti frasi e trasformale dal passato prossimo al trapassato prossimo seguendo l'esempio. Dopo averla ascoltata, ripeti la risposta corretta.

Esempio: Io ho imparato dieci lingue straniere.
Io avevo già imparato dieci lingue straniere.

1. _____

2. _____

3. _____

4. _____

5. _____

6. _____

ASCOLTIAMO

(CD 1, TRACK 26)

Ho visto un UFO.
Costanza ascolta una trasmissione sul secondo canale della radio nazionale in cui si parla degli UFO e delle loro recenti apparizioni nel cielo italiano.

1. **Vero o falso?** Ascolta la trasmissione e poi indica se le seguenti affermazioni sono vere o false e correggi quelle false.

_____1. Un famoso attore racconta la sua storia per gli ascoltatori.

_____

_____2. Il protagonista vede un disco enorme che vola.

_____

_____3. L'extraterrestre assomiglia a E.T. del film di Spielberg.

_____

_____4. L'uomo gli offre del cibo.

_____

_____5. L'extraterrestre è chiacchierone e loquace.

_____

_____6. L'extraterrestre regala un libro all'uomo.

_____

_____7. Il libro parla della storia del pianeta dell'extraterrestre.

_____

2. **Incontro ravvicinati del terzo tipo [*Close Encounters of the Third Kind*].** Ora scegli la risposta corretta tra quelle offerte.

1. L'extraterrestre era:
   a. grande   b. piccolo   c. molto grasso

2. Com'erano le sue braccia?
   a. lunghe   b. corte   c. verdi

3. L'extraterrestre sembrava:
   a. violento   b. gentile   c. pericoloso

4. Cosa ha offerto lo scrittore all'extraterrestre?
   a. tiramisù   b. pizza   c. caffè

5. Che libro ha regalato l'extraterrestre allo scrittore?
   a. un libro di storia
   b. un libro fotografico
   c. un libro di cucina

6. Cosa si vede nelle immagini del libro?
   a. extraterrestri che camminano sulle mani
   b. uomini che sono al cinema
   c. bambini che giocano in giardino

7. Come mangiano al ristorante gli extraterrestri?
   a. mangiano con i piedi
   b. sono seduti per terra
   c. stanno seduti sulla testa

8. Come guardano la televisione gli extraterrestri?
   a. ascoltano solo il suono
   b. si siedono dietro la televisione
   c. toccano la televisione con le mani

C. Che cosa è successo allo scrittore? Ascolta una seconda volta la trasmissione radiofonica e compila la seguente tabella in base alle informazioni che senti.

Personaggi: CHI?	
Ambiente: DOVE?	
Tempo: QUANDO?	
Azione: COSA SUCCEDE?	
Oggetti: CHE COSA?	

Nome _____ Data _____ Classe _____

(CD 1, TRACK 27)

Le barzellette su Pierino.
Matteo guarda alla televisione una gara di barzellette dedicate al famoso personaggio di Pierino.

1. **Com'è Pierino?** Ascolta le barzellette e scegli l'affermazione appropriata.

   1. Pierino è uno studente:
      a. diligente
      b. pigro
      c. studioso

   2. Pierino ha:
      a. un carattere dolce
      b. una personalità molto seria
      c. uno spirito pronto e vivace

   3. Nei confronti della famiglia, dell'autorità e della maestra Pierino è:
      a. rispettoso
      b. spaventato
      c. irriverente

   4. Secondo Pierino, la maestra è:
      a. cattiva
      b. permissiva
      c. brava

2. **Pierino va a scuola!** Basandoti sulle barzellette su Pierino, immagina il suo rapporto con la maestra e i compagni di classe.

   _____
   _____
   _____

COSA SAPPIAMO DEGLI ITALIANI?

Il sistema scolastico in Italia si basa sulla riforma realizzata nel 1923 dal filosofo Giovanni Gentile, Ministro dell'Istruzione e ha subito vari cambiamenti durante i decenni fino ad arrivare agli anni novanta e al nuovo secolo. In questo periodo le riforme della scuola hanno creato molte proteste e contestazioni.

Prima di leggere
Rispondi alle seguenti domande.

1. Com'è organizzata la scuola nel tuo Paese?
   _____

2. Ci sono state di recente riforme del sistema scolastico?
   _____

3. Ci sono stati periodi di intense proteste studentesche? Perché sì o perché no?
   _____

Il mondo turbulento e caotico
del sistema scolastico Italia

RIFORME, PROTESTE E SCIOPERI A SCUOLA

La struttura della scuola italiana

Dopo la fine della seconda guerra mondiale, la nuova Repubblica italiana deve affrontare[1] il problema dell'istruzione, per cui riprende il sistema precedente e lo modifica. La scuola, come si legge nella Costituzione, è pubblica, gratuita e obbligatoria per otto anni per tutti. Fino agli anni novanta il sistema scolastico italiano, con lievi[2] cambiamenti, era strutturato in: 1) scuola elementare (6–10 anni); 2) scuola media (10–14 anni); 3) scuola superiore (14–19 anni) divisa in a) licei (classico, linguistico, scientifico e artistico), b) istituti tecnici (industriale, turistico, . . .), c) istituti professionali (per parrucchieri, meccanici, . . .); 4) l'università (solitamente 5 anni) per quegli studenti che hanno frequentato i licei e gli istituti tecnici.

[1] to face

[2] small

I problemi e le proteste: il 1968 e gli anni novanta

Negli anni '60 il boom economico porta maggiore benessere[3] e un aumento nel numero di studenti, che si trovano di fronte un sistema scolastico antiquato[4] e con programmi non aggiornati[5]. Iniziano le proteste studentesche nel 1967–68, le università vengono occupate e lo stato e la polizia reagiscono con violenza. Gli studenti chiedono una scuola moderna e di essere parte attiva nelle decisioni che riguardano la scuola. Riescono a ottenere alcuni importanti risultati. Infatti l'accesso alle università si estende a tutti gli studenti e non solo a quelli che frequentano il liceo.

[3] wealth

[4] antiquated

[5] up to date

  Altri momenti di protesta studentesca si hanno all'inizio degli anni novanta e i motivi sono simili a quelli del 1968. Gli studenti occupano le scuole e le università e inizia il breve e intermittente fenomeno dell' «autogestione[6]» delle scuole da parte degli stessi studenti. Nasce in questo periodo «la Pantera», un movimento politico-studentesco molto popolare.

[6] self management

  Il fenomeno dell'occupazione si ripete ancora all'inizio del XXI secolo e si protesta contro il Ministro dell'istruzione Letizia Moratti e le riforme da lei proposte nel 2003, ma non ancora totalmente attuate. Secondo molti questa riforma rende il sistema scolastico molto selettivo, distinguendo elitariamente[7] gli studenti del liceo da quelli delle scuole professionali.

[7] in an elitist way

La *Riforma Moratti*

Secondo questa proposta la scuola diventa obbligatoria fino ai diciotto anni e
ha la seguente struttura:

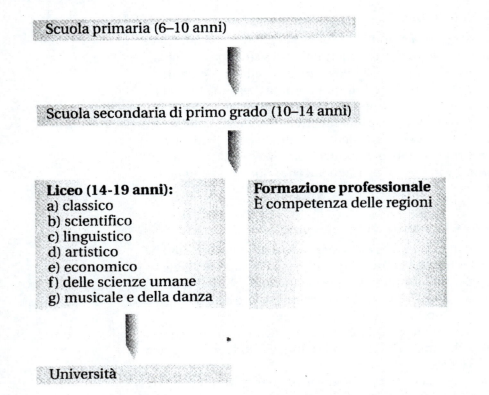

I più grandi cambiamenti si hanno per le scuole superiori che si dividono in
licei con accesso all'università e scuole professionali dove si impara un
mestiere. Spariscono gli istituti tecnici che permettevano sia di imparare un
lavoro che di essere ammessi all'università.

Come nel sistema precedente, l'orario varia in base alle singole scuole ma
non cambiano le materie. Nei licei ci sono materie fondamentali e obbligatorie
come italiano, storia, filosofia, matematica, fisica, inglese, e materie specifiche
per ogni indirizzo gli ultimi due anni. Queste sono, ad esempio, il latino e il
greco per il liceo classico e due lingue straniere per il liceo linguistico. Alla fine
dei cinque anni di liceo c'è un complesso esame sia scritto che orale, detto
«esame di maturità», che dura tre giorni.

L'università

L'università è stata modificata negli anni novanta, su esempio del modello anglosassone, creando la «laurea breve» o «3+2» e il sistema dei crediti. Lo scopo è di permettere ai molti studenti che spesso abbandonano l'università, a causa dei tempi lunghi, di ottenere un diploma di laurea. Si ottiene la prima laurea in 3 anni. Successivamente lo studente può scegliere se lavorare oppure se continuare a studiare per ottenere un master di primo livello o la laurea specialistica. Questa permette di essere ammessi a scuole di specializzazione e al dottorato di ricerca[8].   [8] PhD

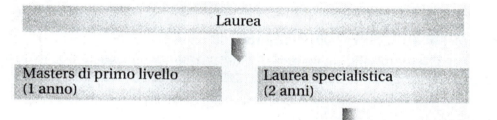

Inoltre l'università si è anche aperta all'Europa grazie ai programmi di scambio europeo, come, ad esempio, il *Progetto Erasmus*, nato nel 1988, che permette agli studenti europei di frequentare l'università in un altro paese europeo dai sei ai dieci mesi.

A. Vero o falso? In base alle informazioni lette indica se le seguenti affermazioni sono vere o false e correggi quelle sbagliate.

_____1. La scuola italiana è stata totalmente rinnovata dopo la seconda guerra mondiale.

_____

_____2. Le scuole medie sono obbligatorie.

_____

_____3. Alla fine degli anni sessanta la contestazione studentesca è stata molto intensa.

_____

_____4. Negli anni ottanta ha avuto inizio il fenomeno di «autogestione» delle scuole da parte degli studenti.

_____

_____5. Gli studenti hanno accettato con soddisfazione la *Riforma Moratti*.

_____

_____6. Negli anni novanta l'università è ancora molto antiquata.

_____

_____7. Ci sono interessanti programmi europei di scambio.

_____

B. Com'è la scuola? Cerca nel brano i seguenti aggettivi che descrivono la scuola italiana e scrivi una frase in italiano per spiegare che cosa significano.

1. obbligatorio

_____

2. gratuito

_____

3. antiquato

_____

SCRIVIAMO

A. Bei ricordi: una bella avventura alle elementari. Racconta al tuo migliore amico/alla tua migliore amica un bell'evento che ti è successo quando eri bambino/a alla scuola elementare.

_____
_____
_____
_____

B. Una gita interessante o disastrosa. Racconta una gita scolastica alle elementari, alle medie o alle superiori.

_____
_____
_____
_____

NAVIGHIAMO NELLA RETE

1. ***Ciao, Professore!*** *Ciao, Professore!* è un film della famosa regista Lina Wertmüller del 1992, noto in Italia col titolo *Io speriamo che me la cavo* ed è ambientato in una scuola elementare a Napoli. Naviga nel sito dell'Internet Movie Database e riporta tutte le informazioni che hai trovato sul film.

_____
_____
_____

2. **I temi degli scolari.** *Io speriamo che me la cavo* è anche un best-seller del 1990 di Marcello D'Orta, che raccoglie sessanta temi di scolari napoletani. Leggi la parafrasi della seguente affermazione di uno dei bambini e poi immagina la risposta del maestro.

SCOLARO: Ora io già lo so che tutti dicono che non è giusto, ma io invece dico che è giusto. Infatti io credo che gli uomini non sono tutti uguali, ci sono i belli, i brutti, gli alti, i bassi, gli intelligenti e gli stupidi. Così ci sono pure i popoli diversi.

MAESTRO: _____

_____
_____

CAPITOLO 3

Tanti sogni nel cassetto!

TEMI

I progetti per il futuro

A. Parole crociate. Completa il cruciverba con le parole che corrispondono alle definizioni date.

Orizzontali

6. difficoltà, problemi
7. lo puoi fare nel sonno o ad occhi aperti
8. fortuna, destino

Verticali

1. prevede il futuro
2. persona positiva, che spera e crede nel futuro
3. pratico e concreto, non sogna ad occhi aperti
4. li fanno in aria i sognatori
5. lo leggi per il tuo segno zodiacale

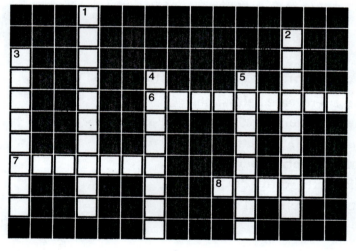

B. Caratteri diversi. Completa le seguenti frasi con l'aggettivo che meglio descrive l'atteggiamento di ogni persona verso il futuro.

Esempio: Marco è _____: non ama i rischi.
Marco è _____*prudente*_____: *non ama i rischi.*

1. Simona è _____: ha paura delle situazioni che non conosce.
2. Giorgio è _____: pensa alla realtà e non fa castelli in aria.
3. Sergio è _____: ha coraggio e non ha paura delle cose nuove.
4. Rita è _____: non riesce a prendere decisioni e non sa mai cosa fare.
5. Corrado è _____: è prudente e non ama la fretta.

Il mondo del lavoro

A. Conseguenze. Scegli la risposta più logica per le seguenti situazioni tra le tre scelte presentate.

1. Vuoi lavorare meno.
    a. Cerchi un lavoro a tempo pieno.
    b. Chiedi al datore di lavoro di fare l'orario ridotto.
    c. Compri un biglietto della lotteria.

2. Hai appena finito l'università e vuoi trovare un lavoro.
    a. Leggi le offerte di lavoro sui giornali.
    b. Sostieni un colloquio.
    c. Vai in vacanza.

3. Hai letto la sezione sul giornale delle offerte di lavoro.
    a. Mandi il curriculum alla ditta che ti interessa.
    b. Ti rivolgi all'ufficio di collocamento.
    c. Dai le dimissioni.

4. Preferisci una vita tranquilla nella stessa città per molti anni.
    a. Accetti un lavoro temporaneo.
    b. Lavori per una multinazionale per cui devi viaggiare molto.
    c. Cerchi un posto fisso.

5. Hai finalmente 65 anni.
    a. Dai le dimissioni.
    b. Vai in pensione.
    c. Fai carriera.

B. Sogni ad occhi aperti. Associa ad ogni lavoratore il pensiero più appropriato.

1. il dottore	a.	Progetterei case bellissime!
2. l'architetto	b.	Lavorerei nel negozio di Versace!
3. lo scrittore	c.	Curerei tutti i malati di AIDS.
4. l'avvocato	d.	Scriverei libri stupendi!
5. la commessa	e.	Difenderei i diritti dei poveri!
6. il meccanico	f.	Riparerei Ferrari e Porsche!

C. Il datore di lavoro. Completa il seguente dialogo con le risposte che il candidato dà al datore di lavoro.

1. DATORE: Come si chiama?

   CANDIDATO: _____

2. DATORE: Dove ha letto l'annuncio per il lavoro?

   CANDIDATO: _____

3. DATORE: Qual è la Sua specializzazione?

   CANDIDATO: _____

4. DATORE: Qual è la Sua esperienza lavorativa?

   CANDIDATO: _____

5. DATORE: Quali software specifici conosce?

   CANDIDATO: _____

6. DATORE: Il Suo curriculum è molto interessante. La contatteremo noi tra pochi giorni.

   CANDIDATO: _____

D. Annunci di lavoro. Leggi i seguenti annunci di lavoro tratti da un quotidiano italiano e completa gli esercizi che seguono.

*Cerchiamo **giovani con forte creatività e spirito di innovazione**, sensibili agli stimoli culturali ed estetici. La persona assunta, dopo un periodo iniziale per acquisire le necessarie conoscenze tecniche, dovrà creare in autonomia i nuovi prodotti nella loro componente artistica. Si richiede almeno diploma di designer industriale o di scuola d'arte e disponibilità a viaggiare. Inviare dettagliato curriculum a: PROJECT–via Molinella 12–40137 Bologna.*

Scegli **la risposta corretta** tra le tre scelte presentate.

1. L'annuncio cerca
   a. un designer creativo.
   b. un manager industriale.
   c. un architetto.

2. Nel periodo iniziale il nuovo assunto
   a. dovrà imparare l'inglese.
   b. dovrà disegnare un centro culturale.
   c. dovrà imparare nozioni tecniche.

3. Se la società PROJECT ti assumerà
   a. aiuterai il manager a organizzare eventi culturali.
   b. collaborerai alla creazione dei prodotti della ditta.
   c. progetterai da solo/-a i nuovi prodotti della ditta.

Multinazionale americana cerca:

Responsabile Ufficio Acquisti. Si occuperà direttamente della gestione dell'ufficio: ordini, ricezioni, controllo fatture[1], rapporti con i fornitori[2]. Si richiede: fluente inglese, diploma o laurea, 4-5 anni d'esperienza in posizione simile in medie-grandi aziende, 30-35 anni, ottima conoscenza principali pacchetti applicativi Office. Completano il profilo professionale buone capacità organizzative e comunicative e predisposizione ai rapporti interpersonali. I candidati interessati possono inviare un dettagliato CV a:
RED CARPET-via Giolitti 72–00185 Roma.

[1] invoices   [2] suppliers

Indica quali di questi elementi sono necessari per il lavoro di «Responsabile Ufficio Acquisti».

_____	1.	conoscere l'inglese
_____	2.	conoscere bene la musica classica
_____	3.	sapere usare il computer
_____	4.	avere meno di 30 anni
_____	5.	essere disponibile a viaggiare
_____	6.	essere laureato/-a o diplomato/-a
_____	7.	avere precedente esperienza lavorativa
_____	8.	sapere relazionarsi bene con clienti e fornitori
_____	9.	essere creativo/-a
_____	10.	essere organizzato/-a

STRUTTURE

3.1 Il futuro

Scriviamo

A. Nel mondo del futuro. Leggi il seguente brano che ipotizza come sarà il mondo nel 2030 e completa gli esercizi che seguono.

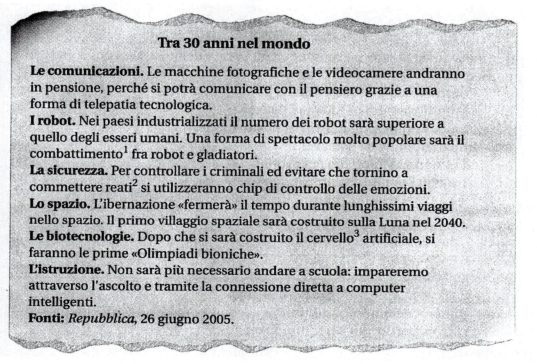

Tra 30 anni nel mondo

Le comunicazioni. Le macchine fotografiche e le videocamere andranno in pensione, perché si potrà comunicare con il pensiero grazie a una forma di telepatia tecnologica.

I robot. Nei paesi industrializzati il numero dei robot sarà superiore a quello degli esseri umani. Una forma di spettacolo molto popolare sarà il combattimento[1] fra robot e gladiatori.

La sicurezza. Per controllare i criminali ed evitare che tornino a commettere reati[2] si utilizzeranno chip di controllo delle emozioni.

Lo spazio. L'ibernazione «fermerà» il tempo durante lunghissimi viaggi nello spazio. Il primo villaggio spaziale sarà costruito sulla Luna nel 2040.

Le biotecnologie. Dopo che si sarà costruito il cervello[3] artificiale, si faranno le prime «Olimpiadi bioniche».

L'istruzione. Non sarà più necessario andare a scuola: impareremo attraverso l'ascolto e tramite la connessione diretta a computer intelligenti.

Fonti: *Repubblica*, 26 giugno 2005.

[1] fight   [2] crimes   [3] brain

1. **Verbi al futuro e all'infinito.** Trascrivi i verbi al futuro che trovi nell'articolo che hai letto e indica il loro infinito. Non riscrivere i verbi che appaiono più di una volta.

   Esempio: *mangerò / **mangiare***

   Futuro   **Infinito**

   a. _____   _____
   b. _____   _____
   c. _____   _____
   d. _____   _____
   e. _____   _____
   f. _____   _____
   g. _____   _____

2. **Futuri regolari e irregolari.** Inserisci nella tabella appropriata i futuri che hai trascritto dall'articolo nell'esercizio qui sopra.

Futuro (verbi regolari)

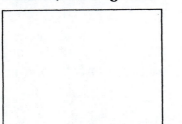

Futuro (verbi irregolari)

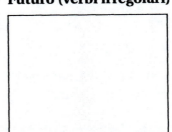

3. **Che faremo?** Indica quale di questi eventi *non* farà parte del futuro secondo l'articolo che hai appena letto.

_____ a.   Controlleranno le emozioni.
_____ b.   Comunicheremo in tutte le lingue.
_____ c.   I robot saranno più numerosi degli umani.
_____ d.   Impareremo con l'ascolto.
_____ e.   Ci saranno Olimpiadi per i robot.
_____ f.   Gli alieni comunicheranno con gli umani.

4. **La tua opinione sul futuro.** Secondo te, quali delle situazioni descritte nel brano che hai letto è la più probabile e quale è la più improbabile?

a. la più probabile_____

b. la più improbabile _____

B.   Cercare lavoro. Roberta e Francesco discutono di come cercare lavoro. Completa la conversazione con la forma corretta del futuro semplice.

FRANCESCO: Roberta, che cosa _____(1. fare) dopo l'università?

ROBERTA: _____(2. Cercare) un posto, naturalmente. Però prima

_____(3. dovere) preparare un curriculum.

FRANCESCO: Che cosa _____(4. scrivere) nel curriculum?

ROBERTA: Ci _____(5. mettere) i miei titoli di studio e le mie qualifiche.

FRANCESCO: A chi lo _____(6. mandare)?

ROBERTA: Non lo so. _____(7. Guardare) le Pagine Gialle e Internet per

cercare nominativi di ditte.

FRANCESCO: _____(8. Rivolgersi) a qualche agenzia di collocamento?

ROBERTA: Per ora no. Spero che le ditte mi _____(9. telefonare) per fissare un

appuntamento e che qualcuno poi _____(10. volere) assumermi!

C. **Supposizioni.** Paola e Luisa parlano della loro amica Carla. Completa il loro dialogo con la forma corretta del futuro semplice o futuro anteriore.

PAOLA: Carla ha sempre dei bei vestiti. Chi le _____ (1. dare) i soldi per comprarli?

LUISA: Carla fa l'avvocato. _____ (2. Guadagnare) molto.

PAOLA: Carla lavora in un grande studio molto importante. Come _____ (3. trovare) questo posto?

LUISA: Certo che non _____ (4. essere) facile. Il padre di Carla però conosce molte persone importanti e certamente lui _____ (5. aiutare) sua figlia.

PAOLA: Ho visto spesso Carla con un bellissimo ragazzo. Chi _____ (6. essere)?!

LUISA: Non lo so, ma certo che Carla è proprio fortunata!

D. **Chi sarà?** Fai supposizioni sul presente e sul passato dell'uomo che vedi nella foto usando 3 diversi verbi al futuro semplice e 3 al futuro interiore, come negli esempi.

1. Sarà americano.

2. _____

3. _____

4. _____

5. Avrà bevuto una birra.

6. _____

7. _____

8. _____

Ascoltiamo

(CD 2, TRACK 1)

A. Dopo l'università. Ascolta che cosa pensano di fare queste persone dopo l'università. Segui l'esempio e trasforma le frasi che senti utilizzando il futuro semplice. Ripeti ogni frase dopo averla ascoltata.

Esempio: Quest'estate vado in Italia.
Quest'estate **andrò** in Italia.

1. _____
2. _____
3. _____
4. _____
5. _____
6. _____
7. _____
8. _____

(CD 2, TRACK 2)

B. La giornata di Marcella. Descrivi cosa farà Marcella durante la giornata utilizzando i suggerimenti forniti e il verbo al futuro anteriore. Segui l'esempio. Ripeti ogni frase dopo averla ascoltata.

Esempio: SENTI: Si vestirà dopo che _____
VEDI: farsi la doccia
DICI: *Si vestirà dopo che si sarà fatta la doccia.*

SUGGERIMENTI

1. fare colazione
2. guidare mezz'ora nel traffico
3. lavorare otto ore
4. rientrare a casa
5. mettersi il pigiama

3.2 Il partitivo

Scriviamo

A. Il mondo del 2030. Completa le seguenti frasi scegliendo la forma corretta del partitivo.

1. Faremo *dei / qualche / del* viaggi sulla luna dove costruiremo *delle / qualche / della* città spaziali.
2. *Del / Qualche / Alcuni* robot saranno più intelligenti degli umani.
3. *Della / Qualche / Alcune* persone avranno il cervello artificiale.

4. Nonostante i controlli di sicurezza, *un po' di / qualche / alcuni* criminale riuscirà a evadere di prigione.

5. Ci saranno *qualche / dei / del* chip piccolissimi che conterranno tutti i libri di tutte le biblioteche.

B. La lista della spesa. I signori Baldini passeranno una serata in casa con alcuni amici. Completa la loro lista della spesa con il partitivo appropriato.

Dobbiamo comprare _____(1) bibite, _____(2) antipasti,

_____(3) caffè, _____(4) acqua minerale e _____(5) gin. Ci

servono anche _____(6) bicchieri e tovaglioli di carta, _____(7) insalata e

_____(8) formaggio. Dobbiamo anche essere sicuri di avere _____(9)

bottiglia di spumante: è il compleanno di Carmela! Infine non dobbiamo dimenticare

_____(10) musica per ballare!

Ascoltiamo

(CD 2, TRACK 3)

A. In casa. I Baldini sono tornati dal supermercato. Sistemano la spesa e incominciano a discutere della serata. Seguendo l'esempio, trasforma le frasi che senti usando **di + articolo** e il nome al plurale. Ripeti ogni frase dopo averla ascoltata.

Esempio: Abbiamo comprato qualche banana.
           *Abbiamo comprato **delle banane.***

1. _____
2. _____
3. _____
4. _____
5. _____
6. _____

(CD 2, TRACK 4)

B. In vacanza. Anna è tornata dalle Hawaii e il suo amico Giorgio le fa delle domande sulla vacanza. Costruisci la risposta di Anna rispondendo di «*sì*» e usando «*qualche*» o «*un po' di*». Segui l'esempio e fai tutti cambiamenti necessari. Ripeti ogni frase dopo averla ascoltata.

Esempio: Hai fatto delle fotografie.
           *Sì, **ho fatto** qualche fotografia.*

1. _____   5. _____
2. _____   6. _____
3. _____   7. _____
4. _____

3.3 I pronomi diretti e *ne*

Scriviamo

A. La serata dai Baldini. Dopo essere andati al supermercato, i signori Baldini si preparano a ricevere gli amici. Completa la loro conversazione usando le forme appropriate del pronome diretto e facendo l'accordo corretto del participio passato.

MARIELLA: Franco, hai comprato le bibite?

FRANCO: Sì, _____(1) ho comprat_____(2). E tu, hai preparato gli antipasti?

MARIELLA: No, non ho potuto ancora preparar_____(3).

FRANCO: Hai invitato anche Pia?

MARIELLA: No, non _____(4) ho invitat_____(5). È molto antipatica.

FRANCO: Giuseppe è simpatico però.

MARIELLA: Sì, ma non_____(6) ho invitat_____(7). Sai che Giuseppe si è fidanzato?

FRANCO: Sì, _____(8) so. Hai comprato i tovaglioli di carta?

MARIELLA: Oh, no, ho dimenticato di comprar_____(9). Ma ho preso i bicchieri di carta.

FRANCO: Dove_____(10) hai mess_____(11)?

MARIELLA: Ecco_____(12)! Adesso è tutto pronto: mancano solo gli ospiti!

B. Il primo giorno di lavoro. Renata torna a casa dopo il primo giorno di lavoro in una nuova ditta. Scrivi le sue risposte alle domande di Marco usando il *ne* e facendo i cambiamenti necessari. Segui il modello della prima frase che è stata fatta per te.

MARCO: Hai parlato dello stipendio con il tuo capoufficio?

RENATA: Sì, *ne ho parlato.*

MARCO: Hai conosciuto dei nuovi colleghi?

RENATA: Sì, _____ (1) alcuni.

MARCO: Hai preparato tutta la documentazione?

RENATA: No, _____ (2) metà.

MARCO: Hai scritto molte lettere?

RENATA: No, _____ (3) molte.

MARCO: Hai bisogno di imparare nuovi programmi di computer?

RENATA: Sì, _____ (4).

MARCO: Hai voglia di bere una birra adesso?

RENATA: Sì, _____ (5) davvero!

C. **I buoni propositi.** Completa le frasi con il pronome diretto corretto o il pronome *ne* e coniugando il verbo al futuro semplice, come nell'esempio.

Esempio: Oggi Anna non ha fatto il compito, ma domani **lo farà**.

1. Oggi io non ho mandato il curriculum, ma domani _____.
2. Oggi gli studenti non hanno finito le composizioni, ma domani _____.
3. Oggi hai bevuto molto caffè, ma domani _____ di meno.
4. Oggi non abbiamo pulito la camera, ma domani _____.
5. Oggi Sandro non ha studiato i verbi, ma domani _____.
6. Oggi avete fumato dieci sigarette, ma domani non _____ nessuna.

 Ascoltiamo

(CD 2, TRACK 5)

A. **L'hai fatto?** Sandro cerca lavoro e sua mamma gli fa delle domande per sapere a che punto è la sua ricerca. Rispondi con «*sì*» alle domande che senti utilizzando il pronome diretto appropriato e modificando il participio passato se necessario. Ripeti ogni frase dopo averla ascoltata.

Esempio: Hai preparato il curriculum?
*Sì, **l'ho** preparato.*

1. _____
2. _____
3. _____
4. _____
5. _____

(CD 2, TRACK 6)

B. **Anna e il lavoro.** I genitori di Anna parlano della loro figlia che cerca lavoro. Rispondi alle domande che senti utilizzando i suggerimenti forniti e il pronome diretto appropriato o il pronome *ne*. Segui l'esempio. Ripeti ogni frase dopo averla ascoltata.

Esempio: SENTI: A chi manderà il curriculum?
VEDI: alla Benetton
DICI: *Lo manderà alla Benetton.*

SUGGERIMENTI

1. sui giornali	4. l'Apple
2. a delle ditte di computer	5. molti
3. dieci	6. il primo del mese

3.4 Il condizionale

Scriviamo

A. Cosa faresti? Indica che cosa faresti in queste situazioni scegliendo la soluzione che più si avvicina alla tua opinione.

1. Per fare carriera
   a. lavorerei 12 ore al giorno.
   b. prenderei un'altra laurea.
   c. non farei niente, preferisco una vita tranquilla.

2. Per trovare l'uomo o la donna ideale
   a. metterei un annuncio su Match.com.
   b. aspetterei di incontrare la persona giusta in modo casuale.
   c. non farei niente, il mio partner ideale un giorno mi troverà!

3. Per essere felice
   a. dovrei avere molti soldi.
   b. dovrei trovare l'amore.
   c. dovrei essere più bello/-a.

4. Per diventare ricco
   a. sposerei una persona con molti soldi.
   b. dovrei lavorare molto e fare carriera.
   c. non vorrei essere ricco: i soldi non danno la felicità.

B. Vita in due. Massimo immagina come sarebbe la sua vita con la donna che ama. Completa il testo con la forma corretta del condizionale presente.

(Noi) _____(1. frequentarsi) per almeno un anno e _____(2. amarsi)

molto, ma non _____(3. interrompere) gli studi. _____(4. sposarsi) dopo

la laurea. Lei _____(5. fare) qualche concorso e _____(6. ottenere) un

posto statale. Io, invece, _____(7. sistemarsi) nell'azienda di mio zio. Lui mi

_____(8. assumere) senz'altro. (Noi) _____(9. risparmiare) i soldi e con i

nostri due stipendi _____(10. comprare) un bell'appartamento in centro.

C. Un incidente in macchina. Alessandro ha avuto un incidente e adesso è in ospedale. Il suo oroscopo quella mattina gli raccomandava prudenza. Usa il condizionale passato per dire quello che avrebbe fatto se avesse letto il suo oroscopo.

Alessandro _____(1. chiudersi) in casa. Non _____(2. uscire) per nessun

motivo. _____(3. passare) tutta la giornata dentro. _____(4. guardare) la

televisione e _____(5. ascoltare) la radio. Non _____(6. rispondere) al

telefono. Non _____(7. parlare) con nessuno e non _____(8. prendere)

certamente la macchina.

D. Faremmo . . . Avremmo fatto. Tutti abbiamo desideri che vorremmo realizzare o opportunità che non si sono realizzate. Completa le seguenti frasi con la forma corretta del condizionale presente o passato.

1. _____ (Volere) andare al cinema questa sera, ma devo studiare.

2. I miei genitori _____ (comprare) una casa più grande, ma non hanno soldi.

3. Se è possibile, _____ (pagare) con la carta di credito perché non abbiamo contanti.

4. Mio padre _____ (dovere) partire alle 15.00, ma il suo volo è stato cancellato.

5. —Hai telefonato a Carla?

   — Le _____ (telefonare), ma la linea era occupata.

6. —Anna, mi _____ (dare) l'indirizzo di Sandro, per favore?

   — Sì, certo, eccolo!

7. (Voi) _____ (rimanere) più a lungo in vacanza, ma avevate finito i soldi.

8. Gli studenti hanno detto che _____ (finire) le composizioni domani.

E. Che cosa protremmo o avremmo dovuto fare. Completa le frasi con la forma corretta del condizionale presente o passato di *dovere, potere* o *volere*.

1. Tu _____(dovere) accettare quel lavoro, era un'ottima occassione.

2. Signor Smith, mi _____(potere) mandare il Suo curriculum domani?

3. _____(volere) saper predire il futuro: così saprei cosa studiare per l'esame!

4. Mio padre _____(potere) avere una carriera migliore, ma non ha finito l'università.

Ascoltiamo

(CD 2, TRACK 7)

A. Ma quanta gentilezza! Aiuta le persone che senti a rendere più gentili le loro richieste. Segui l'esempio e trasforma le frasi che senti usando il condizionale presente. Ripeti ogni frase dopo averla ascoltata.

Esempio: Signora Grandi, mi aiuta a scrivere questa lettera?
*Signora Grandi, **mi aiuterebbe** a scrivere questa lettera?*

1. _____
2. _____
3. _____
4. _____

5. _____
6. _____
7. _____
8. _____

(CD 2, TRACK 8)

B. Nel passato. Non possiamo tornare al passato, ma certamente c'è qualcosa che avremmo fatto diversamente. Ascolta che cosa avrebbero fatto queste persone di diverso nel loro passato. Segui l'esempio e trasforma le frasi che senti usando il condizionale passato. Ripeti ogni frase dopo averla ascoltata.

Esempio: Marco andrebbe al mare.
*Marco **sarebbe andato** al mare.*

1. _____
2. _____
3. _____
4. _____
5. _____
6. _____
7. _____
8. _____

 **ASCOLTIAMO**

(CD 2, TRACK 9)

La cartomante. Oggi Giacomo festeggia il suo compleanno e ha deciso di telefonare a una cartomante per sapere che cosa gli succederà.

A. Le domande della cartomante. Per cominciare, la cartomante fa a Giacomo alcune domande. Per ogni domanda che senti, scegli la risposta esatta tra le tre scelte presentate. Ogni domanda sarà ripetuta due volte.

1. a. Abito qui vicino.
   b. No, è la prima volta che consulto una cartomante.
   c. Mi chiamo Giacomo Lede.

2. a. Sono nato il 5 maggio.
   b. Sono nato a Faenza, in provincia di Ravenna.
   c. I miei genitori sono morti.

3. a. No, non ho figli.
   b. No, sono single.
   c. Sì, mi sposerò l'anno prossimo.

4. a. No, lo leggo solo qualche volta.
   b. Sì, la leggo tutti i giorni.
   c. No, li leggo solo una volta al mese.

5. a. Sì, così potrei pagarla.
   b. Sì, così potrei vederlo.
   c. Sì, così potrei riascoltarla.

(CD 2, TRACK 10)

B. Le previsioni della cartomante. Ascolta le previsioni della cartomante e indica se le seguenti affermazioni sono vere o false. Puoi ascoltare le previsioni più di una volta se necessario.

_____ 1. La cartomante dice che la situazione che adesso sembra drammatica andrà meglio.

_____ 2. Tutti criticheranno il lavoro di Giacomo.

_____ 3. Avrà problemi di soldi.

_____ 4. Vivrà presto un momento molto creativo.

_____ 5. Se Giacomo si fiderà [*trust*] della sua immaginazione, potrà concludere progetti importanti.

(CD 2, TRACK 11)

In ufficio. Valentina è segretaria in una ditta di computer. Ascolta il dialogo che ha con il suo capoufficio e completa gli esercizi che seguono. Ricorda che in italiano chiamiamo «Dottore» ogni persona che ha una laurea. Puoi ascoltare il dialogo più di una volta se necessario.

A. Vero o falso? Indica se le seguenti affermazioni sono vere o false.

_____ 1. L'avvocato Bianchi ha telefonato questa mattina.

_____ 2. La scuola riceverà i computer la settimana prossima.

_____ 3. La ditta inglese non ha risposto all'email di Valentina.

_____ 4. Il capoufficio ha appuntamento alle 15.00 con l'architetto Torci.

_____ 5. Valentina propone di preparare il prezzo per Torci.

_____ 6. Il capoffucio deve telefonare al professor Giangrandi.

B. Le attività di Valentina. Indica quali di queste attività farà e ha fatto Valentina per il suo capoufficio.

_____ 1. telefonare all'avvocato Bianchi

_____ 2. preparare una lettera per l'ingegner Vinci

_____ 3. avvertire la scuola elementare che l'ordine è in preparazione

_____ 4. contattare le ditte concorrenti della ditta inglese

_____ 5. preparare il caffè per il capoufficio

_____ 6. telefonare al rappresentante della Apple

_____ 7. preparare un'offerta per i computer dell'architetto Torci

_____ 8. passare al capoufficio la telefonata della moglie

LEGGIAMO

In Italia la Festa del Lavoro è il 1° maggio. Ha radici in eventi internazionali ed è connessa con la richiesta dei diritti [*rights*] dei lavoratori.

Prima di leggere

Prima di leggere il testo rispondi alle seguenti domande.

1. Quand'è la Festa del Lavoro negli Stati Uniti?

   _____

   _____

2. Che cosa rappresenta per te la Festa del Lavoro: una vacanza o un momento di riflessione sui diritti dei lavoratori?

   _____

   _____

3. La giornata lavorativa di 8 ore e la settimana di 5 giorni non sono sempre stati così per i lavoratori. Sai quando e dove gli operai hanno cominciato a chiedere di avere la giornata lavorativa ridotta a otto ore?

   _____

   _____

Il Primo Maggio: origini della Festa del Lavoro

Il congresso dell'Associazione Internazionale dei Lavoratori riunito[1] a Ginevra nel settembre 1866 propone «Otto ore come limite legale della giornata lavorativa». La legge dovrebbe entrare in vigore[2] il 1° maggio 1867 e per quel giorno viene organizzata a Chicago una grande manifestazione[3] a cui partecipano diecimila lavoratori.

    Il 1° maggio 1886 è il limite entro il quale gli operai americani non avrebbero lavorato più di otto ore al giorno. Quel giorno è un sabato, allora giornata lavorativa, ma 400 mila lavoratori incrociano le braccia[4]. La manifestazione di Chicago si svolge pacificamente, ma nei giorni successivi ci sono altri scioperi[5] e manifestazioni e la tensione cresce[6]. Il lunedì la polizia spara[7] contro i dimostranti[8] riuniti davanti a una fabbrica e uccide[9] quattro persone. Per protesta viene organizzata una manifestazione per il giorno dopo, dove a un certo punto scoppia[10] una bomba. I poliziotti sparano sulla folla[11]: ci sono otto morti e numerosi feriti[12]. Il giorno dopo a Milwaukee la polizia spara di nuovo in una manifestazione operaia provocando nove vittime.

    Per la bomba di Chicago vengono arrestati otto anarchici[13], anche se non ci sono prove della loro partecipazione all'attentato[14]. Due di loro sono condannati all'ergastolo[15], gli altri quattro vengono impiccati[16] l'11 novembre 1887.

    Nel luglio del 1889 il secondo congresso dell'Associazione Internazionale dei Lavoratori riunito a Parigi decide che sarebbe stata organizzata una manifestazione simultanea in tutta Europa dove i lavoratori avrebbero chiesto alle autorità una legge per la giornata lavorativa di otto ore. Viene scelto il 1° maggio dell'anno successivo nel ricordo dei «martiri di Chicago», simbolo di lotta[17] per le otto ore lavorative. La manifestazione avrebbe dovuto essere straordinaria e unica, ma ha tanto successo che le organizzazioni operaie e socialiste decidono di ripetere l'evento anche nel 1891. Nell'agosto del 1891 il Congresso dell'Internazionale rende permanente la ricorrenza[18] e il Primo Maggio diventa la festa dei lavoratori che manifestano per i loro diritti.

    In Italia durante il Fascismo la festa del Primo Maggio era stata soppressa. Si celebrerà di nuovo nel 1945, sei giorni dopo la liberazione dell'Italia dalla dittatura. In anni recenti, a Roma, in piazza San Giovanni, si celebra il Primo Maggio con un grande concerto rock, a cui partecipano star nazionali e internazionali.

FONTI: *http://www.lomb.cgil.it*

[1] gathered
[2] come into force
[3] event
[4] stop working
[5] strikes
[6] rises / [7] fires
[8] protesters / [9] kills
[10] explodes / [11] crowd
[12] wounded
[13] anarchists
[14] act of terrorism
[15] life sentence / [16] hung
[17] struggle
[18] festivity

Comprensione

A. Scegli la risposta esatta tra le tre scelte presentate.

1. Dove hanno avuto origine i movimenti operai per la riduzione dell'orario di lavoro?
   a. in Svizzera
   b. negli Stati Uniti
   c. in Italia

2. Che cosa era stato organizzato a Chicago il 1° maggio 1867?
   a. una manifestazione per le otto ore lavorative
   b. un congresso di anarchici
   c. una festa di primavera

3. In che anno doveva entrare in vigore la legge delle otto ore lavorative?
   a. nel 1867
   b. nel 1886
   c. nel 1889

4. La celebrazione del Primo Maggio sarebbe stata una giornata di lotta per
   a. avere uno stipendio più alto
   b. avere il pranzo gratis in fabbrica
   c. avere una giornata lavorativa più corta

5. I «martiri di Chicago» sono
   a. gli operai uccisi dalla polizia alle manifestazioni del maggio 1886
   b. gli anarchici condannati a morte
   c. i poliziotti uccisi da alcuni operai

6. Al concerto del Primo Maggio a Roma partecipano
   a. operai che cantano musica folk
   b. famosi musicisti italiani e stranieri
   c. solo musicisti italiani

B. Vero o falso? Indica se le seguenti affermazioni sono vere o false e correggi le risposte sbagliate.

_____1. Le manifestazioni operaie del maggio 1886 sono state pacifiche.

_____

_____ 2. Tutti gli anarchici arrestati a Chicago sono stati condannati a morte.

_____

_____ 3. La festa del Primo Maggio è nata come celebrazione speciale.

_____

_____ 4. Il Fascismo celebrava il Primo Maggio.

_____

_____ 5. L'Italia è stata liberata dal Fascismo il 25 aprile.

_____

_____ 6. La celebrazione del Primo Maggio è diventata permanente come Festa del Lavoro nel 1945.

_____

C. Padrone o operaio? Sali su una macchina del tempo che ti porta al primo maggio 1886. Chi saresti stato? Saresti stato uno degli operai nella manifestazione, un poliziotto, un operaio che non vuole scioperare ma preferisce lavorare, uno degli anarchici o il proprietario della fabbrica? O saresti stato forse un giornalista che avrebbe dovuto raccontare l'evento? Indica chi saresti stato quel giorno e perché.

Il 1° maggio 1886 io sarei stato _____ perché
_____
_____

✎ SCRIVIAMO

A. Una lettera al Rettore [*President*]. La tua università ha cancellato la Festa del Lavoro dal calendario scolastico! In base alle tecniche indicate nel libro di testo nella sezione **Per scrivere** su come preparare una lettera formale, scrivi al Rettore dell'Università chiedendogli di ripristinare [*to bring back*] la Festa del Lavoro.

_____ ,
_____
_____
_____
_____
_____
_____
_____
_____
_____
_____
_____
_____
_____
_____
_____
_____
_____

B. **Il curriculum.** Quest'estate vorresti lavorare in Italia: la prima cosa da fare è preparare un curriculum. Guarda il formato del curriculum europeo: che cosa è diverso rispetto a quello americano? Non è obbligatorio [*mandatory*] inserire i dati marcati con l'asterisco*: scegli tu quali ti sembra importante fornire. Quali allegati [*attachment*] manderesti?

Informazioni personali

Cognome(i/)/Nome(i)

Indirizzo(i)

Telefono(i)* Mobile*:

E-mail*

Cittadinanza*

Data di nascita*

Sesso*

Occupazione desiderata*

Esperienza professionale

(Iniziare con le informazioni più recenti ed elencare separatamente ogni impiego pertinente.)

Date

Lavoro o posizione ricoperti

Principali attività e responsabilità

Nome e indirizzo del datore di lavoro

Tipo di attività o settore

Istruzione e formazione

(Iniziare con le informazioni più recenti ed elencare separatamente ogni corso frequentato con successo.)

Date

Tipo di qualifica/diploma

Principali tematiche/competenze professionali possedute

Nome e tipo d'organizzazione erogatrice dell'istruzione e formazione

Capacità e competenze personali

Madrelingua(e)

Altra(e) lingua(e)

Capacità e competenze [*skills*] sociali*

Capacità e competenze organizzative*

Capacità e competenze tecniche*

Capacità e competenze informatiche [*computer*]*

Capacità e competenze artistiche*

Altre capacità e competenze

Patente [*driving license*]*

Ulteriori informazioni *

Allegati *

Inserire qui ogni altra informazione utile, ad esempio persone di riferimento, referenze

Nome _____ Data _____ Classe _____

NAVIGHIAMO NELLA RETE

A. Le vacanze con «Avventure nel Mondo». «Avventure nel Mondo» è un'associazione culturale nata nel 1970 per promuovere il viaggio non solo come vacanza, ma anche come uno strumento di conoscenza. Usa un motore di ricerca italiano per entrare nel sito web di «Avventure nel Mondo» e cerca la vacanza ideale per ognuna delle seguenti persone.

1. uno studente con pochi soldi

_____

2. una donna sognatrice e timorosa

_____

3. una donna ricca e audace

_____

4. una coppia romantica

_____

5. una famiglia con due figli piccoli

_____

B. Il Primo Maggio a piazza San Giovanni. Usa un motore di ricerca italiano per trovare il programma del concerto rock del Primo Maggio di quest'anno o dell'anno scorso a piazza San Giovanni a Roma. Chi saranno o chi erano i cantanti e i gruppi presenti? Ti piacerebbe o ti sarebbe piaciuto essere a Roma per questo concerto? Perché?

_____
_____
_____
_____
_____
_____
_____

CAPITOLO 4

Tu vuoi far l'americano

TEMI

L'influenza angloamericana sulla realtà giornaliera

A. L'inglese invade l'Italia. Abbina alle seguenti parole inglesi entrate nel linguaggio comune in Italia la loro definizione o il corrispettivo italiano.

1. budget
2. boom
3. soft
4. trendy
5. film
6. slogan
7. meeting
8. light
9. shopping
10. smog

a. frase chiave in una pubblicità
b. andare in giro per negozi a far acquisti
c. riunione di tante persone
d. l'inquinamento atmosferico nella città
e. di moda, che segue il gusto corrente
f. somma di denaro stanziata per un progetto
g. morbido, dolce, non forte
h. rapida espansione economica
i. leggero, dietetico
l. pellicola fotografica o cinematografica

B. La tecnologia non è sempre perfetta. Completa il brano con la forma corretta di una delle espressioni della lista.

rete   virus   scaricare   motore di ricerca   informatica   programma   documento installare   portatile   infetto

Ieri sera Paola stava lavorando a casa con il _____(1) e stava preparando una

presentazione Power Point per il corso di _____(2). Sfortunatamente il

_____(3) a cui stava lavorando è improvvisamente scomparso. Ha chiamato subito

Riccardo, il suo amico esperto di informatica , e lui le ha detto che il suo computer era

_____(4): aveva un _____(5) . Oddio! Riccardo le ha consigliato di

_____(6) un _____(7) antivirus dalla _____(8). Ma il

_____(9) non funzionava e lei non poteva navigare su Internet. Alla fine Riccardo è

andato direttamente a casa di Paola a _____(10) l'antivirus che aveva in un CD.

Grazie a Dio e anche a Riccardo!

C. **Due generazioni a confronto: Paola e la nonna.** Completa le seguenti frasi con un vocabolo appropriato che si riferisce alla tecnologia.

1. La nonna scrive lettere agli amici mentre Paola manda _____ al computer.

2. La nonna ha un vecchio telefono a casa sua, Paola invece usa un _____.

3. La nonna di Paola ha una vecchissima radio, mentre Paola ha un _____.

4. Per rilassarsi la nonna gioca a carte, mentre Paola gioca ai _____.

5. La nonna non guarda i film, mentre Paola guarda i DVD con il _____.

6. Quando telefona la nonna non lascia messaggi, mentre Paola usa la _____.

7. La nonna usa l'agenda tradizionale per gli indirizzi, mentre Paola usa il _____.

8. La nonna a casa ha un telefono fisso mentre Paola ha un moderno _____.

L'immagine italiana nel mondo

A. **La moda italiana.** Abbina la definizione della colonna A con la parola nella colonna B.

A	B
1. contemporaneo	a. chic
2. la persona che progetta e disegna una collezione di moda	b. modella
3. elegante	c. look
4. ragazza che sfila sulla passarella	d. essere di moda
5. raffinato	e. stilista
6. immagine esteriore riferita all'abbigliamento	f. di lusso
7. essere conforme al gusto corrente	g. attuale

B. Gli immigrati italiani in America. Paola telefona alla sua amica italoamericana, Carole. Completa la seguente conversazione al telefono usando la parola corretta.

| preconcetto | discriminati | caricature | stereotipo | luoghi comuni | pregiudizi |

PAOLA: Pronto Carole, volevo parlare con te di tuo nonno per un progetto a scuola.

CAROLE: Dimmi Paola.

PAOLA: Quando tuo nonno è arrivato a New York dalla Sicilia, ha dovuto combattere molti _____(1) nei confronti degli italiani?

CAROLE: Sì. Mi diceva sempre che un _____(2) diffuso e un insulto comune era «Voi italiani siete venuti a toglierci il lavoro». Gli italiani erano spesso _____(3).

PAOLA: Quale era lo _____(4) degli italiani in America?

CAROLE: La gente diceva che erano ignoranti e c'erano molti _____(5).

PAOLA: Sai se venivano pubblicate delle loro _____(6) umoristiche e comiche sui giornali?

CAROLE: Non lo so. Mio nonno non me ne ha mai parlato.

STRUTTURE

4.1 Le preposizioni

Scriviamo

A. La mattina di un giornalista. Scegli la *preposizione* corretta.

Carlo Barcello è un giornalista italiano che lavora (1) *per / alla* televisione (2) *su / a* Roma. Si alza (3) *alle / dalle* sette (4) *da / del* mattino e va (5) *in / dall'* ufficio (6) *in / nella* macchina. Mentre guida ascolta le notizie (7) *sulla / alla* radio. Di solito si ferma (8) *in / nel* bar accanto(9) *al / del* Colosseo e beve un cappuccino (10) *con / col* molto zucchero e una brioche. Poi arriva (11) *nel / al* lavoro e legge il giornale (12) *su / tra* Internet invece (13) *di / per* comprarlo all'edicola (14) *degli / negli* studi della RAI (Radio Televisione Italiana).

B. Sophia Loren. Completa il seguente brano usando le *preposizioni semplici* o *articolate*.

Sofia Loren è una delle attrici italiane più famose _____(1) Stati Uniti. È nata _____(2) Roma _____(3) 1934 ed è cresciuta a Pozzuoli, vicino _____(4) Napoli. Ha iniziato la sua carriera partecipando ai concorsi di bellezza e con piccole parti _____(5) alcuni film con lo pseudonimo di Sofia Lazzaro. Sul set

_____(6) film *Africa sotto i mari* del 1952 ha incontrato il suo attuale marito, il

produttore cinematografico Carlo Ponti. Carlo Ponti le ha offerto un contratto

_____(7) sette anni e Sofia inizia a recitare _____(8) film come *L'oro di*

Napoli di Vittorio De Sica _____(9) 1954. È arrivata anche _____(10)

Hollywood e ha recitato accanto _____(11) attori americani più famosi a quell'epoca come

Cary Grant, Marlon Brando, William Holden e Clark Gable. Lei è diventata famosa

_____(12) sua bellezza ma anche _____(13) sua bravura. Ha vinto un

Oscar _____(14) film *La Ciociara* _____(15) 1960 per la regia di Vittorio

De Sica ed è stata premiata come migliore attrice _____(16) Cannes.

_____(17) anni ottanta si è dedicata principalmente _____(18)

televisione e ha interpretato il remake di *La ciociara* di Dino Risi _____(19) 1989. Ha

ottenuto riconoscimenti come l'*Oscar alla carriera*, *La legione d'onore* in Francia e il *César alla*

carriera in Francia _____(20) 1991.

C. Dove andiamo? Paola e Carole, due amiche, decidono dove trascorrere la serata.
Completa il seguente brano usando le *preposizioni semplici* o *articolate*.

PAOLA: Io vorrei andare _____(1) discoteca _____(2) ballare.

CAROLE: Non mi piace ballare. Perché non andiamo _____(3) cinema?

PAOLA: Non ne ho voglia. Andiamo invece _____(4) ristorante vicino

_____(5) casa mia.

CAROLE: Non ho fame. Andiamo _____(6) Lucia. Lei rimane

_____(7) casa stasera ed è sola.

PAOLA: Non penso. Mi ha detto che sarebbe andata _____(8) psicologo.

CAROLE: Ho un'idea! Andiamo _____(9) grande videoteca a destra

_____(10) chiesa _____(11) prendere il film *La meglio*

gioventù e poi prepariamo la cena.

PAOLA: Perfetto!

Ascoltiamo

(CD 2, TRACK 12)

A. Edoardo e Paola. Ascolta le domande che Edoardo fa a Paola. Rispondi utilizzando il suggerimento fornito. Utilizza le preposizioni corrette e segui l'esempio. Ripeti la risposta corretta dopo averla ascoltata.

Esempio: Quando ti svegli la mattina? (sette)
Mi sveglio **alle sette**.

1. _____   5. _____
2. _____   6. _____
3. _____   7. _____
4. _____   8. _____

(CD 2, TRACK 13)

B. Dove sono? Edoardo deve andare ad un'audizione e non trova nulla. Rispondi alle domande di Edoardo utilizzando i suggerimenti forniti. Utilizza le preposizioni corrette e segui l'esempio. Ripeti la risposta corretta dopo averla ascoltata.

Esempio: Dov'è il mio zaino? (letto)
È **sul** letto.

1. _____   5. _____
2. _____   6. _____
3. _____   7. _____
4. _____

4.2 Il negativo

Scriviamo

A. Intervista ad un attore pigro. Il giornalista Carlo Barcello intervista Edoardo, un attore emergente. Rispondi alle domande usando un'*espressione negativa*.

Esempio: Ti piacciono i film d'azione e quelli drammatici?
Non mi piacciono **né** i film d'azione **né** quelli drammatici.

1. Vai spesso alle audizioni?

_____

2. Frequenti ancora una scuola di recitazione?

_____

3. Hai già lavorato su un set?

_____

4. Pensi di lavorare anche per la televisione?

_____

5. Ti piace recitare a teatro?

_____

6. Chi ti ha aiutato a entrare nel mondo del cinema?

_____

7. Che cosa ti aspetti dal tuo agente?

_____

8. Sei molto interessato a diventare famoso?

_____

9. Desideri in futuro ricevere sia un Oscar che un premio a Cannes?

_____

B. **Il mondo del cinema.** Paola critica il mondo del cinema ed Edoardo, invece, lo difende, negando enfaticamente le sue affermazioni. Usa le *espressioni negative* appropriate e fai i cambiamenti necessari.

Esempio: PAOLA: Gli attori sono superficiali e vanitosi.
EDOARDO: *Gli attori **non** sono **né** superfiaciali **né** vanitosi.*

1. PAOLA: Gli attori parlano sempre di contratti e di ruoli da recitare.
EDOARDO: _____

2. PAOLA: Ai registi piace solo discutere del loro lavoro.
EDOARDO: _____

3. PAOLA: Il famoso attore Brandi sta tutto il giorno davanti allo specchio.
EDOARDO: _____

4. PAOLA: I produttori si preoccupano sempre molto per il profitto dei loro film.
EDOARDO: _____

5. PAOLA: I film stranieri vengono ancora doppiati malissimo in Italia.
EDOARDO: _____

6. PAOLA: Tutti pensano solo ai soldi.
EDOARDO: _____

7. PAOLA: Tutto nel mondo del cinema è leggero e fatuo.
EDOARDO: _____

8. PAOLA: Il cinema italiano ha sia cattivi attori che pessimi registi.
EDOARDO: _____

9. PAOLA: La situazione del cinema italiano è ancora problematica.
EDOARDO: _____

Ascoltiamo

(CD 2, TRACK 14)

A. **Paola e Edoardo sono molto diversi.** Ascolta e trasforma le seguenti affermazioni di Paola utilizzando le espressioni negative. Segui l'esempio ed utilizza i suggerimenti forniti. Ripeti la risposta corretta dopo averla ascoltata.

Esempio: SENTI: Io lavoro sempre.
           VEDI: non . . . mai
           DICI: *Io **non** lavoro **mai**.*

SUGGERIMENTI

1. non . . . mai	5. non . . . ancora
2. affatto	6. nessuno
3. niente	7. niente
4. né . . . né	8. non . . . più

(CD 2, TRACK 15)

B. **Il contrario di tutto.** Ascolta le seguenti domande di Paola e rispondi utilizzando un'espressione negativa. Segui l'esempio ed utilizza il suggerimento fornito. Ripeti la risposta corretta dopo averla ascoltata.

Esempio: Tu viaggi spesso? (mai)
        *Io **non** viaggio **mai**.*

1. _____
2. _____
3. _____
4. _____
5. _____
6. _____
7. _____
8. _____

4.3 Altri usi di *ne* e *ci*

Scriviamo

A. **La tecnologia ha i suoi problemi.** Il portatile di Paola si è rotto per la seconda volta e lei lo porta da un tecnico. Rispondi alle domande usando i suggerimenti forniti, il pronome *ne* e facendo i cambiamenti necessari.

Esempio: TECNICO: Ha paura di dover comprare un nuovo computer? (No)
PAOLA: *No, non **ne** ho.*

1. TECNICO: Ha bisogno di un controllo completo del Suo computer? (Sì)

   PAOLA: _____.

2. TECNICO: Desidera installare dei nuovi programmi? (No)

   PAOLA: _____.

3. TECNICO: Si ricorda spesso di aggiornare l'antivirus? (No)

   PAOLA: _____.

4. TECNICO: Si è resa conto dei numerosi virus che ci sono nel suo computer? (Sì)

   PAOLA: _____.

B. **Un'audizione.** Edoardo ha un'audizione per un film western con un famoso regista. Rispondi alle domande usando i suggerimenti forniti, il pronome *ci* e facendo i cambiamenti necessari.

Esempio: Riesce a lavorare bene con i cavalli? (Sì)
*Sì, **ci** riesco.*

1. È mai stato in un ranch? (Sì)

   _____

2. È mai andato ad un rodeo? (Sì)

   _____

3. Riesce ad andare a cavallo per molte ore? (Sì)

   _____

4. Conta sulla sua abilità di recitare con attori non professionisti? (No)

   _____

5. Pensa ad una carriera come attore western? (No)

   _____

C. Il contratto. Edoardo firma il contratto per lavorare in un film western. Completa il dialogo usando la forma corretta di *volerci* e *metterci*.

EDOARDO: Quanto tempo _____(1) per girare il film?

REGISTA: _____(2) più di tredici mesi.

EDOARDO: Lei _____(3) molto tempo a scrivere il film o la sceneggiatura è già stata scritta?

REGISTA: Io _____(4) di solito circa tre mesi.

EDOARDO: Quante settimane _____(5) per imparare di solito la parte?

REGISTA: Non _____(6) molto tempo. La Sua è una parte breve.

EDOARDO: Io ho una buona memoria e di solito io _____(7) pochissimo a imparare la mia parte.

REGISTA: Perfetto. Ecco il contratto da firmare.

D. Il film western. Edoardo inizia a lavorare per il film western. Scegli la forma corretta dei verbi proposti.

Nel film Edoardo è il cowboy Cliff. Cliff conosce un altro cowboy, Ringo, che non è molto bravo a sparare perché ha gli occhi malati e non (1) *ci vede / ci vedono* bene. Ogni tanto qualcuno fa scherzi al povero Ringo e lo manda dal barbiere invece che al saloon: ma Ringo è anche buono, perdona tutti. A Cliff piace molto Ringo e lui non (2) *c'entra / entra* mai quando si organizzano scherzi contro il cowboy dagli occhi malati. Anzi, se qualcuno parla male del suo amico Ringo, Cliff non (3) *ci sento / ci sente* affatto e fa finta di non capire.

Ascoltiamo

(CD 2, TRACK 16)

A. Paola e Carole fanno shopping. Ascolta le domande di Paola a Carole e rispondi utilizzando il pronome *ne*. Segui l'esempio e utilizza il suggerimento fornito. Ripeti la risposta corretta dopo averla ascoltata.

Esempio: Hai fretta? (sì)
*Sì, **ne** ho.*

1. _____
2. _____
3. _____
4. _____

5. _____
6. _____
7. _____
8. _____

(CD 2, TRACK 17)

B. . . . e dopo lo shopping. Ascolta le domande di Paola a Carole e rispondi utilizzando il pronome *ne*. Segui l'esempio ed utilizza i suggerimenti forniti. Ripeti la risposta corretta dopo averla ascoltata.

Esempio: SENTI: Hai comprato una gonna?
            VEDI: una
            DICI: *Sì, ne ho comprata una.*

SUGGERIMENTI		
1. due paia	4. cinque	7. tre
2. molti	5. venti paia	8. 300
3. due	6. due	

(CD 2, TRACK 18)

C. L'audizione di Edoardo per un western. Ascolta le domande del regista a Edoardo e rispondi utilizzando il pronome *ci*. Segui l'esempio ed utilizza il suggerimento fornito. Ripeti la risposta corretta dopo averla ascoltata.

Esempio: Ha mai pensato ad essere protagonista di un film western? (spesso).
         *Sì, **ci** ho pensato spesso.*

1. _____
2. _____
3. _____
4. _____
5. _____
6. _____

(CD 2, TRACK 19)

D. . . . l'audizione continua. Ascolta le domande del regista famoso a Edoardo e rispondi utilizzando il pronome *ci*. Segui l'esempio ed utilizza il suggerimento fornito. Ripeti la risposta corretta dopo averla ascoltata.

Esempio: Riuscirai ad essere un famosissimo attore? (sì)
         *Sì, **ci** riuscirò.*

1. _____
2. _____
3. _____
4. _____

5. _____
6. _____
7. _____
8. _____

4.4 Il pronome oggetto indiretto

Scriviamo

A. Carole e Paola. Paola parla con Edoardo della sua amica Carole e la paragona a se stessa. Scegli la forma verbale corretta e il *pronome indiretto* o *diretto* corretto.

Esempio: Io non guardo mai la tele, mentre Carole **la guarda** / le guarda sempre.

1. Io telefono ai genitori, mentre Carole non *li chiama* / *gli chiama* mai.
2. Io aiuto sempre i miei amici, mentre Carole non *le aiuta* / *li aiuta* mai.
3. Io parlo ai miei amici dei miei problemi, mentre Carole non *parla di loro* / *gli parla* di nulla.
4. Io chiamo spesso la nostra amica Lucia, mentre Carole non *le chiama* / *la chiama* mai.
5. Io do soldi ai poveri, mentre Carole non *dammi* / *dà loro* niente.
6. Io ascolto la musica reggae, mentre Carole non *lo ascolta* / *l'ascolta* mai.
7. Io offro spesso la cena agli amici, mentre Carole non *gli offre* / *ci offre* mai la cena.
8. Io faccio spesso regali al nostro amico Edoardo, mentre Carole non *ci fa* / *gli fa* mai regali.

B. Una giornata di spese. Edoardo chiede alla sua amica Paola di parlargli della giornata passata con alcuni amici americani a fare spese. Rispondi alle domande di Edoardo usando *i pronomi indiretti* ed i suggerimenti forniti.

Esempio: Hai telefonato anche a Claire?
*Sì, **le** ho telefonato.*

1. Hai consigliato a Carole di andare da Gucci ? (sì)

   _____

2. Hai mostrato a Frank la strada elegante più interessante? (sì)

   _____

3. Hai detto a Jen di invitare anche sua sorella? (sì)

   _____

4. Hai telefonato a Nick? (no)

   _____

5. Chi ti ha chiesto di tornare a casa per primo? (tu)

   _____

6. Mi hai comprato qualcosa? (sì)

   _____

7. Hai offerto a Carole e Jen un caffé? (no)

   _____

8. Hai invitato Jen e Nick a cena dopo lo shopping? (sì)

   _____

C. **Una serata al cinema.** Paola incontra la sua professoressa di storia alla prima del film western del regista Peregi. Completa le frasi usando i *pronomi indiretti* o *diretti* appropriati e facendo i cambiamenti necessari.

PAOLA: Buona sera professoressa. Sono contenta di veder_____(1). Chi _____(2) ha invitat_____(3) alla prima del film?

PROFESSORESSA CONTI: Un mio amico _____(4) ha dato due biglietti per questa serata. Lui è il regista del film.

PAOLA: _____(5) conosco. Si chiama Pietro Peregi.

PROFESSORESSA CONTI: E tu perché sei qui?

PAOLA: Il mio amico Edoardo è l'attore principale del film e io _____(6) ho promesso di venire stasera. Ma sono sola.

PROFESSORESSA CONTI: Se vuoi, io sono con Davide e puoi accompagnar_____(7).

PAOLA: Grazie mille, _____(8) accompagno volentieri.

Ascoltiamo

(CD 2, TRACK 20)

A. **Le promesse di un futuro attore famoso.** Ascolta le promesse di Edoardo al suo amico e trasformale usando *i pronomi indiretti*. Segui l'esempio e ripeti la risposta corretta dopo averla ascoltata.

Esempio: Io mando mail agli amici.
Gli mando mail o *Mando **loro** mail.*

1. _____
2. _____
3. _____
4. _____
5. _____
6. _____
7. _____
8. _____

(CD 2, TRACK 21)

B. **La festa per la prima del film di Edoardo.** Ascolta le domande che Edoardo fa a Riccardo e trasformale usando *i pronomi diretti* o *indiretti*. Segui l'esempio e ripeti la risposta corretta dopo averla ascoltata.

> **Esempio:** Chi ha organizzato la festa?
> *Chi **l'ha** organizzata?*

1. _____
2. _____
3. _____
4. _____
5. _____
6. _____

4.5 I pronomi combinati

Scriviamo

A. **Il nuovo computer.** Paola ha comprato un nuovo portatile e il suo amico Riccardo, esperto di informatica, le chiede informazioni sull'acquisto. Rispondi alle domande di Riccardo usando *i pronomi combinati* e i suggerimenti forniti.

> **Esempio:** Hai già mandato una mail a Carole? (sì)
> *Sì, **gliel'ho già mandata**.*

1. Tua nonna ti ha comprato il computer ? (sì)

   _____

2. Me lo fai vedere? (sì)

   _____

3. Hai inviato la garanzia all'azienda dei computer? (sì)

   _____

4. Edoardo ha già provato a mandarti delle mail? (no)

   _____

5. Tu e il tecnico avete installato un antivirus nel computer? (no)

   _____

6. Metterai molte foto nel computer? (no)

   _____

7. I tuoi genitori ti compreranno anche i driver esterni? (sì)

   _____

8. Scaricherai la musica per me e Edoardo da Internet? (sì)

   _____

B. **Assistenza informatica.** Il nuovo computer di Paola ha problemi e Paola chiama il servizio assistenza clienti. Completa il dialogo usando *i pronomi combinati.*

Esempio: Si è comprata un portatile recentemente?
*Sì, **me lo** sono comprata recentemente.*

1. TECNICO: Mi può mandare un fax con i suoi dati precisi?

   PAOLA: Mia mamma _____ domani.

2. TECNICO: Quanti nuovi programmi si è installata sul suo computer?

   PAOLA: Io _____ tre.

3. TECNICO: Ha fatto usare il computer ai suoi amici?

   PAOLA: No, non _____.

4. TECNICO: Qualcuno ha scaricato dei file musicali per i suoi amici?

   PAOLA: No, nessuno _____.

5. TECNICO: Si è ricordata di installare un antivirus?

   PAOLA: Sì, _____.

6. TECNICO: Se la cava bene con i computer?

   PAOLA: Sì, _____.

7. TECNICO: Si è mai dimenticata il computer acceso tutta la notte?

   PAOLA: No, non _____.

8. TECNICO: Ce la fa a portare il computer in un nostro negozio per un controllo?

   PAOLA: No, ma il mio amico Riccardo _____.

C. **In un negozio di computer.** Paola porta il suo computer per un controllo in un negozio di computer e parla col commesso del negozio. Completa le frasi usando i *pronomi combinati* e facendo i cambiamenti necessari.

Esempio: Le mie mail a Edoardo non arrivano. Io _____(1) ho mandat_____(2) molte.
*Le mie mail a Edoardo non arrivano. Io **gliene** (1) ho mandate (2) molte.*

PAOLA: Buongiorno. Ecco il mio portatile. _____(1) ho portat _____(2) per un

controllo.

COMMESSO: Ha già parlato dei problemi del suo computer a un nostro tecnico?

PAOLA: _____(3) ho già parlato. Ho telefonato ieri.

COMMESSO: Ci ha inviato un fax con i suoi dati personali?

PAOLA: Sì, io _____(4) ho inviat ___(5) ieri.

COMMESSO: Mi potrebbe dare una copia del fax?.

PAOLA: Sì, io _____(6) posso dare subito.

COMMESSO: Una persona esperta di informatica le ha consigliato questo computer?

PAOLA: Sì, una persona esperta _____(7) ha consigliat_____(8).

Ascoltiamo

(CD 2, TRACK 22)

A. Paola e Fabrizio. Rispondi alle domande di Fabrizio in modo affermativo e usa i pronomi combinati. Segui l'esempio e ripeti la risposta corretta dopo averla ascoltata.

Esempio: Organizzi la festa per Edoardo?
*Sì, io **gliela** organizzo.*

1. _____
2. _____
3. _____
4. _____
5. _____
6. _____
7. _____
8. _____

(CD 2, TRACK 23)

B. Alla festa. Rispondi alle domande di Edoardo in modo affermativo e usa i pronomi combinati. Segui l'esempio e ripeti la risposta corretta dopo averla ascoltata.

Esempio: Hai parlato con Fabrizio della festa?
*Sì, io **gliene** ho parlato.*

1. _____
2. _____
3. _____
4. _____
5. _____
6. _____
7. _____
8. _____

 **ASCOLTIAMO**

(CD 2, TRACK 24)

Edoardo e Paola vanno al cinema? Edoardo invita Paola ad uscire, ma non sa che cosa lo aspetta. Ascolta il dialogo e completa i seguenti esercizi.

A. **Vero o falso?** Indica se le seguenti affermazioni sono vere o false e correggi quelle sbagliate.

1. Edoardo inizialmente vuole andare a teatro.

   _____

2. Paola vuole invitare Fabrizio.

   _____

3. Paola è amica di Fabrizio.

   _____

4. A Paola non piacciono i film di Jack Nicholson.

   _____

5. Alla cinemateca danno un film di Fellini.

   _____

6. Paola non ha per nulla voglia di vedere un film vecchio.

   _____

7. Edoardo decide di starsene a casa.

   _____

8. Al cinema Astra danno una commedia di Jim Carrey.

   _____

9. Paola propone di vedere La meglio gioventù.

   _____

10. I due amici si incontrano a casa di Edoardo.

    _____

B. **Il mondo in negativo di Paola.** Completa le frasi utilizzando le *espressioni negative*.

Esempio: Con Paola _____ si può vedere _____.
*Con Paola **non** si può vedere **niente**.*

1. Paola _____ di andare a teatro.
2. Paola _____ d'accordo con Fabrizio.
3. A Paola _____ piace Jack Nicholson.
4. A Paola_____piacciono i film americani.
5. Paola_____vedere un film vecchio.

(CD 2, TRACK 25)

A. **Lo shopping di Natale.** Edoardo e Paola passano il pomeriggio della vigilia di Natale a Milano alla ricerca di regali per gli amici. Ascolta il dialogo e scegli la risposta esatta.

1. Per chi Paola vuole comprare il regalo?
   a. Riccardo e Fabrizio.
   b. Sua mamma e Marta.
   c. Fabrizio e Marta.

2. Dove entrano Paola e Edoardo?
   a. In un centro commerciale.
   b. In un negozio di Hi-Fi.
   c. In un negozio d'abbigliamento.

3. Cosa comprano?
   a. Un lettore CD e un i-Pod.
   b. Un i-Dog e uno stereo.
   c. Un i-Pod e un i-Dog.

4. Cos'è un i-Dog?
   a. Un cane elettronico.
   b. Un cane che si chiama «i».
   c. Un hot-dog elettronico.

5. Dove vanno poi Paola e Edoardo?
   a. In una pizzeria.
   b. In un bar.
   c. In un fast food.

B. **L'inglese in Italia.**

1. Scrivi le parole inglesi usate nel dialogo nella colonna seguente più appropriata.

MODA	TECNOLOGIA	CIBO
_____	_____	_____
_____	_____	_____
_____	_____	_____

2. Alcune parole possono non rientrare nelle 3 categorie. Indicale e prova a trovare l'esatta traduzione italiana.

INGLESE	ITALIANO
_____	_____
_____	_____
_____	_____

LEGGIAMO

Negli anni sessanta e settanta in Italia nasce un nuovo genere cinematografico innovativo e di successo, gli «spaghetti western», ispirato al western classico americano ma contemporaneamente molto diverso.

Prima di leggere

Prima di leggere il testo rispondi alle seguenti domande.

1. **Vero o falso?** Indica quali tra le seguenti caratteristiche appartengono al genere cinematografico «western».

   _____ a. Solitamente i film western sono ambientati nel selvaggio ovest americano.

   _____ b. I protagonisti non sono eroi ma personaggi deboli, oppressi e senza iniziativa.

   _____ c. Il codice d'onore è molto importante.

   _____ d. La violenza è un elemento fortemente presente.

   _____ e. I film non offrono un insegnamento e una morale.

   _____ f. I cattivi sono solitamente puniti.

2. Sai cosa sono gli «spaghetti western»? Se non conosci questo genere, prova ad immaginare a cosa questo termine si riferisce.

   _____

   _____

3. Secondo te, il termine «spaghetti western» sembra contraddittorio o no? Perché?

   _____

   _____

4. Hai mai visto uno «spaghetti western»?

   a. Se lo hai visto, quale/quali film hai visto? Quali sono le tue impressioni?

   b. Se non lo hai visto, vorresti vederne uno? Motiva la tua risposta.

   _____

   _____

Il made in Italy invade il cinema negli anni sessanta e settanta.

Quando nei western apparvero gli spaghetti

Negli anni sessanta e in particolare negli anni settanta sono prodotti film western in Italia definiti all'estero «spaghetti western» e conosciuti in Italia come «western all'italiana». Essi si distinguono dai «sauerkraut western» realizzati in Germania, dai «camambert western» francesi e dai «paella western» spagnoli. Gli «spaghetti western» sono solitamente film a budget ridotto ambientati[1] nel sud degli Stati Uniti e girati[2] nella maggior parte dei casi nella regione spagnola di Almeria (alcuni in Sardegna) per la somiglianza[3] con i paesaggi delle regione meridionali del Nord America.

    Il regista di spicco[4] del genere risulta essere Sergio Leone, che realizza i suoi primi film con lo pseudonimo di Bob Robertson, ed accanto a lui Duccio Tessari e Sergio Corbucci. Questi registi, rispetto al western americano classico, fanno un largo uso dell'ironia e talvolta anche del comico e contaminano il genere talvolta con il fumetto. In aggiunta tendono a decostruire la morale e l'etica dei western classici dando vita[5] a eroi negativi, spesso senza senso dell'onore e lontani dall'irreprensibile[6] cowboy alla John Wayne. I cowboy negli «spaghetti western» sono personaggi cinici, senza scrupoli e dotati di una sottile e a volte macabra ironia. Ecco allora apparire il cowboy Ringo nei film di Duccio Tessari che preferisce sparare[7] alle spalle al nemico. In aggiunta vengono eliminate le storie d'amore ed il tono moraleggiante per creare opere cinematografiche basate principalmente sulla violenza e l'azione con vendette, rapine, morti cruente, ecc.

    Il primo «spaghetti western» è *Per un pugno[8] di dollari* di Sergio Leone girato nel 1964 con uno sconosciuto attore che Leone aveva visto in un serial televisivo, Clint Eastwood, e che viene consacrato dal successo del film.

    Leone collabora alla sceneggiatura[9] ed essa si basa sul film del giapponese Akira Kurosawa *La sfida del samurai* (*Yojimbo*, 1961). Altre fonti altamente letterarie sono Omero, il mondo classico, Shakespeare, il teatro elisabettiano, Goldoni e la commedia dell'arte. Il risultato è un film lontano dal western classico americano e risulta maggiormente violento. Da notare è la colonna sonora[10] di Ennio Morricone, che introduce nella musica dei film western un nuovo strumento, la chitarra elettrica.

    Il film ha un grandissimo successo. Infatti, costato circa 120 milioni, ha incassato 2 miliardi di lire. Leone gira quindi, successivamente, *Per qualche dollaro in più* (1965), *Il buono, il brutto e il cattivo* (1966) e *C'era una volta il West* (1968).

    Accanto ai film di Leone appaiono anche molti film di genere comico-western inuagurati dal regista Enzo Barboni con lo pseudonimo di E.B. Clutcher, Si tratta della serie di *Trinità* (*Lo chiamavanoTrinità* del 1970 e . . . *E continuavano a chiamarlo Trinità* del 1974) con Terence Hill. e Bud Spencer, versione italiana dei lontani Stan Laurel e Oliver Hardy, conosciuti in Italia come Stanlio e Onlio.

    Gli spaghetti western vengono prodotti in particolare negli anni settanta e diventano il genere dove si scoprono nuovi attori o dove alcuni attori raggiungono o rinnovano il successo quali Lee van Cleef, James Coburn, Terence Hill, Klaus Kinski, and Henry Fonda. Tale genere tende a scomparire[11] negli anni ottanta e novanta. Tuttavia l'eredità degli «spaghetti western» con la loro dose di violenza ed ironia non è andata perduta e si ripropone[12] in film quali *Gli spietati (Unforgiven)* del 1992 girato

[1] located / [2] shot
[3] similarity
[4] leading
[5] creating
[6] faultless
[7] to shoot
[8] fistful
[9] script
[10] soundtrack
[11] disappear
[12] appears again

dall'icona del genere, Clint Eastwood. Nei titoli di coda Eastwood dedica significativamente il film a «Sergio [Leone]». E non casualmente la stessa dedica appare dieci anni dopo nei titoli di *Kill Bill vol. 1* e *Kill Bill vol. 2* di Quentin Tarantino nel 2003. La lezione di Leone e degli italiani è stata appresa[13].

[13] learned

Infatti, dopo il neorealismo di De Sica, Rossellini e tanti altri, gli «spaghetti western» sono l'altro grande fenomeno cinematografico che l'Italia esporta all'estero.

FONTI: GianPietro Brunetta, *Cent'anni di cinema italiano*. Bari: Laterza, 1995.
Mario Verdone, *Storia del cinema italiano*, Roma: Newton Compton, 1995.

Comprensione

A. Vero o falso? Dopo aver letto l'articolo sugli spaghetti western, indica se le seguenti affermazioni sono vere o false e correggi quelle sbagliate.

_____ 1. I film western in Italia sono kolossal spettacolari.

_____

_____ 2. Sono girati per la maggior parte in Spagna.

_____

_____ 3. L'ironia appare negli spaghetti western.

_____

_____ 4. Gli eroi dei film italiani sono uomini d'onore.

_____

_____ 5. Sergio Leone crea il personaggio ambiguo di Ringo.

_____

_____ 6. Il primo film di Leone ha anche basi letterarie.

_____

_____ 7. In Italia il western comico non è molto diffuso.

_____

_____ 8. Il genere raggiunge il culmine negli anni ottanta.

_____

B. L'intruso. Trova l'intruso tra questi gruppi di nomi rileggendo l'articolo sugli spaghetti western.

	a.	b.	c.
1.	Sergio Leone	Sergio Corbucci	Pier Paolo Pasolini
2.	Spaghetti Western	Paella Western	Hamburger Western
3.	John Wayne	Bud Spencer	Clint Eastwood
4.	Almeria	Nevada	Sardegna
5.	*Per un pugno di dollari*	*Balla coi lupi*	*Il buono, il brutto, il cattivo*
6.	Bob Robertson	E.B. Clutcher	Eric Forman
7.	Kurosawa	Karen Blixen	Omero
8.	*Silverado*	*Kill Bill 1 & 2*	*Gli spietati*
9.	Morricone	Mozart	Beethoven

C. La risposta esatta. Scegli la risposta esatta tra le tre scelte presentate.

1. Chi è il regista più famoso degli «spaghetti western»?
   a. Sergio Leone
   b. Akira Kurosawa
   c. Clint Eastwood

2. Chi sono gli eroi degli spaghetti western?
   a. Gente comune con i piccoli problemi di ogni giorno.
   b. Eroi coraggiosi e solitari sempre pronti a difendere i più deboli.
   c. Pistoleri senza scrupoli né onore

3. Qual è la caratteristica di Ringo?
   a. Sparare al nemico alle spalle.
   b. Sparare con un fucile dorato.
   c. Cavalcare verso il tramonto alla fine del film.

4. Perché questi film sono chiamati «spaghetti western»?
   a. Perché c'è sempre una scena in cui mangiano pasta.
   b. Perché sono prodotti in Italia.
   c. Perché sono film americani per il mercato italiano.

5. Che strumento introduce Ennio Morricone nella colonna sonora degli spaghetti western?
   a. La chitarra elettrica.
   b. Il banjo.
   c. Il violoncello.

6. A chi dedica Clint Eastwood il fim *Gli Spietati*?
   a. Alla mamma
   b. A Sergio Leone
   c. A Quentin Tarantino

7. Quando entra in crisi questo genere cinematografico?
   a. Tra le due guerre.
   b. Negli anni '80
   c. Negli anni '70

D. Le tue opinioni sul genere. Rispondi alle seguenti domande.

1. Ti piace il genere «spaghetti western»? _____
   _____
   _____

2. Perché il «western» ha fortemente ispirato molti registi italiani?
   _____
   _____
   _____

SCRIVIAMO

A. Il western e gli spaghetti. In base alle tecniche indicate nel libro di testo nella sezione **Per scrivere**, scrivi un riassunto sugli «spaghetti western».

_____

_____

_____

_____

_____

_____

B. Un film western. Sei un regista/una regista di Hollywood e devi scrivere un film western. Scrivi la storia e indica dove e quando è ambientato e gli attori che appariranno nel film. È un «western» tradizionale o si ispira alla tradizione degli «spaghetti western» italiani?

_____

_____

_____

_____

_____

_____

 ## NAVIGHIAMO NELLA RETE

A. Il western all'italiana. Cerca su Internet le informazioni sul genere «spaghetti western» inserendo in un motore di ricerca il titolo «western all'italiana». Fai un riassunto conciso delle informazioni che hai trovato: registi, attori, film, caratteristiche.

_____

_____

_____

_____

B. **Tu vuoi far l'americano.** Il titolo del capitolo si riferisce a una famosa canzone napoletana del 1956 di Renato Carosone. Trova la versione italiana del testo su Internet e rispondi alle seguenti domande.

1. Quali sono gli elementi della cultura degli Stati Uniti che influenzano il protagonista della canzone?

_____

_____

2. Quali sono i problemi che il protagonista incontra a «voler fare l'americano»?

_____

_____

3. Qual è il tono della canzone? Spiega perché.
   a. drammatico: _____
   b. ironico: _____
   c. comico: _____

CAPITOLO 5

Migrazioni: chi va e chi viene

TEMI

Gli stranieri in Italia

A. Migrazioni. Scrivi la parola che corrisponde alle seguenti definizioni.

1. Così viene comunemente indicato un immigrato in Italia. _____
2. È necessario affinché un immigrato possa lavorare legalmente. _____
3. Un immigrato illegale. _____
4. Una razza non dominante. _____
5. Non è tollerante verso persone di razze diverse. _____
6. È fuggito da un paese in guerra. _____
7. Il suo lavoro è vendere, ma non lo fa in un negozio. _____
8. Tipica di chi è molto povero. È la ragione principale per cui la gente emigra. _____

B. L'intruso. Indica la parola che non c'entra con le altre.

1. a. tolleranza
   b. solidarietà
   c. discriminazione
   d. convivere
2. a. senzatetto
   b. profugo
   c. extracomunitario
   d. clandestino
3. a. diversità
   b. integrazione
   c. multietnico
   d. razzismo
4. a. sfruttare
   b. lavoro nero
   c. diritti
   d. vù cumprà
5. a. fuggire
   b. sopravvivere
   c. trasferirsi
   d. lasciare

Gli italiani nel mondo

A. Italiani migranti. Completa le seguenti frasi scegliendo l'espressione corretta.

1. Nel secolo scorso molti italiani sono partiti per l'America per avere una *qualità della vita / burocrazia* migliore.
2. La moglie di Enrico Fermi, quando si sono trasferiti negli Stati Uniti, non ha imparato l'inglese e così ha avuto problemi a *fare delle ricerche / adattarsi* alla vita americana.
3. Molta *migrazione interna / emigrazione* dell'Italia del dopoguerra è avvenuta dal Sud al Nord del paese.

4. I miei nonni hanno lasciato l'Abruzzo per avere un *ostacolo / tenore di vita* più elevato.

5. *La carenza di fondi / Le molte opportunità* per la ricerca costringe molti ricercatori italiani a cercare un posto di lavoro all'estero.

6. La *ragione / mancanza* principale per cui gli italiani sono emigrati è stata la miseria nel loro paese.

B. **Quel «cervello in fuga» del tuo prof!** Hai saputo che anche il tuo professore d'italiano è un «cervello in fuga» dall'Italia, così gli fai delle domande per saperne di più. Completa la conversazione con la parola corretta scelta dal riquadro. *Non* tutte le parole sono necessarie.

opportunità	borsa di studio	stimolante	fondi	ricercatore	concorso
frustrato	emigrante	qualità della vita	ragione		

TU: Professore, perché ha deciso di lasciare l'Italia?

PROF.: Ero molto _____(1) dalla situazione dell'accademia italiana. Sono rimasto deluso dopo che ho dato un _____(2) ma non sono riuscito ad avere il posto. Così ho incominciato a fare domande nelle università americane e quando ho vinto una _____(3) per Berkeley, ho accettato immediatamente e sono partito.

TU: E poi, cosa è successo?

PROF.: Dopo che ho finito il PhD, ho trovato un posto come _____(4) in questa università.

TU: Ah, bene! E cosa pensa degli Stati Uniti?

PROF.: Qui ci sono molte _____(5) e la _____(6) per chi fa ricerca accademica è molto _____(7). Sono contento di essere qui!

STRUTTURE

5.1 Il modo indicativo e il modo congiuntivo

Scriviamo

A. **Nella classe della professoressa Somali.** Gianna Somali ha lasciato l'Italia per andare a insegnare negli Stati Uniti. Questa settimana i suoi studenti del secondo anno imparano il congiuntivo. Aiuta gli studenti della prof. Somali a fare il compito! Indica se il verbo tra parentesi va coniugato al modo indicativo (I) o congiuntivo (C).

                I   **C**

1. Mi dice se il suo permesso di lavoro (essere) in regola? _____ _____
2. Credo che Amid (avere) una moglie in Marocco. _____ _____
3. È possibile che molti immigrati non (parlare) bene l'italiano. _____ _____
4. Penso che il razzismo (essere) ancora un problema nel mondo. _____ _____
5. Voglio che i miei figli (imparare) a rispettare tutti i popoli. _____ _____
6. È possibile che un immigrato (guadagnare) meno di un italiano. _____ _____
7. Spero che la guerra in Iraq (finire) presto. _____ _____
8. Io non (avere) soldi, ma aiuterò i poveri. _____ _____
9. So che i miei nonni (arrivare) a Ellis Island nel 1920. _____ _____
10. È necessario che voi (ottenere) il permesso di soggiorno. _____ _____
11. Temo che i clandestini (dovere) lasciare il paese. _____ _____
12. Mi sembra che questi bambini non (andare) a scuola. _____ _____
13. Il poliziotto ha chiesto che noi (fare) vedere i passaporti. _____ _____
14. Dubito che il muro tra Messico e USA (finire) l'immigrazione clandestina. _____ _____
15. Molti ricercatori italiani pensano che (essere) meglio lavorare all'estero. _____ _____

B. **Cose d'Italia.** Le lezioni della prof. Somali non sono mai noiose, perché lei insegna anche molta cultura ai suoi studenti. Guarda quante cose sanno dell'Italia! Completa le seguenti frasi scegliendo tra indicativo e congiuntivo presente.

1. È vero che Dante *è* / *sia* il più grande poeta italiano.
2. Credo che il regista di *Lamerica si chiama* / *si chiami* Gianni Amelio.
3. Mi sembra che l'euro *costa* / *costi* più del dollaro adesso.
4. Sono contento che tu *vada* / *vai* in Italia a vedere la Cappella Sistina.
5. Spero che il salario degli immigrati *aumenta* / *aumenti*.
6. Sappiamo che l'immigrazione *sia* / *è* un problema da affrontare con leggi serie.
7. Voglio che le leggi verso gli immigrati *siano* / *sono* più giuste.
8. La professoressa ci ha detto che in Italia gli immigrati *vengono* / *vengano* soprattutto dall'Africa e dall'Europa orientale.

C. **Con gli occhi di un immigrato.** Mor è un immigrato senegalese che vive in Italia da alcuni anni. Completa i giudizi di Mor sulla società italiana con la forma corretta dell'indicativo o congiuntivo presente.

1. Mor ha detto che gli italiani _____ (discutere) spesso di politica.

2. Mor crede che in Italia _____ (esserci) troppi partiti.

3. A Mor piace che gli italiani _____ (andare) a votare in massa.

4. Sa che l'Italia _____ (essere) una repubblica.

5. Gli dispiace che gli italiani _____ (dovere) pagare tante tasse.

6. Vuole un governo che _____ (garantire) libertà ai cittadini.

7. Pensa che noi _____ (essere) gentili e simpatici.

8. È strano che i ragazzi italiani _____ (vivere) con la famiglia così a lungo.

Ascoltiamo

(CD 3, TRACK 1)

A. **La vita di Mor in Italia.** Mor vive in Italia da cinque anni. Trasforma le frasi sulla vita di Mor usando i suggerimenti forniti e il congiuntivo presente come nell'esempio. Ripeti ogni frase dopo averla ascoltata.

Esempio: SENTI: Mor non ha un permesso di lavoro
VEDI: È possibile
DICI: *È possibile **che Mor non abbia** un permesso di lavoro.*

SUGGERIMENTI

1. Sembra	3. È probabile	5. È giusto
2. Penso	4. I suoi amici credono	

(CD 3, TRACK 2)

B. **Le opinioni di Matteo.** Matteo è uno degli studenti della prof. Somali ed è sempre il primo ad esprimere opinioni nelle discussioni. Trasforma le frasi che senti facendole precedere da *Penso che* e la forma corretta del congiuntivo presente. Ripeti ogni frase dopo averla ascoltata.

Esempio: C'è un centro d'accoglienza per immigrati a Lampedusa.
Penso che ci sia un centro d'accoglienza per immigrati a Lampedusa.

1. _____
2. _____
3. _____
4. _____
5. _____

5.2 Il congiuntivo passato

A. **Quando è successo?** Oggi in classe la prof. Somali spiega i tempi del congiuntivo. Agli studenti sembra così difficile! Aiutali tu a capire meglio. Completa le seguenti frasi scegliendo tra congiuntivo presente o passato.

1. Credo che ieri Patrizio *incontri* / *abbia incontrato* un immigrato africano.

2. È importante per la democrazia che tutti i cittadini *votino* / *abbiano votato* sempre alle elezioni.

3. Dubito che un clandestino *porti* / *abbia portato* con sè un documento d'identità quando viaggia.

4. Mi dispiace che Mor *lasci* / *abbia lasciato* la sua famiglia in Africa: non li vede da tanti anni.

5. Voglio che Mor *sappia* / *abbia saputo* imparare bene l'italiano così potrà trovare un buon lavoro.

6. È incredibile che la sinistra l'anno scorso *approvi* / *abbia approvato* una legge così razzista.

7. Bisogna che tu *spedisca* / *abbia spedito* al più presto la domanda per il permesso di soggiorno.

8. Immagino che ai nostri giorni tutti gli immigrati *sappiano* / *abbiamo saputo* leggere e scrivere.

B. **Emigrare.** Oggi gli studenti del corso di cultura della prof. Somali discutono dell'immigrazione passata e presente nel mondo. Completa le seguenti frasi con la forma corretta del passato prossimo o del congiuntivo passato.

1. Abbiamo studiato che all'inizio del secolo gli immigrati che _____ (arrivare) in America venivano fermati a Ellis Island.

2. Credo che Annis _____ (venire) in Italia nel 1996.

3. Leggiamo che negli anni Venti gli italiani _____ (migrare) prevalentemente negli Stati Uniti e in Argentina.

4. È possibile che nei giorni scorsi alcuni clandestini provenienti dall'Albania _____ (morire) durante il viaggio.

5. Ho saputo che Daniele _____ (trovare) lavoro in Canada.

6. Mi sembra che i miei nonni _____ (abitare) a Chicago negli anni Venti.

7. È probabile che la nostra professoressa _____ (trasferirsi) negli Stati Uniti per avere un impiego più adatto alle sue capacità.

8. Sono contento che molti immigrati nella mia città _____ (trovare) un lavoro regolare.

C. **Problemi sociali.** La lezione di oggi del corso di cultura della prof. Somali riguarda vari problemi sociali e politici. Trasforma le seguenti frasi usando il congiuntivo o l'indicativo presente o passato a seconda del suggerimento dato.

Esempio: L'imprenditore sfrutta gli immigrati.
*È possibile che **l'imprenditore sfrutti gli immigrati.***

1. L'anno scorso sono arrivati molti immigrati marocchini a Lampedusa.

   Abbiamo saputo che _____.

2. L'euro costa più del dollaro.

   Ci sembra che in questi giorni _____.

3. Gli immigrati imparano la lingua del paese dove risiedono per integrarsi.

   È importante che _____.

4. L'alcolismo è un problema più grave della droga.

   Penso che _____.

5. Gli italiani in Etiopia durante il Fascismo hanno massacrato molte persone.

   Pare che _____.

6. La polizia ha arrestato una badante polacca senza il permesso di lavoro.

   Ho letto sul giornale che _____.

7. I centri di accoglienza per gli immigrati non sono adeguati.

   È ovvio che _____.

8. Le università italiane non finanziano sufficientemente la ricerca.

   Crediamo che _____.

D. **In partenza.** Guarda la foto che ritrae un gruppo d'immigrati all'inizio del Novecento giunti ad Ellis Island e scrivi 5 frasi su quello che ti suggerisce l'immagine. Usa 5 diverse espressioni che richiedono il congiuntivo e 5 diversi verbi al congiuntivo passato. La prima ipotesi è già stata scritta per te.

1. Penso che *siano* arrivati dall'Irlanda.
2. _____
3. _____
4. _____
5. _____
6. _____

 *Ascoltiamo*

(CD 3, TRACK 3)

A. La vita passata di Mor. Mor è nato e vissuto in Senegal e prima di venire in Italia ha abitato in Francia. Trasforma le frasi sul passato di Mor usando i suggerimenti forniti e il congiuntivo passato come nell'esempio. Ripeti ogni frase dopo averla ascoltata.

Esempio: SENTI: Mor ha accettato un lavoro nero.
VEDI: È probabile
DICI: *È probabile **che Mor abbia** accettato un lavoro nero.*

SUGGERIMENTI

1. Credo	3. Riteniamo	5. Penso
2. È possibile	4. Ci sembra	

(CD 3, TRACK 4)

B. La vita di un «cervello in fuga». Sandro fa delle ipotesi sul passato della sua professoressa d'italiano Gianna Somali, che ha lasciato l'Italia per insegnare in un college americano. Trasforma le frasi che senti usando il congiuntivo passato come nell'esempio. Ripeti ogni frase dopo averla ascoltata.

Esempio: Penso che lavori in fabbrica.
*Penso **che abbia** lavorato in fabbrica.*

1. _____
2. _____
3. _____
4. _____
5. _____

5.3 Il congiuntivo vs. l'infinito

A. Mor e la sua famiglia. In Senegal Mor ha una grande famiglia: alcuni vogliono partire per l'Europa come ha fatto Mor, altri vogliono restare. Leggi che cosa vogliono fare i parenti di Mor e scegli la forma verbale corretta in ogni frase.

1. Sua sorella vuole *studiare / studi / di studiare* medicina a Parigi.
2. La mamma di Mor pensa che suo figlio *stare / stia / di stare* bene in Italia.
3. Il fratello di Mor pensa *partire / parta / di partire* l'anno prossimo.
4. Suo padre vuole che Mor *essere / sia / di essere* felice.
5. I suoi cugini hanno deciso *scrivere / scriva / di scrivere* una lettera a Mor.
6. La zia Henriette non pensa *potere / possa / di potere* vivere lontana dal Senegal.

B. Strutture sintattiche. La prof. Somali continua a spiegare il congiuntivo ai suoi studenti e loro continuano a pensare che sia proprio difficile! Completa le seguenti frasi con *che, di,* o *X* se non occorre niente.

1. Vorrei _____ non dovessimo studiare il congiuntivo!

2. Studio per diventare avvocato perché voglio _____ aiutare gli immigrati.

3. Penso _____ partecipare a un concorso per la Comunità Europea.

4. Maria è contenta _____ lavorare in un centro sociale per anziani.

5. Credete _____ la democrazia nel mondo sia in pericolo?

6. Vuoi _____ venire con me al cinema stasera?

7. Mario spera _____ vedere Francesca alla festa stasera.

8. Volete _____ vi aiutiamo a compilare il permesso di soggiorno?

9. Tutti credono _____ dovremmo dare asilo politico a chi proviene da un paese in guerra.

10. Siamo molto contenti _____ studiare italiano.

Ascoltiamo

(CD 3, TRACK 5)

A. Gli amici di Marco. Marco vuole che i suoi amici facciano volontariato [*volunteer work*]. Trasforma le frasi che senti seguendo l'esempio. Inizia ogni frase con «*Marco vuole che*» e usa la forma corretta del congiuntivo presente. Ripeti ogni frase dopo averla ascoltata.

Esempio: Giorgio aiuta gli immigrati.
           *Marco vuole che Giorgio **aiuti** gli immigrati.*

1. _____

2. _____

3. _____

4. _____

5. _____

(CD 3, TRACK 6)

B. **Il pensiero di un senegalese.** Mor ha molti pensieri e progetti. Sentirai le frasi di Mor (che saranno ripetute due volte) e poi tre possibilità che sostituiscono il suo pensiero. Seguendo l'esempio, identifica la frase corretta tra le tre scelte che senti.

Esempio: SENTI: Voglio partire per la Francia.
                 a. Mor pensa di partire per la Francia.
                 b. Mor pensa partire per la Francia.
                 c. Mor pensa che io parta per la Francia.
         VEDI: 1.   a.   b.   c.
         SCRIVI: a.

1. a.   b.   c.

2. a.   b.   c.

3. a.   b.   c.

4. a.   b.   c.

5. a.   b.   c.

 **ASCOLTIAMO**

(CD 3, TRACK 7)

Clandestini in Italia. Nel 2006, il governo italiano ha annunciato di volere regolarizzare i clandestini arrivati sull'isola di Lampedusa e quelli che si trovano nei centri di accoglienza [*immigration shelters/detainment centers*]. Ascolta la notizia che verrà ripetuta due volte e fai gli esercizi che seguono. Per facilitare la comprensione, leggi le domande prima di ascoltare il testo: ti aiuteranno a familiarizzare con il vocabolario e il contenuto del brano che sentirai.

A. **Comprensione.** Scegli la risposta esatta tra le tre scelte presentate.

1. Che cosa succederà agli immigrati che si trovano nei centri d'accoglienza?
    a. verranno mandati nei loro paesi d'origine
    b. potranno rimanere in Italia
    c. dovranno trovare un lavoro

2. Chi è Paolo Ferrero?
    a. il Ministro degli Interni [*Minister of the Interior*]
    b. il Ministro della Solidarietà Sociale
    c. il Sottosegretario agli Interni

3. Dove sono andati ieri mattina i due ministri Ferrero e Lucidi?
    a. in Libia   b. in Sicilia   c. a Lampedusa

4. Chi ha criticato le proposte dei ministri?
    a. i siciliani   b. i politici di centro-destra   c. i politici di centro-sinistra

5. Perché la decisione di regolarizzare gli immigrati ha creato polemiche?
    a. perché si rischierebbe di far arrivare in Italia altri clandestini
    b. perché gli immigrati portano via il lavoro agli italiani
    c. perché ci sono già troppi immigrati nei centri di accoglienza

B. Vero o falso? Indica se le seguenti affermazioni sono vere o false.

_____ 1. Gli extracomunitari che già vivono in Italia otterranno il permesso di soggiorno.

_____ 2. A Lampedusa i due ministri hanno visitato il centro d'accoglienza per immigrati.

_____ 3. Uno dei due ministri è una donna.

_____ 4. Nel centro di accoglienza di Lampedusa ci sono sempre pochi immigrati.

_____ 5. Le proposte dei ministri sono state definite *ragionevoli* e *intelligenti*.

(CD 3, TRACK 8)

Un italiano in Svizzera. Il film *Pane e cioccolata* (1974) di Franco Brusati racconta la storia di un italiano emigrato in Svizzera. Ascolta la trama del film, che sarà letta due volte, e fai gli esercizi che seguono. Per facilitare la comprensione, leggi le domande prima di ascoltare il testo: ti aiuteranno a familiarizzare con il vocabolario e il contenuto del brano che sentirai.

A. Comprensione. Scegli la risposta esatta tra le tre scelte presentate.

1. Che lavoro fa Nino?
   a. l'avvocato   b. il cameriere   c. l'operaio

2. Che tipo di lavoro è?
   a. un lavoro stagionale   b. un posto fisso   c. un lavoro nero

3. Perché Nino ha perso il permesso di soggiorno?
   a. si è licenziato
   b. ha ucciso [*killed*] il suo collega turco
   c. lo hanno licenziato per un banale incidente

4. Come reagisce Nino al fatto che senza permesso di soggiorno non può più stare in Svizzera?
   a. è contento di tornare in Italia
   b. non vuole assolutamente tornare in Italia
   c. decide di partire per l'America

5. Nino ha una relazione con una donna
   a. greca   b. russa   c. svizzera

6. Che cosa fa per non partire?
   a. diventa un giocatore di calcio della nazionale svizzera
   b. si tinge [*dyes*] i capelli di biondo per fingersi [*to pretend to be*] svizzero
   c. cerca di corrompere [*to bribe*] un ufficiale dell'immigrazione

7. Che cosa rivela l'identità di Nino?
   a. una partita di calcio tra Italia e Svizzera
   b. il suo accento italiano
   c. la sua ex-ragazza va alla polizia

8. Come finisce il film?
   a. Nino è contento di ritornare in Italia perché spera di trovare un paese migliore
   b. in realtà, andrà in Germania
   c. decide di scendere dal treno che lo riporterebbe in Italia

B. Cronologia. Numera in ordine cronologico da 1 a 10 gli eventi del film.

_____ a. Un giorno perde il lavoro e il permesso di soggiorno.

_____ b. L'industriale per cui lavora Nino si suicida.

_____ c. Una partita di calcio tradisce [*betrays*] la nazionalità di Nino.

_____ d. Nino lavora in Svizzera come cameriere in un lussuoso ristorante.

_____ e. Si tinge i capelli di biondo.

_____ f. Lavora come cameriere per un uomo d'affari in disgrazia.

_____ g. Scende dal treno che lo dovrebbe riportare in Italia.

_____ h. Incontra dei clandestini napoletani che vivono con dei polli.

_____ i. La sua ex-fidanzata gli dice che il marito potrebbe aiutarlo.

_____ l. Sente cantare canzoni folcloristiche italiane.

COSA SAPPIAMO DEGLI ITALIANI?

L'immigrazione nell'Italia contemporanea
Da paese di forte emigrazione agli inizi del Novecento, l'Italia si è trasformata in paese di immigrazione a partire dagli anni '70.

Prima di leggere
Prima di leggere il testo rispondi alle seguenti domande.

1. Cosa sai dell'immigrazione contemporanea negli Stati Uniti?

   _____

   _____

2. Conosci degli immigrati? Da dove vengono, come vivono, cosa fanno, perché sono venuti negli Stati Uniti? Se non ne conosci, come pensi che vivano gli stranieri che hanno deciso di venire in America?

   _____

   _____

3. Hai mai pensato di lasciare il tuo paese? Perché? Dove andresti?

   _____

   _____

La Situazione degli Extracomunitari in Italia

Il primo flusso migratorio negli anni settanta è costituito soprattutto da uomini che provengono dal Nord Africa. Le donne sono prevalentemente filippine che trovano lavoro come domestiche[1] per famiglie di ceto medio-alto. Negli anni successivi molte donne dall'Europa dell'Est vengono assunte per accudire[2] anziani o disabili. Per descrivere questo ruolo delle immigrate si crea il nuovo vocabolo di «badante».

[1] maids
[2] to take care

Gli immigrati non sono soltanto lavoratori dipendenti, come i venditori ambulanti o le domestiche: alcuni hanno un lavoro autonomo, come il gruppo dei cinesi che gestisce[3] ristoranti. Per molti anni i ristoranti cinesi hanno rappresentato l'unica cucina internazionale in Italia e anche adesso che si possono trovare altri tipi di ristoranti etnici, quelli cinesi rimangono i più numerosi e i più popolari.

[3] manage

Nove immigrati su 10 sono in Italia per motivi di lavoro e di famiglia. Le donne entrano soprattutto per ricongiungersi alla famiglia. Attualmente i gruppi di immigrati più numerosi provengono da Albania, Romania, Marocco e Cina. La maggioranza degli immigrati vive al Centro e nel Nord-Est, dove c'è maggiore concentrazione di industrie. Gli extracomunitari sono più giovani degli italiani: l'età media degli italiani è 41 anni, mentre quella degli stranieri è 30.

Per regolare il flusso migratorio e combattere l'immigrazione illegale una legge del 1998 fa nascere i Centri di Permanenza Temporanei, comunemente conosciuti come CPT. Qui vengono trattenuti[4] i clandestini che non hanno documenti d'identità o di viaggio prima di essere espulsi[5] dall'Italia. Nel 2001 le regole dei CPT diventano più severe[6]: il tempo di trattenimento passa da 30 a 60 giorni e sono possibili fino a 4 anni di carcere per chi non rispetta l'ordine di espulsione. Ci sono 16 centri sul territorio italiano. I più grandi sono a Roma e a Lampedusa. Le organizzazioni per i diritti umani hanno protestato contro i CPT, perché applicano una detenzione nei confronti solo di stranieri (non di italiani) che non hanno commesso alcun crimine reale.

[4] held
[5] expelled
[6] stricter

Alla fine del 2000 gli stranieri in Italia con regolare permesso di soggiorno erano oltre un milione e trecentomila; nel 2005 il numero è raddoppiato. Anche le nascite dei figli d'immigrati sono aumentate moltissimo. Se nel 1994 erano l'1,5% delle nascite totali in Italia, nel 2004 sono il 6%.

Non è facile per gli extracomunitari avere la cittadinanza[7] italiana. Occorrono 10 anni di residenza legale e continuativa per richiedere la cittadinanza e i bambini nati in Italia non sono automaticamente cittadini, ma possono fare domanda di cittadinanza solo quando hanno 18 anni. Con la crescita costante degli extracomunitari, l'Italia ha dunque bisogno non solo di leggi che combattano l'immigrazione illegale, ma anche e soprattutto che facilitino l'integrazione.

[7] citizenship

FONTI:

Alessandra Righi e Leonello Tronti, *Il modello migratorio italiano e gli effetti dell'immigrazione sul sistema economico: una rassegna.* Roma: Organizzazione Internazionale del Lavoro, 1997.

IX Rapporto della Caritas, 2001. *http.//www.edscuola.it.* 19 giugno 2006.

Cinzia Gubbini, «Prodi in cerca di cittadinanza». *Il Manifesto*, 8 giugno 2006: p.8.

Claudia Fusani, «Cittadinanza agli immigrati». *La Repubblica*, 15 giugno 2006: p.27.

Comprensione

A. Vero o falso? Indica se le seguenti affermazioni sono vere o false.

_____ 1. L'Italia è sempre stata un Paese di immigrazione.

_____ 2. I CPT sono nati per combattere l'immigrazione illegale.

_____ 3. Uno straniero può essere trattenuto in un CPT se non ha documenti.

_____ 4. Un immigrato non può stare più di 30 giorni in un CPT.

_____ 5. Se un immigrato non rispetta l'ordine di espulsione, può andare in prigione.

_____ 6. I CPT sono nati negli anni Settanta.

_____ 7. La maggioranza degli immigrati vive al Sud.

_____ 8. Negli ultimi anni sono nati meno bambini stranieri.

_____ 9. I bambini di extracomunitari nati in Italia non sono cittadini italiani.

_____ 10. Un immigrato deve vivere 18 anni in Italia prima di fare domanda di cittadinanza.

B. Scegli la risposta esatta tra le tre scelte presentate.

1. Quando sono nati i CPT?
   a. nel 1980
   b. nel 1998
   c. nel 2001

2. Perché i CPT sono stati criticati?
   a. perché ospitano troppe persone
   b. perché costano troppo
   c. perché limitano la libertà di uno straniero che non ha commesso crimini

3. Che cosa facevano le donne filippine?
   a. lavorano in ristoranti
   b. lavoravano in fabbriche di vestiti del Nord
   c. lavoravano nelle case di persone benestanti

4. Che cosa fa un/una badante?
   a. cura i vecchi e i malati
   b. pulisce le case dei ricchi
   c. aiuta i vù comprà a richiedere il permesso di soggiorno

5. Rispetto agli italiani, gli extracomunitari
   a. hanno più figli
   b. non hanno lavori indipendenti
   c. sono più giovani

6. Da dove viene la maggioranza attuale degli extracomunitari?
   a. Asia
   b. Europa dell'Est
   c. Stati Uniti

C. Scegli *due* **risposte esatte** tra le quattro scelte presentate.

1. Gli immigrati in Italia
   a. arrivano nel paese per trovare lavoro o stare con la famiglia
   b. diventano cittadini italiani se nascono in Italia
   c. devono aspettare 10 anni per avere il permesso di soggiorno
   d. vivono soprattutto nelle città del Nord-Est e del Centro

2. I primi flussi migratori in Italia erano costituiti da
   a. uomini africani
   b. filippine
   c. cinesi
   d. profughi dall'Albania

3. In Italia
   a. c'è una grande varietà di ristoranti etnici
   b. ci sono soprattutto ristoranti cinesi
   c. la gente è razzista
   d. ci sono più di 2 milioni di immigrati nel 2005

4. A proposito della cittadinanza agli stranieri
   a. gli immigrati con regolare permesso di soggiorno devono passare un mese in un CPT prima di fare richiesta di cittadinanza
   b. gli immigrati devono sapere parlare bene l'italiano
   c. gli immigrati devono essere residenti legali dell'Italia per 10 anni per richiedere la cittadinanza italiana
   d. i figli di immigrati nati in Italia possono richiedere la cittadinanza quando hanno 18 anni

5. La migrazione negli ultimi anni
   a. è costante
   b. è cresciuta in maniera significativa
   c. viene soprattutto dal Nord Africa
   d. interessa in particolar modo l'Europa dell'Est e la Cina

D. **Geografia e immigrazione.** Ci sono 5 CPT al Nord, 9 al Sud e uno a Roma. Quelli del Sud sono tutti lungo le coste. Sai spiegare perché? Nel brano hai letto che la maggior parte degli immigrati abita e lavora al Nord. Perché allora ci sono più CPT al Sud che al Nord? Un CPT sempre molto affollato [*crowded*] e spesso sulle pagine dei giornali è quello di Lampedusa. Lampedusa è una piccola isola vicino alla Sicilia. Usa una mappa per localizzare Lampedusa e capire e spiegare perché molti immigrati clandestini arrivano qui.

_____

_____

_____

_____

_____

_____

SCRIVIAMO

A. La società multiculturale. In base alle tecniche indicate nel libro di testo nella sezione **Per scrivere** che ti insegnano a esprimere le tue idee, descrivi una possibile società multiculturale. Quali sarebbero le sue leggi? Come vivrebbero i suoi cittadini? Quali sarebbero i vantaggi e quali i problemi?

_____

_____

_____

_____

_____

_____

B. Biografia di un/una migrante. Immagina di essere un/una migrante che vive in Italia da alcuni anni. Scrivi in prima persona la tua storia di extracomunitario e le tue impressioni sul paese che ti ospita.

_____

_____

_____

_____

_____

_____

NAVIGHIAMO NELLA RETE

A. Film multietnici. Nel libro di testo e nel quaderno degli esercizi hai letto le trame di due film che parlano di emigrazione, *Lamerica* e *Pane e cioccolato*. Naviga nel sito Yahoo! Italia Cinema (o usa un motore di ricerca) per trovare informazioni (chi è il regista, in che anno è stato fatto, qual è la trama, ecc.) sui seguenti film italiani che parlano di immigrati in Italia: *Pummarò, Quando sei nato non puoi più nasconderti* e *L'assedio*. Quali di questi film ti sembra più interessante e perché?

_____

_____

_____

_____

_____

B. **Le foto di Oliviero Toscani.** Per diciotto anni, fino al 2000, il fotografo Oliviero Toscani ha curato la pubblicità della famosa linea di vestiti Benetton. Le sue foto non sono solo una pubblicità alla ditta, ma sono un'espressione del nostro tempo, offrono un messaggio sociale, a volte provocatorio, su problemi del mondo contemporaneo. Molte delle sue foto contengono l'idea di un mondo multirazziale. Entra nel sito della Benetton e cerca le foto delle campagne pubblicitarie (dalla sezione «comunicazione», clicca su «campagne precedenti») che contengono un messaggio multiculturale. Che cosa pensi di queste pubblicità? Quale ti piace di più e perché? Quale ti sembra più provocante e perché?

_____

_____

_____

_____

_____

CAPITOLO 6

E il mondo si fa sempre più piccolo: l'Italia nell'Unione Europea

TEMI

Unità nella diversità

A. Il mondo in espansione. Associa le parole della colonna di sinistra con le definizioni della colonna di destra.

1. globalizzazione	a. è il confine geografico e politico tra due stati
2. libero scambio	b. lo sente chi ama molto il proprio paese
3. agevolare	c. impedisce il libero scambio di prodotti
4. frontiera	d. il commercio di prodotti senza dogana
5. barriera doganale	e. indica uno sviluppo globale e senza frontiere
6. sviluppo	f. se ne interessa chi crede nell'ecologia
7. biologico	g. azione per la realizzazione di qualcosa
8. spirito nazionalistico	h. aiutare con finanziamenti e leggi
9. iniziativa	i. è la crescita politica ed economica di un paese
10. ambiente	l. prodotti alimentari coltivati senza pesticidi

B. La tua opinione. Se tu fossi il Presidente dell'Unione Europea, quale dei concetti riportati qui sopra sponsorizzeresti con più forza [*strength*] per essere «uniti nella diversità» e quale cercheresti di limitare? Perché?

1. Sponsorizzerei _____

   perché _____

2. Limiterei _____

   perché _____

C. La parola misteriosa. Completa le frasi con la parola mancante. Poi prendi le iniziali di ogni parola che hai scritto e inseriscile in ordine negli spazi vuoti della «parola misteriosa». Se hai fatto l'esercizio correttamente, otterrai una parola che significa «il senso di appartenenza all'Europa».

1. L'_____ è il continente che comprende paesi come l'Italia, la Francia, la Germania e la Spagna.

2. L'Europa ha una moneta _____, cioè tutti i paesi che appartegono all'Unione Europea usano la stessa valuta.

3. —Professoressa, cosa vuol dire _____?

   —È un sinonimo di agevolare. Lo fa un paese per far crescere un'iniziativa, un settore.

4. L'_____ è una persona che si sente cittadino dell'Europa.

5. Il posto migliore dove studiare l'italiano è certamente dove lo parlano, in _____!

6. Nell'era della globalizzazione è sempre più importante muoversi, _____ da un paese all'altro, conoscere culture diverse.

7. La _____ unica dell'Europa si chiama euro ed è stata introdotta nel 2001.

La parola misteriosa è: _ _ R O _ _ _ _ _ O

Le spese in Eurolandia

A. Gli acquisti dell'Italia che non cresce. Statistiche recenti hanno indicato che negli ultimi anni l'Italia sta vivendo un periodo economico non troppo facile. Indica quali di queste azioni gli italiani dovrebbero fare per risparmiare.

_____ 1. comprare negli outlet e ai discount

_____ 2. comprare frutta e verdura biologica

_____ 3. approfittare dei ribassi

_____ 4. comprare vestiti di marca

_____ 5. divertirsi e non preoccuparsi del carovita

_____ 6. non sprecare

_____ 7. fare colazione al bar

_____ 8. rinunciare ai beni di consumo non primari

_____ 9. diminuire l'uso della macchina e usare di più la bicicletta

_____ 10. comprare frutta e verdura di stagione al mercato rionale

B. L'intruso. Identifica la parola che non c'entra con le altre.

1. a. banconota   b. denaro   c. carrello   d. euro
2. a. rincari   b. ribassi   c. diminuire   d. abbassare
3. a. ceto medio   b. consumatore   c. commerciante   d. ipermercato
4. a. risparmiare   b. beni di consumo   c. spendere   d. sprecare
5. a. mercato   b. servizio   c. spaccio   d. discount

STRUTTURE

6.1 Il congiuntivo imperfetto e trapassato

Scriviamo

A. **In giro per l'Europa.** Tuo figlio ha fatto la prima vacanza in Europa e, appena tornato a casa, ti racconta le sue impressioni di viaggio. Completa il brano con il congiuntivo imperfetto dei verbi tra parentesi.

Credevo che i tedeschi _____ (1. essere) freddi e _____ (2. lavorare) moltissimo, invece sono molto allegri e lavorano solo 35 ore la settimana. Avevo paura che i francesi non mi _____ (3. capire), invece non ho avuto problemi con la lingua. Un giorno a Parigi ho temuto che Giacomo _____ (4. perdere) il treno: si era fermato a mangiare una crêpe e non lo abbiamo visto più, ma fortunatamente è arrivato in tempo alla stazione. Era bello che in Olanda la gente _____ (5. mostrare) più tolleranza e libertà di altri europei e speravo di incontrare una bella olandese che _____ (6. innamorarsi) di me! I miei amici non sapevano chi _____ (7. essere) Edward Munch, così ad Oslo abbiamo visitato il museo dedicato a questo pittore. Il custode credeva che noi _____ (8. studiare) storia dell'arte tanto eravamo concentrati sui dipinti! Mi piaceva che molti ci _____ (9. sorridere) e _____ (10. fermarsi) a parlare con noi in ogni città d'Europa. La diversità, in fondo [*after all*], non crea barriere.

B. **Commenti sull'economia italiana.** Hai letto un articolo che descrive la situazione economica italiana in confronto con il resto d'Europa. Completa le seguenti frasi con la forma corretta dell'indicativo o del congiuntivo imperfetto.

1. Pensavo che l'Italia _____ (essere) un Paese più ricco.

2. L'articolo diceva che nel dopoguerra _____ (esistere) più mobilità sociale.

3. Non mi era sembrato strano che la Germania e la Francia _____ (avere) più ricchezza.

4. Vorremmo che gli italiani _____ (guadagnare) di più.

5. Sapevamo che il Portogallo _____ (stare) alla fine della classifica.

6. Non ci aspettavamo che la Grecia _____ (vivere) una condizione migliore dell'Italia.

C. Vivere in Europa. Paolo ha abbandonato il suo piccolo paese vicino a Milano e si è trasferito a Madrid, e adesso racconta al suo amico Ferdinando quello che ha fatto quando è arrivato in città. Ferdinando, però, credeva che tutto fosse andato diversamente. Completa le reazioni di Ferdinando riscrivendo le frasi con la forma corretta del congiuntivo trapassato e il suggerimento fornito.

Esempio: Sono partito di mattina presto. (di sera)
              *Credevo _____ **che tu fossi partito di sera** _____.*

1. Sono arrivato in città il 10 gennaio. (il 15 febbraio)
   Supponevo _____

2. Sono andato in un albergo vicino alla stazione. (all'ostello della gioventù)
   Pensavo _____

3. Ho affittato un piccolo monolocale in periferia. (un appartamento in centro)
   Mi sembrava _____

4. Mi sono trasferito nell'appartamento dopo pochi giorni. (dopo un mese)
   Credevo _____

5. Ho comprato dei mobili all'Ikea. (mobili usati)
   Ritenevo _____

6. Ho trovato un lavoro all'IBM. (in un ristorante)
   Pensavo _____

7. Mi sono innamorato di una ragazza tunisina. (spagnola)
   Ero convinto _____

8. Ci siamo sposati dopo un mese. (così presto!)
   Avevo l'impressione _____

D. Fare la spesa in Europa. La signora De Riso discute con delle amiche di quanto sia diventato caro fare la spesa. Completa le seguenti frasi scegliendo tra congiuntivo imperfetto o trapassato.

1. Vorrei che l'euro non *contribuisse / avesse contribuito* così tanto al rincaro dei prezzi negli ultimi anni.

2. Magari ci *fossero / fossero stati* più ipermercati in città: risparmieremmo molto.

3. Credevo che al mercato *avessero / avessero avuto* sempre verdura fresca, invece ieri ho comprato degli spinaci cattivissimi.

4. Non ero contenta che l'anno scorso *chiudessero / avessero chiuso* l'outlet di scarpe a Monghidoro.

5. Vorrei che le barriere doganali *fossero / fossero state* eliminate in tutto in mondo: sarebbe più economico comprare prodotti internazionali.

E. **Politica europea.** Giuseppe e Piero frequentano un corso di storia contemporanea europea e al pomeriggio al bar commentano quello che ha detto il professore in classe. Completa le seguenti frasi con la forma corretta del congiuntivo imperfetto o trapassato.

1. Avevo creduto che quando è nata l'Unione Europea gli stati membri _____ (rinunciare) alla loro autonomia politica.

2. Sarebbe opportuno che si _____ (approvare) la Costituzione europea.

3. Non sapevo che Romano Prodi _____ (essere) il Presidente dell'Unione Europea dal 1999 al 2004.

4. Vorrei che tutti i paesi europei in futuro _____ (avere) democrazia, pace e uguaglianza.

5. Pensavo che in Europa tutti _____ (parlare) inglese nelle cerimonie ufficiali.

Ascoltiamo

(CD 3, TRACK 9)

A. **Magari!** Anna sta pensando a tutte le cose che desidererebbe avere. Ascolta i suoi desideri e trasforma le frasi che senti usando *magari* e il congiuntivo imperfetto come nell'esempio. Ripeti ogni frase dopo averla ascoltata.

Esempio: Vorrei avere molti soldi.
***Magari avessi** molti soldi!*

1. _____
2. _____
3. _____
4. _____
5. _____

(CD 3, TRACK 10)

B. **Pensavo che fosse già successo!** Renato ha molte idee e informazioni sbagliate sull'Europa: pensa che tutto sia già successo! Trasforma al passato le frasi che senti. Inizia ogni frase con *Pensavo che* e usa il congiuntivo trapassato con l'avverbio *già* come nell'esempio. Ripeti ogni frase dopo averla ascoltata.

Esempio: Dei nuovi Paesi entreranno in Europa.
*Pensavo che dei nuovi Paesi **fossero** già entrati in Europa.*

1. _____
2. _____
3. _____
4. _____
5. _____

6.2 Altri usi del congiuntivo

Scriviamo

A. **Andare a Madrid.** Hai già incontrato Paolo che ha deciso di lasciare il suo paese per vivere a Madrid. Completa i pensieri che ha Paolo prima di trasferirsi in Spagna scegliendo la congiunzione o l'indefinito corretto.

1. Mi trasferiró a Madrid *benché / comunque / purché* non abbia trovato ancora un lavoro.

2. Chiederó dei soldi a mio padre *malgrado / affinché / nel caso* non trovi subito un lavoro.

3. Andró a Madrid *affinché / sebbene / chiunque* la mia vita sia più avventurosa.

4. Lasceró questo paese *affinché / sebbene / chiunque* i miei genitori non siano contenti.

5. *Nonostante / Dovunque / Comunque* vada, sarà più interessante che vivere in questa piccola città.

6. *Qualsiasi / Dovunque / Chiunque* cosa succeda, sarà un'esperienza arricchente [*enriching*].

7. Vado all'estero *perché / prima di / per* avere un tenore di vita più alto.

8. Cercheró un appartamento *prima che / prima di / dopo* partire.

9. *Purché / Nonostante / Perché* l'Italia mi piaccia, preferisco la politica del governo spagnolo.

10. Cercheró un lavoro prestigioso *perché / prima di / per* la mia famiglia sia orgogliosa di me.

B. **La vita di Teresa.** Teresa lavora al Parlamento Europeo ed è una persona davvero superlativa e unica! Costruisci delle frasi con il superlativo relativo usando gli elementi suggeriti e la forma corretta del congiuntivo passato come nell'esempio.

Esempio: persona / più interessante / tu / incontrare.
  *È la persona più interessante che tu **abbia incontrato**.*

1. segretaria / più dinamica / voi / incontrare a Bruxelles

   _____

2. unica studentessa / finire / l'università in tre anni

   _____

3. prima candidata italiana / vincere / una borsa di studio per il Giappone

   _____

4. sola ragazza / imparato / quattro lingue quando era bambina

   _____

5. discorsi di Teresa / meno noiosi / tu / ascoltare

   _____

Ascoltiamo

(CD 3, TRACK 11)

A. Politiche d'Italia. Stai leggendo delle notizie sul governo italiano e tutto ti sembra negativo. Seguendo l'esempio, trasforma le frasi che senti usando il congiuntivo e l'espressione *non c'è nessuno che* o *non c'è niente che*. Ripeti ogni frase dopo averla ascoltata.

Esempi: Niente può cambiare la burocrazia.
Non c'è niente che possa cambiare la burocrazia.
Nessuno può cambiare la costituzione.
Non c'è nessuno che possa cambiare la Costituzione.

1. _____
2. _____
3. _____
4. _____
5. _____

(CD 3, TRACK 12)

B. Il weekend di Anna e Marco. Anna vorrebbe andare a comprare vestiti nuovi, Marco invece vorrebbe andare in un negozio di elettronica. Non riescono a decidere cosa andare a comprare e così decidono di non fare shopping questo weekend, ma rilassarsi. Sentirai le frasi di Anna due volte. Scegli l'affermazione tra le tre presentate che descrive meglio la frase che hai sentito. Segui l'esempio.

Esempio: SENTI: Puliró la casa purché tu lavi i piatti.
VEDI: a. Anna pulirà la casa benché Marco non lavi i piatti.
b. Anna vuole che Marco lavi i piatti mentre lei pulirà la casa.
c. Anna pulirà la casa prima di andare al cinema.
SCRIVI: b.

1. a. Anna andrà al cinema solo se Marco verrà con lei.
   b. Anna andrà al cinema dovunque voglia Marco.
   c. Anna andrà al cinema benché Marco non ci voglia andare.

2. a. Se Marco ha voglia di leggere, non guarderanno la TV.
   b. Anna guarderà un film e Marco leggerà un libro.
   c. Anna guarderà la TV qualunque cosa voglia fare Marco.

3. a. Marco non ha bisogno dell'aiuto di Anna.
   b. Anna aiuterà Marco senza che lui lo voglia.
   c. Anna aiuterà Marco, così lui finirà prima.

4. a. Anna vuole che Marco legga un libro.
   b. Il libro non è interessante, ma Anna lo leggerà ugualmente.
   c. Anna comprerà un libro, ma non lo leggerà.

5. a. Telefoneranno alla mamma prima di andare a dormire.
   b. Telefoneranno alla mamma benché sia già andata a letto.
   c. Non devono telefonare alla mamma troppo tardi questa sera.

6.3 Il periodo ipotetico

Scriviamo

A. **Coppie multietniche.** I problemi dell'amore non hanno frontiere! Anche se lui e lei in queste coppie hanno nazionalità diverse, le loro storie sono universali. Completa le seguenti frasi con la forma e il tempo corretti del verbo tra parentesi.

1. Se Elda dicesse la verità, Karl _____ (divorziare).

2. Se Rosalie non avesse sposato Peter, adesso lei _____ (essere) più felice.

3. Se José troverà Rosalba, _____ (telefonare) a sua madre.

4. Fernando la sposerà, se Isabelle _____ (andare) a Praga.

5. Roberta direbbe «sì» se Jonathan le _____ (chiedere) di sposarlo.

5. Grace non si sarebbe sposata se non _____ (incontrare) Sandro.

B. **I funzionari della nuova Europa.** Immagina come dei dirigenti di un'azienda italiana che ha un grosso business con i principali paesi europei completerebbero le seguenti frasi. Usa la forma corretta del congiuntivo, indicativo, futuro o condizionale.

Esempio: Avrei più soldi adesso se da giovane _____ ***avessi risparmiato di più***
_____.

1. Se non lavorassi cinque giorni la settimana, _____.

2. _____, avrei fatto una lunga vacanza.

3. Se il capoufficio mi darà la promozione, _____.

4. Se non mi fossi laureato, _____.

5. _____, imparerei l'arabo.

6. _____, se l'azienda facesse buoni profitti.

 *Ascoltiamo*

(CD 3, TRACK 13)

A. **Il mondo del *se*.** Clarissa parla al telefono con sua figlia Gianna ed esprime le sue ipotesi e desideri. Sentirai ogni frase due volte. Seguendo l'esempio, indica qual è la risposta che meglio corrisponde alle frasi che senti.

Esempio: SENTI: Se andrai al mercato, telefonami!
        VEDI: a. Clarissa chiede a sua figlia di telefonarle.
                b. Clarissa telefonerà a Gianna.
        SCRIVI: a.

1. a. È importante che Gianna risparmi.   b. Gianna potrà comprare molte cose perché ha molti soldi.

2. a. Clarissa è contenta del governo attuale.   b. A Clarissa non piace l'attuale governo.

3. a. Clarissa ha dato soldi ai poveri.   b. Clarissa vorrebbe dare soldi ai poveri.

4. a. Gianna ha speso molto anche se non aveva i soldi.   b. Gianna ha risparmiato.

5. a. Clarissa ha aiutato sua figlia.   b. Clarissa non ha aiutato sua figlia.

6. a. Gianna è andata ieri in libreria.   b. Gianna potrebbe andare oggi in libreria.

7. a. Gianna non ha una laurea.   b. Gianna si è laureata l'anno scorso.

(CD 3, TRACK 14)

B. **Politiche europee.** Alla radio stanno parlando dell'Europa. Sentirai ogni frase due volte. Ascolta attentamente e scegli l'affermazione tra le due presentate che descrive meglio la frase che hai sentito. Segui l'esempio.

Esempio: SENTI: I prodotti biologici sarebbero meno cari se il loro commercio fosse più diffuso.
        VEDI: a. I prodotti biologici sono cari perché non c'è abbastanza commercio.
                b. I prodotti biologici saranno presto sul mercato europeo.
        SCRIVI: a.

1. a. L'Europa avrebbe potuto espandersi.
   b. L'Europa dovrà accettare nuovi stati per espandersi.

2. a. La globalizzazione è stata raggiunta.
   b. La globalizzazione non è stata raggiunta.

3. a. Sono necessarie condizioni economiche simili affinché il libero scambio sia possibile.
   b. Tutti i Paesi membri dell'Unione Europea hanno le stesse condizioni economiche.

4. a. I governi avrebbero dovuto proteggere l'ambiente.
   b. I governi possono proteggere l'ambiente con leggi adeguate.

5. a. Frontiere più aperte faciliterebbero la mobilità delle persone.
   b. I governi apriranno presto le frontiere.

6.4 Il progressivo

Scriviamo

A. In questo preciso momento. Trasforma il verbo sottolineato nella forma progressiva mantenendo il tempo dell'originale.

Esempio: <u>Studio</u> italiano.
Sto studiando italiano.
<u>Andavi</u> al mercato quando hai incontrato il signor Rossi.
Stavi andando al mercato quando hai incontrato il signor Rossi.

1. Quando Carla è arrivata, noi <u>dormivamo</u>. _____

2. Guarda com'è strano quell'uomo: chissà cosa <u>penserà</u>. _____

3. Per favore, abbassa la musica, non vedi che <u>lavoro</u>?_____

4. Ti disturbo? No, no, ho appena finito di mangiare, <u>bevevo</u> il caffé, vieni. _____

5. Ciao, Anna, come stai? Che <u>fai</u> adesso? _____

6. <u>Vado</u> al mercato, vuoi venire con me? _____

B. Che stanno facendo? Guarda le foto e indica le azioni di ogni persona usando il presente progressivo.

_____   _____

_____   _____

Ascoltiamo

(CD 3, TRACK 15)

A. Chiacchiere al mercato. Sabato mattina Mario ha incontrato Giulia al mercato. Sentirai la loro conversazione due volte. Ascolta attentamente e completa il dialogo con le forme del progressivo che senti.

MARIO: Ciao, Giulia, che _____ (1) al mercato?

GIULIA: Ciao, Mario, _____ (2) delle verdure fresche per il minestrone. E tu, sei da solo?

MARIO: No, _____ (3) una passeggiata con Loris e Lisa. Loro adesso _____ (4) un caffè al bar.

GIULIA: Ieri sera ti ho telefonato ma non hai risposto.

MARIO: Sì, ho sentito suonare il telefono, ma _____ (5) la doccia.

GIULIA: Ti volevo dire che venerdì mentre _____ (6) dei libri in libreria, ho visto Silvia con il suo nuovo fidanzato.

MARIO: Ah, Silvia. Non ti preoccupare, ormai l'ho dimenticata, e da qualche settimana _____ (7) con una ragazza.

GIULIA: Ah, ma allora _____ (8) proprio vita! Sono contenta per te. Ecco Loris e Lisa!

(CD 3, TRACK 16)

B. Alla dogana. Marcella è andata in vacanza in Egitto e ha comprato molte cose. All'aeroporto a Roma, i finanzieri [*custom officers*] le fanno molte domande perché le vogliono far pagare le tasse sui suoi acquisti. Trasforma le frasi che senti usando il progressivo corretto. Ripeti ogni frase dopo averla ascoltata.

Esempi: Dove va?
*Dove **sta andando?***
Dove andava?
*Dove **stava andando?***

1. _____
2. _____
3. _____
4. _____
5. _____

🌐 ASCOLTIAMO

(CD 3, TRACK 17)

La politica italiana. Stefania parla con la sua amica californiana Jessie della politica italiana. Sentirai il suo discorso due volte. Ascolta quello che dice e fai gli esercizi che seguono. Per facilitare la comprensione, leggi le domande prima di ascoltare il testo: ti aiuteranno a familiarizzare con il vocabolario e il contenuto del brano che sentirai.

A. Comprensione. Scegli la risposta esatta tra le tre scelte presentate.

1. Gli italiani cominciano a votare quando hanno
   a. 18 anni
   b. 20 anni
   c. 32 anni

2. Rispetto a venti anni fa, i partiti italiani
   a. sono uguali
   b. hanno cambiato nome
   c. fanno parte di una squadra di calcio

3. Gli italiani, a proposito della politica,
   a. amano discuterne
   b. non ne sono interessati
   c. preferiscono viaggiare in Europa

4. Secondo Stefania, negli Stati Uniti
   a. ci sono troppo pochi partiti
   b. quasi tutti vanno a votare
   c. nessuno conosce i nomi dei ministri.

5. Adesso che l'Italia fa parte dell'Unione Europea
   a. non cambierà niente per la legge italiana
   b. ci sarà un ministro europeo nel Parlamento italiano
   c. dovrà adeguarsi alla legislazione degli altri Paesi europei

6. Secondo Stefania, il paragone con altri Paesi europei in Italia creerà
   a. più ricchezza
   b. più uguaglianza sociale
   c. una politica più responsabile

B. La parola mancante. Completa le seguenti frasi con la parola mancante che hai sentito nel discorso di Stefania.

1. Bisogna avere _____ anni per votare in Italia.

2. Io _____ per la prima volta nel 1983.

3. Ci sono due cose che appassionano moltissimo gli italiani: la politica e il _____.

4. In Italia ci sono troppi _____.

5. L'ingresso dell'Italia nell'Unione Europea avrà un effetto _____.

(CD 3, TRACK 18)

«Europass mobilità» per un'Europa senza frontiere. Sei andato in un ufficio che organizza corsi e stage in Europa e ti spiegano cos'è l'«Europass mobilità». Sentirai le informazioni due volte. Ascolta attentamente e fai gli esercizi che seguono. Per facilitare la comprensione, leggi le domande prima di ascoltare il testo: ti aiuteranno a familiarizzare con il vocabolario e il contenuto del brano che sentirai.

A. Vero o falso? Dopo che hai sentito cosa ti hanno detto all'ufficio, indica se le seguenti affermazioni sono vere o false.

_____ 1. L'«Europass mobilità» registra le esperienze di lavoro o di studio fatte all'estero.

_____ 2. È necessario un accordo tra istituzioni nel paese d'origine e in quello ospitante [host].

_____ 3. Solo i laureati possono far parte di questo programma.

_____ 4. Ci sarà un tutor ad aiutare il candidato nel paese straniero.

_____ 5. Chi ha più di 25 anni non può far parte del programma.

_____ 6. I due partner scriveranno il certificato di «Europass mobilità» in inglese.

B. L'Europass al congiuntivo. Scegli la risposta corretta per completare le seguenti frasi basandoti sul contenuto del brano che hai ascoltato.

1. L'«Europass mobilità» registra un periodo di studio all'università
   a. purché sia stato fatto all'estero
   b. affinché sia fatto all'estero
   c. benché sia stato fatto all'estero

2. È necessario l'accordo di un organismo nel paese d'origine e uno nel paese straniero
   a. affinché si possa sviluppare il programma
   b. nonostante non ci sia un programma
   c. a condizione che il candidato abbia un tutor

3. Una persona può partecipare all'Europass mobilità
   a. affinché abbia una laurea
   b. dovunque abbia ottenuto una laurea
   c. nonostante non abbia una laurea

4. L'obiettivo, il contenuto e la durata dell'esperienza sono decisi dai due partner
   a. prima di scegliere il candidato
   b. prima che il candidato parta per l'estero
   c. dovunque vada il candidato

5. Entrambi i partner devono compilare l'«Europass mobilità»
   a. benché sia scritto in una lingua che non conoscono
   b. chiunque tu abbia avuto come tutor
   c. affinché il certificato sia valido

▶ LEGGIAMO

L'Italia che cambia e i «milleuristi»

Prima di leggere

Prima di leggere il testo rispondi alle seguenti domande.

1. Nel 2002 le monete dei 12 paesi membri dell'Unione Europea sono state abolite in favore di una moneta unica, l'euro. Secondo te, quali sono stati i problemi che la gente ha avuto nella transizione? E dal punto di vista economico, quali pensi che siano state le conseguenze del cambiamento?

   _____

   _____

2. Hai mai sentito l'espressione «dolce vita»? Se non l'hai mai sentita, cosa pensi che voglia dire (pensa al significato di «dolce»)?

   _____

   _____

3. Probabilmente non sai che l'espressione «dolce vita» è nata dal titolo di un film di Federico Fellini. Vai sul sito di Yahoo! Italia Cinema (o usa un motore di ricerca) per trovare informazioni su questo film: in che anno è stato fatto? In che città è ambientato? Di che cosa parla?

   _____

   _____

Il Paese della Dolce Vita?

Il 25 novembre del 2005 la rivista *Economist* ha pubblicato un'inchiesta[1] sull'Italia intitolata «Addio, Dolce Vita» in cui si parla dei cambiamenti avvenuti[2] in Italia in seguito alla crisi economica. Questa crisi è legata a diversi fattori tra i quali la scarsa competitività dell'Italia sui mercati globali e la grossa concorrenza[3] delle nazioni asiatiche come la Cina, con una diminuzione delle esportazioni. Molte ditte stanno chiudendo o si stanno trasferendo all'estero e la disoccupazione aumenta. Uno dei motivi di questa trasformazione è anche dovuto all'introduzione della moneta unica europea nel gennaio del 2002, che ha portato a un aumento dei prezzi fino al 30% senza un adeguato innalzamento[4] degli stipendi.

Molti italiani non pensano più non solo alla seconda casa al mare o in montagna ma nemmeno a comprare una prima casa o appartamento, specialmente nelle grandi città come Milano o Roma. Molti rinunciano alle lunghe vacanze, sacre per l'italiano medio e specialmente ad agosto, e preferiscono, se possono, brevi fine settimana nelle vicine capitali europee grazie ai prezzi estremamente competitivi di compagnie aeree *low* cost come Ryanair o Easyjet. Altri, invece, ricorrono al «prestito[5] vacanze», una nuova invenzione di varie società di finanziamento[6] per venire incontro alle nuove esigenze della popolazione.

Gli italiani stanno tirando la cinghia[7] e rinunciano spesso alla macchina nuova o a vestiti costosi. Escono molto meno rispetto al passato e risparmiano anche su cene al ristorante. I supermercati riscontrano[8] una diminuzione delle vendite nella quarta settimana del mese prima del nuovo stipendio: molte famiglie fanno fatica[9] a tirare la fine del mese[10].

È nata una nuova Italia (e una nuova Europa) con numerosi problemi ed è perfettamente rappresentata dalla «generazione mille euro» e dai suoi protagonisti: i «milleuristi» o G1000. Questa definizione, ormai diffusa, deriva dal titolo di un articolo del 23 ottobre 2005 del giornale spagnolo *El Pais*. I «milleuristi» europei sono gli abitanti che nella nuova Europa (precisiamo del Sud) e soprattutto in Italia devono sopravvivere con 1.000 euro al mese e sperare in un futuro migliore. Il «milleurista» *doc* [(1)] è solitamente un giovane laureato, con un master o con un dottorato[11] ; parla diverse lingue straniere; ha un lavoro precario e temporaneo e non guadagna più di 1.000 euro al mese; non ha abbastanza soldi per vivere da solo e vive ancora in famiglia o condivide[12] l'appartamento con altre persone; non ha casa, macchina, figli, soldi, lavoro fisso. . . E spesso molti dei milleuristi, per risolvere la situazione, preferiscono trasferirsi all'estero alla ricerca di una vita migliore.

Questa situazione è descritta perfettamente nel libro *Generazione 1.000 euro*, distribuito gratuitamente on line dal dicembre 2005 al marzo 2006. È stato un enorme successo tanto che, in soli tre mesi, è stato scaricato[13] ben 23.397 volte e ha creato l'interesse dei media italiani e internazionali.

Note a margine
[1] survey
[2] that took place
[3] competition
[4] rise
[5] loan   [6] financing company
[7] tightening their belt
[8] notice
[9] are having a hard time
[10] making ends meet
[11] PhD
[12] shares
[13] downloaded

(1) DOC è un marchio europeo (simile a DOP che hai trovato sul libro di testo) che indica un prodotto a Denominazione di Origine Controllata, cioè un prodotto alimentare (di solito vino o olio d'oliva) specifico di un territorio e che non trovi in un'altra regione. Il termine *doc* a volte viene usato come aggettivo per indicare qualcosa o qualcuno di originale, come in questo caso per descrivere il «milleurista».

FONTI:
Addio, Dolce Vita. Nov. 24th 2005. < http://www.economist.com >.
Antonio Jiménez Barca. «La generaciòn de los mil euros». *El Pais* 23 ottobre 2005. < http://www.elpais.es >.
Antonio Incorvaia e Alessandro Rimassa. *Generazione 1.000 euro*. < http://www.generazione1000.com > 2005.

Comprensione

A. Vero o falso? Dopo aver letto l'articolo, indica se le seguenti affermazioni sono vere o false.

_____ 1. L'euro ha avuto un grande effetto sull'economia italiana.

_____ 2. L'Italia vive un momento di boom economico.

_____ 3. Molti italiani non comprano più la casa al mare.

_____ 4. Anche se risparmiano, gli italiani continuano ad andare spesso al ristorante.

_____ 5. Gli italiani chiedono prestiti per le vacanze.

_____ 6. Le vacanze diventano sempre più lunghe.

_____ 7. I giovani europei guadagnano molto.

_____ 8. I «milleuristi» di solito non hanno un lavoro fisso.

_____ 9. Il nome «milleuristi» deriva da un articolo di un giornale spagnolo.

_____ 10. Alcuni giovani decidono di lasciare l'Italia.

B. Le risposte giuste. Scegli *due* risposte esatte tra le quattro scelte presentate.

1. Perché l'Italia dice addio alla «dolce vita»?
   a. perché è diventata un paese più serio e moralista
   b. perché l'economia non è prospera
   c. perché gli italiani stanno cambiando vita
   d. perché non vengono più esportati prodotti dolci

2. Quali sono le cause della crisi economica italiana?
   a. la diminuzione delle esportazioni   b. la rivalità con i paesi in via di sviluppo
   c. il debito con gli Stati Uniti   d. la forza dei mercati di paesi come la Cina

3. Quali sono i cambiamenti nella routine quotidiana degli italiani?
   a. lavorano di più
   b. non mangiano molto
   c. comprano meno cose superflue e non necessarie
   d. escono meno di casa per andare al ristorante

4. Chi è il «milleurista»?
   a. una persona che guadagna circa 1.000 euro al mese
   b. una persona che spende 1.000 euro al mese
   c. una persona che vuole avere 1.000 euro al mese di stipendio
   d. una persona che ha uno stipendio troppo basso per poter sopravvivere

5. Come vive un «milleurista» tipico?
   a. non ha un buon titolo di studio   b. vive con altre persone
   c. ha molti figli   d. non ha una macchina

6. Che cos'è Generazione 1000 euro?
   a. un libro da scaricare da Internet
   b. un libro che ha attirato l'interesse dei media
   c. un libro del 2004
   d. un libro pubblicato prima su carta e poi online

SCRIVIAMO

A. **Idee sul mondo che cambia.** Segui le indicazioni del libro di testo nella sezione **Per scrivere** su come generare e organizzare idee e scrivi un saggio su *uno* dei seguenti temi:

1. Preferisci la globalizzazione o l'enfasi sul locale?
2. Unione Europea vs Stati Uniti d'America: differenze e similitudini.
3. Biologico o OGM (organismi geneticamente modificati): pro e contro per la salute e l'economia mondiale.

_____

_____

_____

_____

_____

_____

_____

_____

_____

_____

_____

_____

B. **Se io fossi un milleurista....** Se tu fossi uno dei «milleuristi» di cui hai appena letto nella lettura che cosa faresti? Come spenderesti i tuoi pochi soldi? In che cosa risparmieresti? Saresti un «cervello in fuga» o rimarresti nel tuo paese? Perchè? Pensa ad alcune soluzioni per sopravvivere con 1.000 euro e che cosa faresti per migliorare la tua situazione.

_____

_____

_____

_____

_____

_____

_____

_____

_____

_____

_____

_____

NAVIGHIAMO NELLA RETE

A. Marchi D.O.C. Usa un motore di ricerca italiano per trovare informazioni sul marchio D.O.C. Che cosa hai imparato della registrazione D.O.C.? Che prodotti hai trovato? Immagina di scrivere un breve articolo per il giornale della tua università in cui si spieghi che cos'è il marchio D.O.C., quando è nato, ecc. Poi scegli tre dei prodotti che hai trovato e descrivili: che cosa sono, da quale regione provengono, quali sono le loro caratteristiche, ecc.? Non dimenticare di dire ai tuoi lettori perchè consigli loro proprio questi prodotti.

_____

_____

_____

_____

_____

_____

B. Se io fossi un angelo. Questo è il titolo di una famosa canzone di Lucio Dalla. Cerca su Internet *http://www.canzoni_mp3.net/testo_se_io_fossi_un_angelo.htm* il testo della canzone e rispondi alle seguenti domande .

1. Che cosa farebbe l'angelo della canzone? Indica *tutte* le risposte esatte tra quelle proposte.
    a. volerebbe
    b. andrebbe in Australia
    c. finirebbe le guerre
    d. parlerebbe coi russi
    e. fumerebbe
    f. parlerebbe con Dio
    g. perdonerebbe i governi

2. Quali di queste caratteristiche *non* sono dell'angelo?

bello	divino	biondo	zingaro	libero	guerriero	invisibile	sincero
		coraggioso	femminile	africano			

3. Qual è il messaggio della canzone?
    a. Bisogna che la gente creda ancora agli angeli per essere felice.
    b. Gli esseri umani più poveri e più soli sono come angeli.
    c. Se Dio tornerà, creerà angeli più potenti.

4. L'angelo di Lucio Dalla dice che andrebbe in Afghanistan, in America, in Sud Africa e in Russia. Se tu fossi un angelo, in quale di questi quattro paesi andresti e perché?

_____

_____

_____

_____

_____

_____

CAPITOLO 7

Le tradizioni regionali e la cultura popolare

TEMI

Feste e tradizioni regionali

A. Alle feste. Scegli la risposta corretta.

1. Per Carnevale
   a. andiamo a una fiera di gastronomia
   b. andiamo al luna-park
   c. ci vestiamo in maschera

2. Le città americane celebrano il 4 luglio con
   a. i fuochi d'artificio
   b. bancarelle nelle strade
   c. una degustazione di vini della Virginia

3. La città di Siracusa ha festeggiato ieri il Santo patrono con
   a. una processione
   b. i fuochi d'artificio
   c. una sagra dedicata ai sapori rustici

4. Quando vanno al luna-park ai bambini piace
   a. mettersi in maschera
   b. andare sulle giostre
   c. partecipare a una sfilata

5. Ad una manifestazione di gastronomia
   a. compriamo prodotti di artigianato
   b. mangiamo cibi tradizionali e di qualità
   c. partecipiamo a una conferenza su usanze e riti popolari

6. Quando andiamo ad un evento dove c'è musica suonata dal vivo
   a. siamo a una fiera
   b. siamo al luna-park
   c. siamo a un concerto

7. Ad una sagra i venditori devono
   a. allestire le bancarelle
   b. preparare il cavallo per la corsa
   c. parlare dialetto

B. Parole crociate. Completa il cruciverba con le parole che corrispondono alle definizioni date.

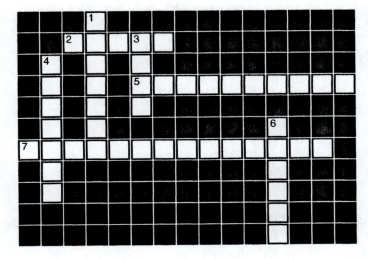

Orizzontali

2. piccolo villaggio
5. festività
7. evento

Verticali

1. usi, tradizioni
3. competizione
4. parata, spesso in costumi storici
6. insieme di dipinti o foto, spesso in un museo

La cultura popolare

A. I misteri delle parole. Indica la parola corretta che corrisponde alle definizioni date. La lettera iniziale di ogni parola presa nell'ordine darà una parola legata alla saggezza popolare.

1. Un influsso malefico mandato da una persona per portare male a un'altra. _____

2. Lo fa uno spirito se invocato. _____

3. È il dialetto parlato a Venezia. _____

4. Che _____ è? Sono le 16.00, abbiamo appuntamento con la chiromante, andiamo! _____

5. Lo fa la cartomante con i tarocchi per predire il futuro. _____

6. Lo fanno i fantasmi in una casa stregata. _____

La parola misteriosa è: _ _ _ _ _ _

B. Superstizioni. Scegli la risposta corretta per completare le seguenti frasi sulle superstizioni degli italiani.

1. Gli italiani pensano che rovesciare il sale *porti male / porti bene*. Se vi succede, dovete buttare [*throw*] un po' di sale dietro le spalle come scongiuro.

2. Un popolare *scongiuro / rituale* in Italia è fare le corna: si crede che questo gesto aiuti ad allontanare le influenze malefiche.

3. Per augurare buona fortuna diciamo di *fare le corna / toccare ferro*.

4. Quando molte cose nella vita di una persona non vanno bene, è probabile che abbia il *malocchio / destino* causato da un'altra persona che non le vuole bene.

5. Se il mago ha fatto una *fiaba / fattura* d'amore, troverete certamente il partner ideale!

6. Una *credenza / invidia* popolare è che rompere uno specchio porti sette anni di dolori.

C. Proverbi. I proverbi sono pillole di saggezza. Se riuscirai a risolvere il puzzle, imparerai un proverbio italiano molto popolare. Dopo che avrai scomposto [*unscrambled*] ogni parola-chiave, prendi le lettere numerate di ogni parola e inseriscile nella cella sottostante [*below*] con lo stesso numero per ottenere il proverbio.

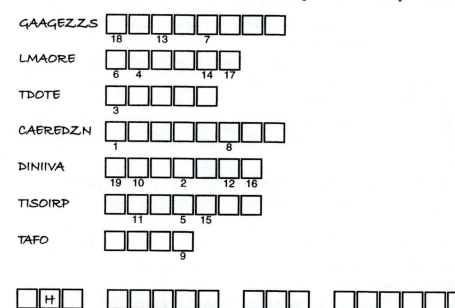

1. Adesso che hai letto il proverbio, qual è secondo te il significato di questo detto? Nota che il secondo verbo del proverbio è un sinonimo di «prendere».
   a. Dormire è più rilassante che pescare.
   b. Se non ti dai da fare, puoi perdere un'occasione importante.
   c. Non fare oggi quello che potresti fare domani.

STRUTTURE

7.1 La concordanza dei tempi del congiuntivo

Scriviamo

A. **In Toscana.** Salvatore, che abita a Palermo, va a trovare suo cugino Dante in Toscana e insieme parlano delle usanze della regione. Completa le seguenti frasi scegliendo il tempo corretto del congiuntivo.

1. Mi dispiace che tu non *vada / sia andato / andassi / fossi andato* al palio di Siena il mese scorso.

2. Ero convinto che la contrada *festeggi / abbia festeggiato / festeggiasse / avesse festeggiato* la vittoria del cavallo due giorni fa.

3. Non pensavo che il Carnevale di Viareggio *duri / sia durato / durasse / fosse durato* normalmente due settimane.

4. Sei contento che *ci siano / ci siano stati / ci fossero / ci fossero stati* i fuochi d'artificio ieri sera in piazza?

5. È importante che tu mi *dica / abbia detto / dicessi / avessi detto* quando posso visitare la torre di Pisa: devo programmare la mia visita.

6. Mi sembra che il patrono di Firenze *sia / sia stato / fosse / fosse stato* San Giovanni.

7. Vorrei che i toscani non *dicano / abbiano detto / dicessero / avessero detto* sempre che la loro lingua è la lingua di Dante e Petrarca.

8. Salvatore, tu sei di Palermo, non credo che tu *conosca / abbia conosciuto / conoscessi / avessi conosciuto* ancora le usanze della Toscana: devi tornare più spesso per impararle!

B. **Opinioni su feste e tradizioni.** Nella pausa caffè in ufficio oggi si parla di ricorrenze e celebrazioni. Completa le seguenti frasi con il tempo corretto del congiuntivo.

1. Sono contenta che il governo _____ (decidere) di celebrare di nuovo la Festa della Repubblica il 2 giugno.

2. Era strano che Giovanna e Tina non _____ (sapere) già che la manifestazione era stata posticipata per il maltempo.

3. Non c'è nessuno che _____ (potere) dirmi quand'è la sfilata?

4. Non credo che molti italiani _____ (andare) a sciare ogni febbraio per la «settimana bianca».

5. Mi sembra che il 6 gennaio _____ (essere) festa in Italia.

6. È necessario che voi _____ (comprare) presto il biglietto se volete andare al concerto di Ligabue.

7. Ci piacerebbe che molta gente _____ (venire) alla sagra del nostro paese sabato prossimo.

8. È l'unica università che l'anno scorso non _____ (celebrare) la Festa del Lavoro, che triste!

C. Incredulità. Dopo aver visto un episodio di *X-Files*, Paola e alcuni amici discutono di chi fra loro crede al paranormale. Completa le seguenti frasi con il tempo corretto del congiuntivo.

1. Non pensavo che Marco _____ (credere) ai fantasmi.

2. Entrerò in quella casa nonostante la gente _____ (dire) che è stregata!

3. È probabile che Mirella _____ (leggere) il suo oroscopo tutti i giorni.

4. Vorrei che voi non _____ (pensare) che l'invidia porti male.

5. Avevo avuto l'impressione che Teresa _____ (andare) da una chiromante qualche settimana fa.

6. Marcel è l'indovino più accurato che io _____ (consultare) mai.

7. Benché la superstizione _____ (consigliare) di non viaggiare di martedì, Gianni è partito per le Bermuda.

8. Non avremmo mai pensato che Gertrude _____ (partecipare) a una seduta spiritica [*séance*].

D. Estate in città. Fabrizio racconta al suo amico inglese Tim che cosa succede a Roma durante l'estate. Riscrivi le frasi di Fabrizio usando il tempo corretto del congiuntivo.

Esempio: Anche d'estate la città è molto bella.
          ***Penso che** anche d'estate la città sia molto bella.*

1. Ci sono tanti concerti all'aperto.
   Mi sembrava strano che _____

2. Molti musei sono aperti la sera.
   È bello che _____

3. Sono arrivati tanti turisti italiani.
   Mi sono meravigliato che _____

4. Il festival del cinema è stato molto interessante.
   Credo che _____

5. Ci sono stati i fuochi d'artificio per il 29 giugno, la festa del patrono di Roma.
   Mi è piaciuto che _____

6. Andavamo spesso in pizzeria.
   Mia madre non immaginava che _____

7. Uscivo ogni sera in compagnia di gente nuova.
   Era difficile che non _____

8. Ha fatto molto caldo.
   Avrei voluto che non _____

Ascoltiamo

(CD 4, TRACK 1)

A. **Case stregate.** Marco ha fatto un tour delle case stregate a New Orleans e racconta la sua esperienza all'amica Simona. Sentirai le frasi di Marco due volte. Ascolta attentamente e indica se Marco esprime la realtà oggettiva o soggettiva.

Esempio: SENTI: Non credo **che ci fossero davvero dei fantasmi**.
VEDI: oggettiva / soggettiva
SCRIVI: oggettiva / **soggettiva**

1. oggettiva / soggettiva
2. oggettiva / soggettiva
3. oggettiva / soggettiva
4. oggettiva / soggettiva
5. oggettiva / soggettiva
6. oggettiva / soggettiva
7. oggettiva / soggettiva
8. oggettiva / soggettiva

(CD 4, TRACK 2)

B. **I misteri di New Orleans.** Marco continua a raccontare a Simona del suo viaggio. Sentirai le frasi di Marco due volte. Ascolta attentamente e indica quale frase corrisponde a quello che ha detto Marco.

Esempio: SENTI: Non credo che ci fossero davvero dei fantasmi.
VEDI: a. Marco ha visto dei fantasmi.
b. Forse i fantasmi non c'erano.
SCRIVI: b.

1. a. Il voodoo era molto popolare nel passato. b. Il voodoo è ancora molto popolare.
2. a. Il mago farà una fattura. b. Il mago ha fatto una fattura.
3. a. Non hanno visto fanstasmi. b. Non hanno visto fantasmi perché il tour era organizzato male.
4. a. A Marco non è piaciuta New Orleans. b. Marco è attratto dalla vivacità di New Orleans.
5. a. La città è molto affascinante. b. La città era molto affascinante.
6. a. Marco ha creduto di vedere. una cartomante al cimitero. b. C'era una cartomante al cimitero.
7. a. A New Orleans Marco si è fatto leggere la mano. b. Marco non si è fatto leggere la mano.
8. a. Forse un fantasma li ha seguiti. b. Di sicuro un fantasma li ha seguiti.

7.2 Il verbo *piacere* e altri verbi simili

Scriviamo

A. **Alla sagra del carciofo [*artichoke*].** A Ladispoli, una città vicino a Roma, ad aprile si celebra la sagra del carciofo [*artichoke*] e i signori Tramonti ci vanno ogni anno. Completa le seguenti frasi scegliendo la forma e il tempo corretti del verbo *piacere*.

1. Al signor Tramonti *piace / piacciono* molto i carciofi alla romana, ma sua moglie li preferisce bolliti [*boiled*].

2. Quest'anno i signori Tramonti non hanno mangiato il pesce perché l'anno scorso non gli *piace / è piaciuto.*

3. Quando era bambina, alla signora Tramonti non *piaceva / piacevano* andare alle sagre con i suoi genitori, adesso invece si diverte molto.

4. Ai signori Tramonti *piace / piacciono* molto il risotto coi carciofi, così ne hanno mangiato molto a Ladispoli.

5. Ad Antonio, un amico dei Tramonti, *è piaciuto / sono piaciuti* molto gli spaghetti con i carciofi e la trota: una strana combinazione di sapori, ma davvero deliziosa.

6. —Da piccola ti *sono piaciuti / piacevano* i fuochi d'artificio?— ha chiesto il signor Tramonti a sua moglie mentre guardavano i fuochi d'artificio sulla spiaggia nella serata conclusiva della sagra.

B. **Al Carnevale di Venezia.** Giulia è andata a Venezia per il Carnevale. Tornata a casa, racconta a sua madre le sue impressioni. Ricostruisci le frasi di Giulia usando la forma corretta del verbo *piacere* al passato prossimo e gli elementi dati.

Esempi: Marco / le maschere
A Marco **sono piaciute** *le maschere.*

Io / la sfilata.
A me **è piaciuta** *la sfilata.*

1. Noi / i costumi

_____

2. Simona / il gelato

_____

3. Io / le ballerine

_____

4. Giorgio e Piero / la manifestazione gastronomica

_____

5. Tu / il borgo

_____

6. Voi / i fuochi d'artificio

_____

C. Una ricetta regionale: la caponata. In televisione spiegano come fare un piatto tipico siciliano, la caponata. Completa la ricetta scegliendo il verbo corretto.

Per preparare questo piatto *vi occorrono / vi bastano* (1) una grossa melanzana e del sedano [celery]. Se *vi piace / vi manca*, (2) potete aggiungere una cipolla. Inoltre *vi restano / vi servono* (3) dei capperi [capers] e dell'aceto. Friggete la melanzana a piccoli pezzi. Cuocete il sedano e la cipolla, poi aggiungete la melanzana e i capperi, e infine mettete l'aceto. Se *vi resta / vi basta* (4) della caponata, la potete conservare in frigorifero. Sarà perfetta se un giorno *vi piacciono / vi mancano* (5) idee per la cena: avrete un delizioso piatto già pronto che potete servire anche freddo.

D. Che disastro è Silvio! La mamma di Silvio si lamenta di suo figlio con un'amica. Completa il testo con la forma corretta del verbo tra parentesi. Non dimenticare il pronome indiretto appropriato. Il primo verbo è già stato coniugato per te.

Sono davvero stanca del comportamento di mio figlio! È sempre insoddisfatto e non <u>gli piace</u>
(*piacere*) niente. Non _____ (1. *bastare*) mai i soldi. Ci dice: «_____
(2. voi/ *mancare*)», ma poi lui non viene mai a trovarci. Va all'università da dieci anni e
_____(3. *restare*) ancora cinque esami. Chissà quando finirà, ma _____
(4. *occorrere*) una laurea per trovare un buon lavoro. _____(5. io/ *dispiacere*) che
Silvio non abbia assolutamente voglia di avere una vita autonoma.

 Ascoltiamo

(CD 4, TRACK 3)

A. Ti piace o no? Il tuo nuovo coinquilino/la tua nuova coinquilina ti fa tante domande per sapere se potrete andare d'accordo. Rispondi dicendo se ti piace o non ti piace fare le cose che senti. Usa i suggerimenti forniti con la forma corretta del verbo *piacere* al presente. Ripeti ogni frase dopo averla ascoltata.

Esempi: SENTI: pulire la camera
         VEDI: ☺
         DICI: **Mi piace pulire la camera!**

         SENTI: i fantasmi
         VEDI: ☹
         DICI: **Non mi piacciono i fantasmi!**

SUGGERIMENTI
1. ☺	4. ☺
2. ☺	5. ☹
3. ☹	6. ☺

B. **Prepararsi per l'università.** Stai preparandoti per andare all'università e tua mamma ti fa delle domande per sapere se tutto è pronto. Rispondi alle domande usando i suggerimenti forniti. Ripeti ogni frase dopo averla ascoltata.

Esempi: SENTI: Ti serve l'orologio?
VEDI: Sì
DICI: **Sì, mi serve l'orologio.**

SENTI: Quanti libri ti occorrono per il corso?
VEDI: Quattro
DICI: **Mi occorrono quattro libri.**

1. Sì

2. Molti

3. Otto

4. No

5. Sì

6. Sì

7. No

7.3 Il passato remoto

Scriviamo

A. **Che favola è?** Associa l'evento indicato nella colonna A con la favola a cui appartiene indicata nella colonna B.

A

1. Vide troppo tardi che nel letto c'era il lupo [*wolf*] e non la nonna.
2. Ballò con il principe fino a mezzanotte.
3. Visse con sette piccoli uomini per un anno.
4. Decise di uscire dal mare per diventare una donna.
5. Arrivarono a una casa con il tetto di cioccolata.
6. Si trovò improvvisamente nel Paese delle Meraviglie.

B

a. Sirenetta

b. Hansel e Gretel

c. Cappuccetto Rosso

d. Biancaneve

e. Alice

f. Cenerentola

B. **Il matrimonio della nonna.** Tua nonna ti racconta il giorno del suo matrimonio, molti anni fa. Metti al passato remoto i verbi che nel racconto della nonna sono al passato prossimo. Il primo verbo è già stato trasformato per te.

Quella mattina *mi sono svegliata* <u>mi svegliai</u> molto presto. Dopo essermi alzata, *sono andata*

_____ (1) in cucina e *ho preparato* _____ (2) il caffè. *Ho bevuto*

_____ (3) tutto il caffè ma non *ho mangiato* _____ (4) niente: il mio

stomaco era chiuso per l'emozione! Mia madre *è venuta* _____ (5) ad aiutarmi per

mettermi il vestito. Io e mio padre *siamo usciti* _____ (6) insieme per andare in

chiesa. Quando *ho incontrato* _____ (7) Saverio, tuo nonno, sulla porta della chiesa,

mi *ha fatto* _____ (8) un gran sorriso: eravamo tutti e due così felici!

C. Festa di laurea. Valentina ha 65 anni, ma ricorda ancora bene la festa che gli aveva organizzato la sua famiglia per festeggiare la sua laurea. Completa il brano con la forma corretta del passato remoto dei verbi tra parentesi.

Io _____ (1. vestirmi) con cura. I miei amici _____ (2. arrivare) alle otto e

mezza. Mia sorella li _____ (3. fare) sedere in salotto e io gli _____

(4. offrire) l'aperitivo. Alle nove e mezza noi _____ (5. cenare) in sala da pranzo.

Dopo cena tutti _____ (6. andare) sulla terrazza a ballare e _____ (7.

bere) champagne. La festa _____ (8. essere) davvero bellissima.

D. Cappuccetto Rosso e il lupo. Completa la favola di Cappuccetto Rosso con la forma corretta del passato remoto o dell'imperfetto dei verbi tra parentesi.

_____ (1. Esserci) una volta una bambina che _____ (2. chiamarsi)

Cappuccetto Rosso e _____ (3. abitare) in un bosco. La nonna aveva fatto per lei

una mantellina [*hood*] rossa. «Mettiti questa mantella», _____ (4. dire) la nonna alla

bimba, «Ti riparerà dalla pioggia e dall'umidità del bosco, così verrai a trovarmi più volentieri».

La bambina _____ (5. ringraziare) la nonna e da quel giorno _____

(6. andare) a trovarla sempre. Tutti i giorni la mamma di Cappuccetto Rosso _____

(7. preparare) dei biscotti per la nonna. «Prendi il cestino [*basket*] e portalo alla nonna, ma stai

attenta e non parlare con nessuno», la ammonì [*warned*] la mamma. Un giorno nel bosco

Cappuccetto Rosso _____ (8. fermarsi) a giocare con le farfalle [*butterflies*] e gli

animaletti. _____ (9. Essere) contenta! Improvvisamente un lupo _____

(10. apparire) davanti a lei. «Salve, Cappuccetto Rosso!» la _____ (11. salutare) il

lupo. «Buon giorno, signor lupo!» Mentre Cappuccetto Rosso _____ (12. parlare), il

lupo _____ (13. pensare): «Questa bambina deve essere molto buona. Me la

mangerei subito». «Hai paura di me?» _____ (14. chiedere) il lupo. «Io no! Come

potresti farmi del male? Sono solo una piccola bambina». _____

(15. rispondere) Cappuccetto Rosso.

E. Come va a finire? Continua tu la favola di Cappuccetto Rosso che hai letto nell'esercizio precedente. Scrivi 5 frasi usando 5 diversi verbi al passato remoto per raccontare cosa succede dopo che Cappuccetto Rosso incontra il lupo nel bosco.

1. _____

2. _____

3. _____

4. _____

5. _____

Ascoltiamo

(CD 4, TRACK 5)

A. Vecchi diari. Jessica ha trovato in un armadio i diari che scriveva quando era bambina. Che divertimento leggerli adesso! Sentirai le frasi di Jessica due volte. Ascolta attentamente e indica se si tratta di un evento unico o di un'abitudine.

Esempio: SENTI: Ieri c'era il sole.
VEDI: evento unico / abitudine
SCRIVI: evento unico / **abitudine**

1. evento unico / abitudine
2. evento unico / abitudine
3. evento unico / abitudine
4. evento unico / abitudine
5. evento unico / abitudine
6. evento unico / abitudine
7. evento unico / abitudine
8. evento unico / abitudine

(CD 4, TRACK 6)

B. La biografia di Italo Calvino. Italo Calvino è un famoso scrittore italiano contemporaneo. Ascolta la sua biografia e metti al passato remoto il verbo delle frasi che senti. Ripeti ogni frase dopo averla ascoltata.

Esempio: Italo Calvino nasce nel 1923.
*Italo Calvino **nacque** nel 1923.*

1. _____
2. _____
3. _____
4. _____
5. _____
6. _____

7.4 L'infinito, il gerundio e il participio passato

Scriviamo

A. Ladri di biciclette. La tua amica Veronica è stata a un festival di cinema e ti racconta la trama di *Ladri di biciclette*, un celebre film italiano del dopoguerra. Unisci le due frasi usando la forma corretta dell'infinito passato e facendo tutti i cambiamenti necessari.

Esempio: Il ladro prese la bicicletta. Scappò di corsa.
***Dopo aver** preso la bicicletta, il ladro scappò di corsa.*

1. Un ragazzo cercò di fermare il ladro. Se ne andò senza prenderlo.

   _____

2. Antonio tornò a casa. Raccontò il fatto alla moglie.

   _____

3. Avevano perso tutto durante la guerra. Adesso non avevano più niente.

   _____

4. Antonio andò da un'indovina per trovare la bicicletta. Portò il figlio Bruno al ristorante.

   _____

5. Il poliziotto trovò il ladro. Voleva arrestarlo.

   _____

6. Antonio provò a rubare una bicicletta. Si vergognò [*was ashamed*] perché il figlio lo vide.

   _____

B. Alle feste medievali di Brisighella. Brisighella è un piccolo paese nell'Emilia-Romagna. Ogni estate, per due settimane all'inizio di luglio, si trasforma in un borgo medievale, dove si può vedere e gustare come si viveva nel Medioevo. Rosalba ha partecipato all'evento con un gruppo di amici e si è divertita molto. Unisci le sue frasi usando la forma corretta del gerundio passato come nell'esempio.

Esempio: Non avevo guardato l'orologio. Sono arrivata in ritardo alla sfilata.
***Non avendo guardato** l'orologio, sono arrivata in ritardo alla sfilata.*

1. Avevamo letto il programma della manifestazione. Sapevamo dov'erano gli spettacoli.

   _____

2. Mi sono messa un costume medievale. La gente mi ha fatto delle foto.

   _____

3. Non ero mai stata a Brisighella. Ho visitato il paese.

   _____

4. Ci sono stati degli spettacoli in città. Le strade erano chiuse al traffico.

   _____

5. Abbiamo visto delle cartomanti per strada. Ci siamo fatti leggere i tarocchi.

   _____

6. Non avevo mai mangiato cibo medievale. Ho apprezzato molto i sapori rustici.

   _____

C. Ancora il Medioevo! Rosalba non smette di parlare del weekend a Brisighella. Completa le sue frasi con la forma corretta del participio passato del verbo tra parentesi facendo tutti i cambiamenti necessari.

Esempio: **Arrivata** (arrivare) a Brisighella, Rosalba è andata in albergo.

1. _____ (leggere) il programma, ha deciso di vedere una rappresentazione teatrale.

2. _____ (arrivare) a Brisighella, Rosalba e i suoi amici erano sorpresi che non ci fosse elettricità nel paese durante la manifestazione.

3. _____ (truccarsi) per la serata, Rosalba si sentiva davvero una donna del 1200!

4. _____ (provare) i piatti del menù medievale, abbiamo capito quanta differenza fa il pomodoro nella cucina italiana.

5. _____ (sedersi) sul prato [grass], abbiamo ammirato la ricostruzione di un incendio [fire] del castello.

6. _____ (tornare) a casa, Rosalba ha organizzato le foto.

D. Un film sui contadini italiani. Jon Navarro, uno studente di cinema all'UCLA, ha deciso di fare un cortometraggio [short film] sulle tradizioni contadine italiane come prova finale del suo corso di laurea. Completa quello che dice Jon scegliendo la forma corretta dell'infinito, del gerundio o del participio passato.

Ho sempre desiderato girare un film sull'Italia contadina, perché rappresenta le origini della mia famiglia. Sono felice di *aver avuto / avendo avuto / avuta* (1) quest'opportunità. *Aver fatto / avendo fatto / fatte* (2) già molte ricerche sull'argomento ogni volta che sono stato in Italia, sarà facile scrivere una sceneggiatura [script] valida. Dopo *aver scritto / avendo scritto / scritta* (3) la sceneggiatura, cercherò un produttore. Il produttore, *aver letto / avendo letto / letta* (4) la storia, deciderà senza dubbio di produrre il mio cortometraggio. Una volta *aver completato / avendo completato / completata* (5) la sceneggiatura, comincerò a cercare gli attori. Poi dovrò cercare i luoghi dove girare il film. *Aver esplorato / avendo esplorato / esplorato* (6) molti stati americani nei mesi scorsi, credo che la Pennsylvania sia l'ideale. *Aver trovato / avendo trovato / trovati* (7) gli attori giusti e il set appropriato, saremo pronti ad iniziare le riprese!

Ascoltiamo

(CD 4, TRACK 7)

A. Una disavventura a Roma. Roberto e Marcello, tanti anni fa, andarono due giorni a Roma per festeggiare il compleanno di Roberto. Quello che successe lo ricordano ancora! Ascolta attentamente e indica qual è la risposta che spiega meglio la frase che sentirai due volte.

Esempio: SENTI: Dopo aver girato a lungo per la città, si persero.
VEDI: a. Perché non avevano una mappa, si persero.
b. Dopo che avevano girato molto, si persero.
c. Vista la città, si persero.
SCRIVI: b.

1. a. Poiché non avevano una mappa della città, non sapevano dove andare.
   b. Dopo che avevano portato la mappa della città, non sapevano dove andare.
   c. Guardata la mappa, decisero dove andare.

2. a. Poiché non sapevano dov'era il Pantheon, presero un autobus.
   b. Preso l'autobus, andarono al Pantheon.
   c. Chiesero dov'era il Pantheon e presero un autobus.

3. a. Quando arrivarono, visitarono il Pantheon.
   b. Poiché erano arrivati, visitarono il Pantheon.
   c. Poiché erano arrivati tardi, non visitarono il Pantheon.

4. a. Si sedettero in un bar e ordinarono un gelato.
   b. Poiché si erano seduti al bar, ordinarono un gelato.
   c. Dopo che avevano ordinato il gelato, si sedettero al tavolino.

5. a. Non avevano soldi e chiesero il conto.
   b. Dopo aver chiesto il conto, si accorsero di non avere soldi.
   c. Non avevano soldi perché avevano pagato il gelato.

6. a. Corsero via senza pensare.
   b. Dopo essere corsi via dal bar, trovarono i soldi.
   c. Valutarono le possibilità di cosa fare e decisero di correre via.

7. a. Dopo che avevano perso il portafoglio, un poliziotto li fermò.
   b. Furono fermati da un poliziotto e gli dissero che avevano perso il portafoglio.
   c. Poiché scapparono via, furono fermati da un poliziotto.

8. a. Il poliziotto li ascoltò e li accompagnò alla stazione.
   b. Dopo che il poliziotto li ebbe accompagnati alla stazione, li ascoltò.
   c. Poiché li ascoltò, li accompagnò alla stazione.

(CD 4, TRACK 8)

B. Il castello dei destini incrociati. Questo è il titolo di uno dei romanzi di Italo Calvino. Il narratore arriva di notte in un castello nel mezzo di una foresta. Gli ospiti del castello sono muti e usano i tarocchi per raccontare la loro storia. Sentirai le frasi due volte. Completa le frasi scrivendo la forma corretta del gerundio passato e ogni altro elemento che senti.

Esempio: SENTI: Dopo aver raccontato una storia, tutti andarono a dormire.
VEDI: _____ , tutti andarono a dormire.
SCRIVI: **Avendo raccontato una storia**, tutti andarono a dormire.

1. _____ , gli ospiti presero i tarocchi.

2. _____ , io fui curioso.

3. _____ , la salutai.

4. _____ , la donna sorrise.

5. _____ , lo bevemmo con piacere.

6. _____ , ebbi paura.

🔊 ASCOLTIAMO

(CD 4, TRACK 9)

L'indovina di *Ladri di biciclette*. Nel film *Ladri di biciclette* Antonio, il protagonista, è così disperato per il furto [*theft*] della bicicletta che va da un'indovina per cercare di ritrovarla. Sentirai due volte la conversazione tra Antonio e la maga. Ascolta attentamente e svolgi le attività che seguono. Per facilitare la comprensione, leggi le domande prima di ascoltare il testo: ti aiuteranno a familiarizzare con il vocabolario e il contenuto del brano che sentirai.

A. Vero o falso? Indica se le seguenti affermazioni sono vere o false.

_____ 1. È la prima volta che Antonio vede l'indovina.

_____ 2. L'indovina capisce subito che Antonio cerca qualcosa.

_____ 3. L'indovina dice ad Antonio dove potrà trovare la bicicletta.

_____ 4. L'indovina vede problemi con la moglie nel futuro di Antonio.

_____ 5. Antonio non capisce il consiglio dell'indovina.

_____ 6. L'indovina non spiega i consigli degli spiriti.

B. Comprensione. Scegli la risposta esatta tra le tre scelte presentate.

1. L'indovina sa che Antonio
   a. non ha più la bicicletta.
   b. ha un figlio.
   c. ha trovato un lavoro.

2. L'indovina vede che Antonio
   a. è disperato perché ha perso qualcosa.
   b. è contento di avere un lavoro.
   c. è preoccupato per suo figlio.

3. Dopo la predizione dell'indovina, Antonio
   a. è soddisfatto della risposta.
   b. dice «Arrivederci».
   c. chiede alla donna di essere più precisa.

4. Nel futuro di Antonio la maga vede
   a. una bicicletta nuova.
   b. un bambino.
   c. un'altra donna.

5. Com'è la predizione che l'indovina fa ad Antonio?
   a. molto precisa.
   b. banale e molto vaga.
   c. non accurata.

6. Chi usa la forma del «Lei» in questo dialogo?
   a. Antonio con l'indovina.   b. l'indovina con Antonio.   c. tutti e due.

C. La tua opinione. E tu, cosa pensi dell'indovina da cui va Antonio? È brava oppure è un'imbrogliona [*swindler*]? Basandoti sul dialogo che hai sentito, scrivi la tua opinione sulla maga di *Ladri di biciclette* usando correttamente il tempo appropriato del congiuntivo. Come avrebbe dovuto rispondere la maga?

Penso che l'indovina _____

_____

_____

_____

_____

_____

_____

(CD 4, TRACK 10)

Estate in Emilia-Romagna. Durante l'estate ci sono molte manifestazioni in tutte le città italiane. Sentirai degli annunci di alcuni eventi per tre città dell'Emilia-Romagna: Faenza, Imola e Cervia. Ascolta attentamente il testo che sarà ripetuto due volte e fai gli esercizi che seguono. Per facilitare la comprensione, leggi le domande prima di ascoltare il testo: ti aiuteranno a familiarizzare con il vocabolario e il contenuto del brano che sentirai.

A. Che cosa c'è in città? Secondo quanto hai ascoltato negli annunci, indica quali di questi eventi avranno luogo a Faenza e Imola.

1. Faenza:

   _____ una conferenza sulla ceramica moderna

   _____ una conferenza sui dialetti

   _____ una degustazione di vini

   _____ un concerto di musica rock

   _____ un mercato dell'artigianato

   _____ una processione per le vie del centro storico

2. Imola:

   _____ una festa dell'agricoltura biologica

   _____ una festa della famiglia

   _____ una lettura di favole regionali

   _____ il luna park

   _____ un'incontro con un comico

   _____ i fuochi d'artificio in piazza

B. Lo «Sposalizio del mare» a Cervia. A Cervia ogni anno migliaia di turisti e abitanti locali vanno a vedere il rito dello «Sposalizio [*wedding*] del mare». Dopo aver ascoltato le origini del rito e la descrizione della celebrazione, indica se le seguenti affermazioni sono vere o false.

_____ 1. Il rito è nato per ricordare un evento del 1600.

_____ 2. Il vescovo [*bishop*] lanciò [*threw*] il suo anello nel mare per calmare la tempesta.

_____ 3. Il gesto del vescovo non è servito a calmare la tempesta.

_____ 4. Nella celebrazione contemporanea c'è una sfilata storica.

_____ 5. Puoi assistere allo «Sposalizio del mare» sabato.

C. Città della Romagna. Scegli *due* risposte esatte tra le quattro scelte presentate.

1. A Faenza
   a. un comico parteciperà alla manifestazione musicale in piazza
   b. i ristoranti offriranno un menù speciale la sera della mostra dell'artigianato
   c. durante la mostra dell'artigianato c'è una degustazione di vini
   d. ci sarà una lettura di poesie durante la conferenza sulla ceramica moderna

2. A Faenza c'è
   a. un teatro. b. un museo. c. un parco. d. una piazza.

3. La città di Cervia
   a. è simile a Venezia. b. è sul mare.
   c. è legata alle tradizioni. d. sponsorizza la musica rock locale.

4. A Imola c'è
   a. un teatro. b. un museo. c. un parco. d. una piazza.

5. A Imola questa settimana
   a. c'è una manifestazione gastronomica di prodotti siciliani.
   b. c'è una manifestazione del paranormale.
   c. ci sarà un incontro con lo scrittore Carlo Lucarelli.
   d. ci sarà una processione per celebrare una ricorrenza religiosa.

D. Quando? Indica se le affermazioni che seguono sono vere o false. Correggi le affermazioni sbagliate.

Esempio: _____ La conferenza sulla ceramica a Faenza è alle sei di sera.
Falso. *La conferenza è alle sette di sera.*

_____ 1. Il concerto di Faenza rock comincia alle nove di sera.

_____

_____ 2. La degustazione di vini al museo è alle 20.00

_____

_____ 3. La mostra dell'artigianato a Faenza è venerdì 24.00

_____

_____ 4. La mostra dell'artigianato comincia alle tre del pomeriggio.

_____

_____ 5. Mercoledì posso andare a Faenza a sentire musica rock oppure alla Festa della Famiglia a Imola.

_____

_____ 6. L'incontro con Carlo Lucarelli a Imola è venerdì 27 alle cinque del pomeriggio.

_____

◥ LEGGIAMO

Feste e riti dell'Italia popolare
Molte feste e tradizioni popolari italiane sono legate alla religione o a riti della cultura contadina.

Prima di leggere
Prima di leggere il testo rispondi alle seguenti domande.

1. Qual è la tua festa preferita e perché? Ci sono riti particolari che tu o la tua famiglia fate in occasione di quella festa?

_____

_____

_____

_____

2. L'articolo 36 della Costituzione italiana dice che «il lavoratore ha diritto al riposo settimanale e a ferie annuali retribuite [*paid*], e non può rinunciarci [*forgo*]», cioè un lavoratore italiano non può decidere di non fare le ferie: deve andare in vacanza! Sei d'accordo?

_____

_____

_____

3. Ci sono tradizioni americane (ad esempio, mangiare il tacchino per la Festa del Ringraziamento, i fuochi d'artificio per il 4 luglio, ecc.) che ti sembra particolarmente importante mantenere? Perché? E quali invece vorresti eliminare e perché?

_____

_____

_____

_____

Origini e tradizioni di alcune celebrazioni italiane: la Befana, il Carnevale e la notte di San Lorenzo

L'Italia è un paese ricco di tradizioni popolari: dalle feste per il Santo patrono alle sagre alle celebrazioni nazionali. Molte feste italiane ebbero origine nella cultura contadina. Così è per la festa dell'Epifania il 6 gennaio. «Epifania» è una parola di origine greca che significa «manifestazione». La tradizione cristiana l'ha usata per indicare la prima manifestazione della divinità di Gesù, avvenuta in presenza dei re Magi[1]. Nella tradizione popolare, però, il termine epifania, storpiato[2] in «befana», ha radici[3] in antiche credenze e riti pagani dei contadini per celebrare la morte e la rinascita[4] della natura dopo l'inverno. La notte del 6 gennaio Madre Natura, stanca dopo aver dato tutte le sue energie durante l'anno, appariva sotto forma di una vecchia e benevola[5] strega[6], che volava[7] di paese in paese con una scopa[8]. Ormai secca[9], Madre Natura era pronta ad essere bruciata[10], affinché potesse rinascere come giovane Natura. Prima di morire, però, la vecchia distribuiva regali e dolci, in modo da piantare i semi[11] che sarebbero nati l'anno dopo. A ricordo di queste credenze antiche, ancora oggi la Befana porta regali e dolci ai bambini mettendoli in una calza[12] appesa al camino[13]. In molte regioni si costruiscono dei fantocci di paglia[14] che vengono bruciati nella notte tra il 5 e il 6 gennaio, come rito di buon auspicio[15] per l'anno appena cominciato.

Dopo la Befana, si celebra il carnevale. La parola «carnevale» significa «levare[16] carne», riferendosi alla tradizione cristiana di non mangiare carne durante la quaresima[17]. Il carnevale serviva dunque come periodo di festa prima di iniziare i sacrifici della quaresima. Benché il carnevale sia celebrato anche in altri paesi (come il famoso *Mardi Gras* di New Orleans), l'origine del carnevale italiano è antichissima. I romani celebravano i «saturnali», feste dedicate a Saturno, il dio delle sementi[18]. I festeggiamenti iniziavano con un sacrificio solenne, seguito da un grande banchetto pubblico. Durante i saturnali tutto era permesso, in particolare era in uso lo scambio[19] dei ruoli: gli schiavi[20], ad esempio, venivano serviti dai padroni ed avevano diritto ad ogni libertà. Con il cristianesimo, il carnevale perse il suo contenuto magico e rituale. Durante il Medioevo, i balli in maschera erano i festeggiamenti più popolari. Nei secoli XV e XVI si diffusero le mascherate pubbliche. Il carnevale oggi si celebra soprattutto nella settimana conclusiva che precede il mercoledì delle Ceneri[21] e famosi sono i carnevali di Venezia e Viareggio. Molto è scomparso della ritualità del passato, ma si conserva ancora la tradizione di indossare maschere e costumi e di fare scherzi[22]. Un famoso proverbio, infatti, dice che «A carnevale ogni scherzo vale[23]».

In estate un'abitudine di molti italiani è guardare il cielo il 10 agosto in cerca di stelle cadenti[24]. Scientificamente la caduta delle stelle è causata dal passaggio degli asteroidi della costellazione di Perseo, ma per la tradizione popolare sono le lacrime[25] di san Lorenzo, martire cristiano del III secolo. Si dice che le lacrime che il santo versò durante l'agonia del martirio vaghino[26] per i cieli e cadano sulla terra sotto forma di stelle il 10 agosto, il giorno della morte di Lorenzo. Si crede che in questa notte i desideri di chi ricorderà il martirio del santo guardando il cielo si avvereranno[27]. Così molti italiani la sera del 10 agosto osservano il cielo e aspettano di vedere una stella cadente per esprimere un desiderio.

FONTE: *http://www.italiadonna.it*

[1] three kings
[2] mispelled, distorted / [3] roots
[4] rebirth

[5] good / [6] witch / [7] flew
[8] broom / [9] dry
[10] burnt
[11] seeds

[12] stocking
[13] chimney / [14] straw puppets
[15] good luck

[16] take away, remove
[17] Lent

[18] seeds

[19] exchange / [20] slaves

[21] Ash Wednesday

[22] practical jokes
[23] is valid

[24] shooting stars

[25] tears
[26] roam

[27] come true

Comprensione

A. **Scegli due risposte esatte** tra le quattro scelte presentate.

1. L'Epifania
   a. si ricollega a riti contadini di rinascita della natura.
   b. celebra il martirio di San Lorenzo.
   c. è un termine greco che vuol dire «manifestazione».
   d. ricorda l'apparizione di Saturno in cielo.

2. La Befana
   a. è la raffigurazione di Madre Natura che rinascerà la primavera seguente.
   b. porta dolci e regali ai bambini.
   c. è la strega della favola di Biancaneve.
   d. è una maschera tipica di carnevale.

3. I falò [*bonfires*] che si fanno in molte regioni italiani tra il 5 e 6 gennaio
   a. vogliono ricordare il martirio di san Lorenzo.
   b. celebrano l'inizio dell'estate.
   c. ricordano antichi riti contadini di fertilità.
   d. sono di buon augurio per l'anno nuovo.

4. Il carnevale
   a. è un periodo di festa nel mezzo dell'estate.
   b. è il periodo di festa prima dell'inizio della quaresima.
   c. esiste solo in Italia.
   d. oggi si festeggia con maschere e balli.

5. I saturnali degli antichi romani
   a. erano celebrati con sacrifici e banchetti.
   b. celebravano il passaggio da uno stato di schiavitù a uno di libertà.
   c. celebravano i re Magi in visita a Gesù Bambino.
   d. servivano come riti per la fertilità della natura.

6. I saturnali sono simili al carnevale perché
   a. Saturno è il dio delle feste.
   b. gli scambi di ruolo comuni nei saturnali sono simili all'indossare una maschera.
   c. in entrambe le feste ci sono balli, banchetti e festeggiamenti vari.
   d. i romani non mangiavano carne.

7. La notte di San Lorenzo
   a. ricorda il martirio di un santo cristiano.
   b. segna l'ultimo giorno di carnevale.
   c. gli italiani guardano le stelle cadenti.
   d. segna una credenza contadina per cui se quella notte non ci sono stelle in cielo, l'inverno sarà freddo.

8. Secondo la tradizione popolare
   a. per carnevale non bisogna fare un falò nei campi.
   b. la Befana ha salvato [*rescued*] san Lorenzo dal martirio.
   c. le stelle cadenti del 10 agosto sono le lacrime di san Lorenzo.
   d. se vedi una stella cadente la notte di san Lorenzo, il tuo desiderio si avvererà.

B. Indica se le seguenti affermazioni sono *vere o false* e correggi le affermazioni sbagliate.

_____ 1. L'Epifania è un vecchio rito pagano che non è più celebrato in Italia.

_____

_____ 2. Le celebrazioni moderne dell'Epifania e del carnevale hanno radici in antichi riti contadini della fertilità.

_____

_____ 3. La mattina del 6 gennaio i bambini troveranno dolci e regali in una calza.

_____

_____ 4. Con il Cristianesimo il carnevale ha perso il suo contenuto magico e rituale.

_____

_____ 5. Gli schiavi non potevano partecipare ai saturnali.

_____

_____ 6. Nel Medioevo durante il carnevale si facevano sacrifici.

_____

_____ 7. Gli antichi romani facevano molti scherzi durante i saturnali.

_____

_____ 8. Durante la notte di san Lorenzo, si bruciano fantocci di paglia come riti propiziatori contro le malattie.

_____

_____ 9. Il 10 agosto si festeggia san Lorenzo.

_____

_____ 10. È tradizione per gli italiani cercare di vedere stelle cadenti la notte del 10 agosto.

_____

C. Completa le seguenti frasi con la parola corretta.

1. La _____ è una vecchia e benevola strega che vola su una scopa.

2. Molte feste e celebrazioni italiane ebbero origine nella tradizione _____.

3. Secondo la credenza popolare, la notte del _____ Madre Natura, stanca dopo aver dato i suoi doni tutto l'anno, era pronta ad essere bruciata.

4. Durante la _____ i cristiani non devono mangiare carne.

5. Un celebre _____ dice che «A carnevale ogni scherzo vale».

6. Si dice che le stelle cadenti del 10 agosto siano le _____ di san Lorenzo.

7. San Lorenzo era un _____ cristiano del III secolo.

8. La notte del 10 agosto, se esprimi un _____ mentre vedi una stella cadente, si avvererà.

9. Durante il Medioevo, i _____ erano i festeggiamenti più popolari del carnevale.

10. Ai nostri giorni i festeggiamenti più importanti del carnevale avvengono nella settimana che precede il _____.

D. I tuoi desideri. È il 10 agosto e con i tuoi amici vai a vedere le stelle cadenti in spiaggia. Che desideri esprimi? Scrivi tre desideri che vorresti che si avverassero quest'anno per te.

1. _____

2. _____

3. _____

SCRIVIAMO

A. Fiabe destrutturate. Seguendo le indicazioni date nella sezione «**Per scrivere**» del tuo libro di testo su come raccontare una favola, cambia la fine o altri elementi essenziali di una delle seguenti fiabe: *Cappuccetto Rosso, Biancaneve, Cenerentola*, e racconta cosa succede. Ad esempio, come reagirebbe il principe se Biancaneve non si svegliasse? Se preferisci, puoi ambientare la favola in tempi moderni. Ad esempio, cosa succederebbe nella favola di Cappuccetto Rosso se fosse ambientata oggi a New York?

_____

_____

_____

_____

_____

_____

_____

_____

_____

_____

_____

_____

_____

B. **Un giorno di festa.** Usando correttamente il passato remoto e l'imperfetto, racconta la tua esperienza ad una sagra, in un parco divertimenti, o ad una fiera dell'artigianato tanto tempo fa. Dov'eri? Cosa vedesti? Cosa facesti? Ti successe qualcosa di particolare? Racconta!

_____

_____

_____

_____

_____

_____

_____

_____

_____

_____

_____

 **NAVIGHIAMO NELLA RETE**

A. ***Diario di un gatto con gli stivali.*** Questo è il titolo di un libro di Roberto Vecchioni. È una raccolta di fiabe, in cui gli elementi tradizionali-principi, boschi, magie, ecc.—sono mescolati ad elementi nuovi e insoliti. Usa un motore di ricerca italiano per trovare informazioni sul libro di Vecchioni e poi immagina di descriverlo ad un bambino/una bambina. Usa le seguenti domande come guida.

1. Quante storie contiene il libro?
2. Leggendo i titoli delle fiabe del libro, quale ti sembra più interessante o insolita e perché?
3. Quale fiaba suggeriresti di leggere al bambino/ alla bambina ?
4. Quanti altri romanzi ha scritto Vecchioni? Come si intitolano?
5. Roberto Vecchioni non è sempre stato scrittore: che cosa faceva prima?

_____

_____

_____

_____

_____

B. Le feste medievali a Brisighella. Nella sezione degli esercizi hai letto della gita di Rosalba a Brisighella in occasione delle feste medioevali. Prova a saperne di più su queste celebrazioni cercando le «feste medioevali a Brisighella» con un motore di ricerca. Qual è stato il tema delle ultime feste? Che tipo di spettacoli sono stati rappresentati? A quale spettacolo avresti voluto assistere e perché? Quanto costa una serata alla feste medioevali? Mentre sei alle feste medioevali, puoi assaggiare piatti tipici del Medioevo? Puoi ascolare musica?

_____

_____

_____

_____

_____

CAPITOLO 8

Mangiare all'italiana

TEMI

Tradizioni culinarie regionali

A. Una omelette alle erbe aromatiche. In un romanzo dello scrittore Antonio Tabucchi, *Sostiene Pereira* (1994), un ex giornalista di cronaca nera va in un caffè di Lisbona e mangia una omelette alle erbe aromatiche tutti i giorni. Leggi la ricetta e completa con i verbi all'infinito della tabella.

cuocere	aggiungere	usare	sbattere	mettere	girare	coprire	servire
		versare	accompagnare				

Per quattro persone

4 uova
1 cucchiaio di mostarda di Digione
1 pizzico di origano
1 pizzico di maggiorana
sale e pepe
un goccio di olio

Preparazione

_____(1) energicamente le uova in una ciotola [*bowl*], _____(2) tutti gli ingredienti eccetto l'olio; _____(3) l'olio per ungere una padella; _____(4) la padella sul fuoco [*flame*] e, quando l'olio comincia a friggere, _____(5) il composto dell'omelette nella padella; _____(6) a fuoco medio per qualche minuto. Quando vi sembra che la consistenza sia spumosa [*foamy*], _____(7) la padella con un coperchio [*cover*] e lasciate cuocere ancora fino a cottura ultimata. _____(8) l'omelette dall'altro lato e finite di cuocere. _____(9) su un piatto con dell'insalata e _____(10) con della limonata.

B. **La cucina di Stefano.** Identifica gli oggetti nella cucina di Stefano, chef di «La Dolce Vita», un famoso ristorante di Roma. Segui l'esempio e fai attenzione all'articolo determinativo.

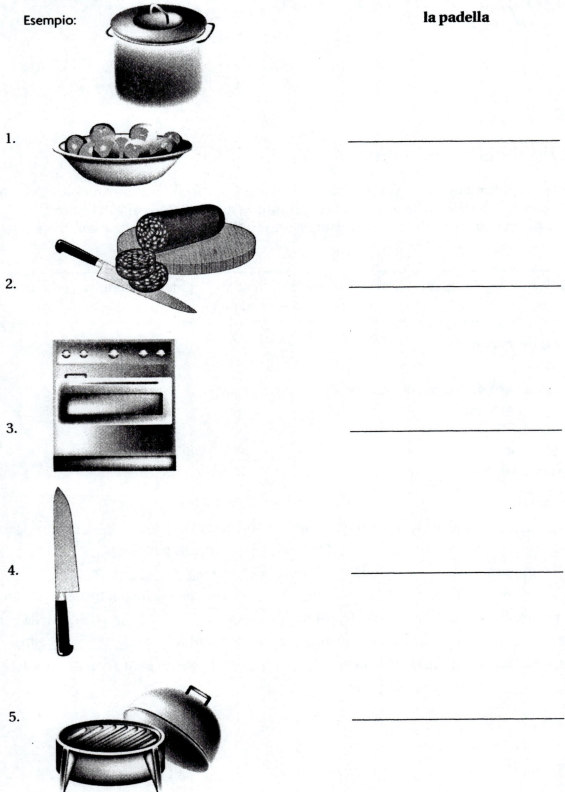

Esempio: **la padella**

1. _____

2. _____

3. _____

4. _____

5. _____

6. 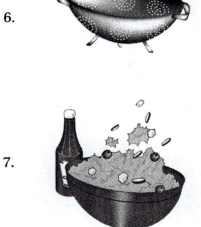 _____

7. 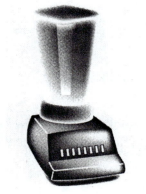 _____

8. _____

C. Il menù de «La Dolce Vita». Collega i piatti nella colonna A con il tipo di portata della colonna B, seguendo l'esempio.

Esempio: bruschette, olive ascolane   **antipasto**

A   **B**

1. Penne all'arrabbiata   a. dolci e frutta
2. Insalata mista   b. secondo piatto
3. Pollo alla diavola   c. contorni
4. Tiramisù   d. primo piatto

D. I clienti difficili. Qualche volta al ristorante «La Dolce Vita» ci sono clienti che si lamentano. Leggi le loro lamentele e scrivi le risposte di Stefano, che ha veramente poca pazienza, usando l'opposto degli aggettivi sottolineati.

Esempio: CLIENTE: Il tiramisù è <u>salato</u>.
            STEFANO: *Non è vero. Il tiramisù è **dolce**.*

1. CLIENTE: Gli spaghetti al pesto sono <u>crudi</u>.

   STEFANO: _____.

2. CLIENTE: Il pollo alla cacciatora è <u>insipido</u>.

   STEFANO: _____.

3. CLIENTE: Tutte le verdure sono <u>trattate</u>.

   STEFANO: _____.

4. CLIENTE: Il salame al cioccolato è molto <u>pesante</u>.

   STEFANO: _____.

5. CLIENTE: Il caffè è <u>disgustoso</u>.

   STEFANO: _____.

6. CLIENTE: Gli ingredienti sono <u>malsani</u>.

   STEFANO: _____.

7. CLIENTE: I piatti sono troppo <u>semplici</u>.

   STEFANO: _____.

Gli stili alimentari: lo «Slow Food» e il «Fast Food»

A. *Supersize me.* Nel 2004 esce il documentario di Morgan Spurlock *Supersize me.* Leggi la trama del film e elenca nelle tabelle sottostanti tutti i vocaboli che appartengono alla categoria del «fast food» divisi per categorie.

Morgan Spurlock decide di sottoporsi per un mese ad una severa e pericolosa dieta a base di grassi mangiando per tre volte al giorno da «MacDonald's» solo i pasti «supersize». Consuma senza pausa: hamburger con ketchup, patatine fritte con maionese ed enormi bicchieri di Coca-Cola e mangia sempre molto velocemente. Morgan ingrassa subito e ingerisce sostanze molto nocive e totalmente malsane, ricche di grassi, conservanti e coloranti. Un cardiologo, un nutrizionista e un gastroenterologo lo seguono e testimoniano il peggioramento della sua salute per la cattiva e sregolata alimentazione.

TIPI DI CIBO	SOSTANZE	AGGETTIVI
_____		_____
ketchup	grassi	_____
_____		veloci
_____	_____	_____
		_____
		_____
		_____

B. Una dieta equilibrata [*balanced*] e sana. Immagina di essere un dottore e di dare indicazioni precise a Morgan Spurlock per ritornare a una dieta sana dopo aver seguito la dieta «supersize» a base di fast food. Scrivi almeno tre frasi offrendo suggerimenti specifici.

1. _____

2. _____

3. _____

C. La lotta tra «slow»e «fast». Stefano, difensore dello slow food, discute con l'amica Daniela, proprietaria di un fast food vicino a Piazza di Spagna, a Roma. Leggi le seguenti affermazioni e indovina a chi appartengono.

Esempio: Per chi non ha tempo, è perfetto per poter mangiare senza cucinare.
          Daniela

_____1. Il piacere della tavola è sacro.

_____2. Chi ha una vita frenetica, non vuole rimanere seduto molto tempo per mangiare.

_____3. Mangiare piano e sano allunga la vita.

_____4. Chi vuole gestire il tempo e avere molti interessi non ha tempo di restare pigramente a mangiare per ore.

_____5. È ideale quando si viaggia e non si vuole stare a tavola ma esplorare!

_____6. Stare insieme a tavola è un momento di aggregazione e divertimento.

D. Dove lo metto? Abbina i seguenti prodotti della colonna A con i recipienti che li contengono della colonna B.

A	B
1. la maionese	a. il barattolo
2. la marmellata	b. la scatoletta
3. il gelato	c. il tubetto
4. le patatine	d. il vasetto
5. i biscotti	e. la lattina
6. la Coca-Cola	f. il sacchetto
7. i funghi sott'olio	g. la scatola
8. il tonno	h. il cono

STRUTTURE

8.1 L'imperativo informale

Scriviamo

A. **Il cinema e la cucina: *Un americano a Roma.*** Il sabato sera Stefano ha un menù speciale per il suo ristorante: offre piatti mangiati o preparati dai personaggi in alcuni film famosi. Un esempio sono i maccheroni del famoso film comico con l'attore Alberto Sordi *Un americano a Roma* (1954). Stefano spiega alla sua amica Daniela come preparare i maccheroni. Completa la ricetta con l'imperativo informale singolare dei verbi tra parentesi.

Maccheroni tentatori

Ingredienti per 6 persone.

500 grammi di maccheroni

300 grammi pancetta a cubetti

600 grammi di pomodori pelati [*peeled*]

2 cucchiai olio extravergine di oliva

1/2 bicchiere aceto e vino mescolati insieme

120 grammi pecorino romano grattugiato

sale e peperoncino quanto basta

Preparazione

_____(1. mettere) in una pentola la pancetta con dell'olio. _____ (2. soffriggere) leggermente e poi _____(3. aggiungere) il bicchiere di vino e aceto. _____(4. lasciare) cuocere a fuoco basso, poi _____(5. togliere) dalla pentola i pezzi di pancetta._____(6. versare) nella stessa pentola i pomodori e il peperoncino. _____(7. fare) cuocere i pomodori e il peperoncino a fuoco più alto per qualche minuto: _____(8. essere) paziente e non _____(9. avere) fretta. _____(10. aggiungere) il sale a tuo piacimento. _____(11. eliminare) dal sugo il peperoncino e _____(12. rimettere) la pancetta sul fuoco per un minuto. Il sugo ora è pronto. Nel frattempo [*in the meanwhile*] _____(13. bollire) i maccheroni in abbondante acqua salata. Quando sono al dente, _____(14. scolare) e _____(15. riversare) i maccheroni nella pentola. _____(16. mescolare) a fuoco basso per qualche minuto. Non _____(17. dimenticare) di aggiungere metà del pecorino e tutto il sugo di pomodoro e pancetta. _____(18. servire) in un grande piatto con il resto del pecorino. _____(19. finire) di decorare il piatto con delle foglie di basilico e poi _____(20. mangiare)! Buon appetito!

B. **Hamburger alla Erin Brokovich.** Dopo aver visto i figli di Erin Brokovich nell'omonimo film di Steven Soderbergh (2000) mangiare dei cheeseburger, Daniela decide di offrire ai clienti i «Cheeseburger alla Erin Brokovich». Riscrivi la ricetta di Daniela e cambia i verbi all'imperativo informale plurale. Sostituisci i nomi sottolineati con i pronomi.

Esempio: Bollire la carne in una pentola!
Bollitecela!

Ingredienti

1 panino per hamburger ai semi di sesamo

Per l'hamburger

125 grammi carne di manzo [*beef*] tritata [*minced*]

30 grammi pancetta tritata

1 fetta pan carré bagnata nel latte e strizzata

sale, pepe e un pizzico di noce moscata

Per la farcitura [*stuffing*]

2 fette di pancetta affumicata [*smoked*]

50 grammi di formaggio tipo Edam o Cheddar grattugiato

maionese

1 foglia di lattuga ben lavata

Preparazione

1. Prima preparare l'hamburger: _____
2. Mescolare in una ciotola gli ingredienti. _____
3. Schiacciare [*flatten*] la carne con le mani. _____
4. Formare un disco di 10 cm di diametro. _____
5. Cuocere la polpetta [*meatball*] in una pentola con dell'olio. _____
6. Mettere del formaggio sull'hamburger. _____
7. Friggere due fette di pancetta. _____
8. Farcire [*stuff*] il panino. _____
9. Aggiungere della maionese e la lattuga. _____
10. Servire ai clienti il panino su un piatto. _____
11. Offrire anche un milkshake ai bambini. _____

C. **La sfida [*challenge*].** Stefano e Daniela decidono di fare una gara culinaria per vedere chi è il migliore chef e offrono una cena agli amici, che devono giudicare i loro piatti. Rispondi alle domande di Daniela usando l'imperativo informale e sostituendo i nomi sottolineati con i pronomi. Segui l'esempio.

Esempio: DANIELA: Mandiamo gli inviti ai nostri amici?
STEFANO: *Mandiamoglieli!*

1. DANIELA: Spedisco <u>i nomi dei miei amici a te</u>?

   STEFANO: _____

2. DANIELA: Io e i miei aiutanti compriamo <u>il cibo al supermercato vicino a casa mia</u>?

   STEFANO: _____

3. DANIELA: Vado <u>all'enoteca</u> a comprare il vino?

   STEFANO: _____

4. DANIELA: Io e i miei aiutanti prepariamo <u>dei piatti vegetariani per Lucia</u>?

   STEFANO: _____

5. DANIELA: Cuciniamo solo <u>i primi piatti per me e te</u>?

   STEFANO: <u>No</u>, _____

6. DANIELA: Offriamo <u>i secondi piatti agli ospiti</u>?

   STEFANO: _____

7. DANIELA: Faccio <u>la spesa</u> da sola?

   STEFANO: <u>No,</u>_____

Ascoltiamo

(CD 4, TRACK 11)

A. **. . . e la sfida continua.** Stai aiutando Stefano in cucina. Rispondi alle sue domande, utilizzando l'imperativo informale. Ripeti ogni frase dopo averla ascoltata.

   Esempi: Preparo i dolci?
             Sì, prepara i dolci!

             Cuciniamo molti piatti?
             Sì, cuciniamo molti piatti!

1. _____
2. _____
3. _____
4. _____
5. _____
6. _____
7. _____

(CD 4, TRACK 12)

B. Gli ultimi dettagli. Rispondi alle domande di Stefano, utilizzando la forma negativa dell'imperativo informale. Ripeti ogni frase dopo averla ascoltata.

Esempio: Preparo la pasta al pesto?
No, non preparare la pasta al pesto!

1. _____
2. _____
3. _____
4. _____
5. _____
6. _____
7. _____

(CD 4, TRACK 13)

C. Siamo alla fine. Rispondi alle ultime domande di Stefano, utilizzando l'imperativo informale, e sostituisci i nomi con i pronomi. Ripeti ogni frase dopo averla ascoltata.

Esempio: Faccio *la torta al cioccolato per Gianni?*
Fagliela!

1. _____
2. _____
3. _____
4. _____
5. _____
6. _____

8.2 L'imperativo formale

Scriviamo

A. A scuola di cucina. Stefano offre corsi di cucina nel suo ristorante. Scrivi i consigli di Stefano, usando l'imperativo formale dei verbi tra parentesi.

Esempio: Signora Sala, (lavarsi) le mani prima di iniziare!
*Signora Sala, **si lavi** le mani prima di iniziare.*

1. Signori, (avere) pazienza! _____

2. Signor Gemini, non (fare) tutto di fretta! _____

3. Signora Sala, (finire) sempre di lavare le pentole! _____

4. Signori, non (tagliare) le dita ma solo il cibo! _____

5. Signor Gemini, (stare) attento alla preparazione! _____

6. Signora Sala, non (mettere) troppo sale! _____

7. Signori, (assaggiare) il cibo prima di servirlo!_____

8. Signora Sala, (pulire) la cucina dopo aver cucinato! _____

B. **Come cucinare i piatti tradizionali: zuppa di patate, aglio e zafferano dall'Abruzzo.** Stefano spiega alla signora Sala come cucinare questo piatto. Riscrivi le frasi usando l'imperativo formale singolare e sostituendo i nomi sottolineati con i pronomi.

Esempio: Mettere le lasagne nel forno per tre ore.
            Ce le metta per tre ore!

Ingredienti per due persone

zafferano [*saffron*]
3 cucchiai di olio extravergine d'oliva
aglio, sale, prezzemolo
350 grammi di patate
125 millilitri di panna liquida

Preparazione

1. Scaldare dell'olio in una pentola._____

2. Tagliare a pezzetti tre spicchi d'aglio. _____

3. Aggiungere aglio, patate, zafferano, 1/4 di acqua calda salata._____

   _____

4. Far cuocere per 30 minuti il cibo sopra il fornello. _____

5. Fare raffreddare la zuppa. _____

6. Ottenere una purea di patate. _____

7. Unire al composto la panna scaldata. _____

8. Mettere in cima [*on the top*] alla zuppa il prezzemolo tritato. _____

   _____

Ascoltiamo

(CD 4, TRACK 14)

A. Come diventare un ottimo chef. Stefano e il signor Gemini parlano di cosa il Signor Gemini deve fare per migliorare nell'arte culinaria. Rispondi alle seguenti domande del signor Gemini usando l'imperativo formale e i suggerimenti forniti. Segui l'esempio e ripeti ogni frase dopo averla ascoltata.

Esempio: Imparo a cucinare cinese? (no)
*No, **non impari** a cucinare cinese!*

1. _____
2. _____
3. _____
4. _____
5. _____
6. _____
7. _____

(CD 4, TRACK 15)

B. Gli spaghetti al pomodoro. Stefano insegna a cucinare alla signora Sala il sugo [*sauce*] per gli spaghetti al pomodoro. Ascolta le sue spiegazioni e sostituisci i nomi con i pronomi. Ripeti ogni frase dopo averla ascoltata.

Esempi: Scaldi il forno!
Lo scaldi!

Metta l'olio nella pentola!
Ce lo metta!

1. _____
2. _____
3. _____
4. _____
5. _____
6. _____

8.3 *Fare* + l'infinito

Scriviamo

A. Chi è il boss in cucina? Daniela, Stefano ed i loro aiutanti sono molto diversi e lavorano in modi molto differenti. Leggi le affermazioni di Daniela e scrivi quelle di Stefano utilizzando *fare* + infinito.

Esempio: DANIELA: Ho fatto la spesa ieri.
STEFANO: *Ho fatto **fare** la spesa ieri.*

1. DANIELA: Pulisco sempre la cucina prima di cucinare.

   STEFANO: _____

2. DANIELA: Il cuoco ha preparato il tiramisù stamattina.

   STEFANO: _____

3. DANIELA: Gli aiutocuochi cucineranno tre tipi di primi stasera.

   STEFANO: _____

4. DANIELA: Ora cuociamo l'arrosto.

   STEFANO: _____

5. DANIELA: Il cuoco ha bollito le patate.

   STEFANO: _____

6. DANIELA: Preparerò una buona salsa per l'arrosto.

   STEFANO: _____

7. DANIELA: Compreremo del vino e della Coca-Cola.

   STEFANO: _____

8. DANIELA: Tu e il cuoco mettete anche le lasagne nel forno.

   STEFANO: _____

B. **Cambiamenti nel ristorante «La Dolce Vita».** Il ristorante di Stefano è stato rimodernato e riorganizzato. Daniela chiede a Stefano chi ha fatto i cambiamenti. Scrivi le risposte di Stefano usando *fare* + infinito, i pronomi oggetto diretto e l'agente indicato tra parentesi.

   Esempio: DANIELA: Hai riparato il forno elettrico? (elettricista)
   STEFANO: *L'ho fatto* riparare **dall'elettricista.**

1. DANIELA: Hai deciso di assumere più personale? (commercialista)

   STEFANO: _____

2. DANIELA: Hai pagato i camerieri? (manager)

   STEFANO: _____

3. DANIELA: Hai cambiato le sedie rotte? (camerieri)

   STEFANO: _____

4. DANIELA: Hai preso la decisione di cambiare i mobili fuori moda? (architetto)

   STEFANO: _____

5. DANIELA: Hai messo finalmente le tovaglie sui tavoli? (mia mamma)

   STEFANO: _____

6. DANIELA: Hai comprato i nuovi lampadari? (disegnatore d'interni)

   STEFANO: _____

7. DANIELA: Hai finito di imbiancare [*to paint*] la cucina? (mio fratello)

   STEFANO: _____

C. Organizzare una cena speciale. Stasera c'è una cena speciale per un famoso attore che ha vinto un Oscar. L'agente dell'attore telefona a Stefano per controllare l'organizzazione della serata. Rispondi affermativamente alle sue domande e usa la costruzione *fare* + infinito e i pronomi diretti e indiretti seguendo l'esempio.

Esempio: AGENTE: Il fiorista ha portato i fiori?
STEFANO: Sì, glieli ho fatti *portare.*

1. AGENTE: Il cuoco ha lavato le verdure?
   STEFANO: _____

2. AGENTE: I camerieri hanno messo in ordine la sala da pranzo?
   STEFANO: _____

3. AGENTE: Il manager ha chiamato il violinista?
   STEFANO: _____

4. AGENTE: L'aiutocuoco ha pulito il pesce?
   STEFANO: _____

5. AGENTE: Il lavapiatti ha riordinato i bicchieri?
   STEFANO: _____

6. AGENTE: La direttrice del ristorante ha preso le prenotazioni?
   STEFANO: _____

7. AGENTE: Il barista ha preparato le bevande?
   STEFANO: _____

8. AGENTE: Io ho già pagato il conto?
   STEFANO: _____

D. . . . e arrivano gli invitati alla famosa cena. Arrivano finalmente gli invitati per la cena in onore del famoso attore. Sono personaggi molto conosciuti che non fanno mai nulla da soli. Scrivi le loro risposte alle domande dei giornalisti usando l'espressione *farsi* + infinito, i pronomi diretti (se possibile) e i suggerimenti forniti.

Esempio: GIORNALISTA: Chi Le ha scelto il vestito adatto per la serata? (la mia stilista)
INVITATO: *Me lo sono fatto scegliere dalla mia stilista.*

1. GIORNALISTA: Chi L'ha pettinata? (il parrucchiere delle dive)
   INVITATA: _____

2. GIORNALISTA: Chi Le ha dato i gioielli? (mio marito)
   INVITATA: _____

3. GIORNALISTA: Chi Le ha cucito lo smoking? (il mio sarto personale)
   INVITATO: _____

4. GIORNALISTA: Chi L'ha invitata? (il mio agente)
   INVITATO: _____

5. GIORNALISTA: Chi Le ha consigliato come vestirsi? (la mia agente)

   INVITATO: _____

6. GIORNALISTA: Chi Le ha organizzato l'intervista con me? (il direttore del Suo giornale)

   INVITATO: _____

7. GIORNALISTA: Chi Le ha fatto i complimenti per il suo lavoro? (i fan)

   INVITATO: _____

8. GIORNALISTA: Chi Le ha offerto da bere? (il manager del ristorante)

   INVITATO: _____

E. **. . . e durante la cena.** «La Dolce Vita» durante la cena succede di tutto. Scopri quello che è accaduto seguendo il racconto di Stefano e formulando le seguenti frasi. Usa l'espressione *farsi* + infinito seguendo l'esempio.

   Esempio: Una famosa diva/ scattare/ foto/ paparazzi
   *Una famosa diva **si è fatta** scattare **le** foto **dai** paparazzi.*

1. Un uomo politico e io/ servire/ due polli interi/ cameriere

   _____

2. Due cantanti / tagliare/ il pollo in venti piccoli pezzi/ cameriera

   _____

3. Un regista/ cucinare/ un enorme barracuda/ cuoco

   _____

4. Io e un pianista/ preparare/ cinque caffè/ barista

   _____

5. Una ballerina/ portare in braccio a tavola/ manager

   _____

6. Un fotografo e un giornalista/ pagare/ 5.000 euro per una foto/ un fan

   _____

7. Io/ promettere/ una cena romantica/ una famosa attrice

   _____

8. Un atleta/ dare/ una nuova camicia/ cuoco

   _____

Ascoltiamo

(CD 4, TRACK 16)

A. **Siamo indipendenti?** Gli amici di Daniela non sono affatto indipendenti. Elabora le seguenti affermazioni in base al suggerimento fornito. Ripeti la risposta corretta dopo averla ascoltata.

Esempio: SENTI: Faccio preparare la cena.
VEDI: mia mamma
DICI: *Faccio preparare la cena **a** mia mamma.*

1. la sarta
2. suo marito
3. la baby sitter
4. sua sorella
5. il suo papà
6. i loro amici
7. mio fratello

(CD 4, TRACK 17)

B. **Un uomo molto pigro.** Stefano è meno dinamico di Daniela. Ascolta le affermazioni di Daniela e formula le risposte di Stefano seguendo l'esempio.

Esempio: Mi sono cucinata il pesce al forno.
*Mi sono **fatto** cucinare il pesce al forno.*

1. _____
2. _____
3. _____
4. _____
5. _____
6. _____
7. _____

8.4 Gli aggettivi e i pronomi dimostrativi

Scriviamo

A. **Una scena da _Un americano a Roma_.** Stefano offre nel suo ristorante un piatto ispirato da una scena di questo famoso film italiano. Leggi la descrizione della scena e completa le frasi con la forma corretta degli aggettivi *questo* o *quello* seguendo i suggerimenti.

Nando Moriconi vuole essere a tutto i costi americano o meglio «ammeregano» come dice lui

con _____(1. quello) suo forte accento romanesco. _____(2. questo)

passione lo porta a farsi chiamare Santi Bailor e a usare _____(3. quello) espressioni

che lui considera molto americane come «Yankee Doodle Day». _____(4. questo)

personaggio torna a casa una notte con una fame immensa e trova sul tavolo i «maccaroni»

della mamma e dice: «Ih! Maccaroni! Maccaroni! _____(5. questo) è roba da

carrettieri [*carters*]! Io non mangio _____(6. questo) maccaroni! Io sono

«ammeregano». Gli «ammeregani» mangiano _____(7. questo) marmellatta.

Marmellatta, roba da «ammeregani»! Come _____(8. quello-plurale) yogurt (pl.) e

_____(9. quello) mostarda». Decide allora di mangiare come gli «ammeregani» ma

_____(10. quello) alimenti disgustano il suo palato italiano e lui non può far altro

che dire: «Mamma che sozzeria [*disgusting thing*]!» E finisce a mangiare i «maccaroni»!

B. **Un confronto tra prodotti e cucina italiani e americani.** Stefano, che ama la cucina italiana, e Daniela, che è filoamericana, discutono sulle differenze tra i due tipi di cucina. Scrivi le affermazioni di Daniela formulando frasi contrarie a quelle di Stefano.

Esempio: STEFANO: Questa cucina è più sana.
DANIELA: ***No! Quella* cucina è più sana.**

1. STEFANO: Questo cibo è preparato con più cura.
   DANIELA: _____

2. STEFANO: Questi prodotti non sono geneticamente modificati (OGM).
   DANIELA: _____

3. STEFANO: Questi spaghetti non contengono zuccheri.
   DANIELA: _____

4. STEFANO: Questa carne non contiene ormoni.
   DANIELA: _____

5. STEFANO: Queste verdure sono molto fresche.
   DANIELA: _____

6. STEFANO: Questo vino non contiene molti fosfati.
   DANIELA: _____

C. Altri pronomi dimostrativi. Leggi le seguenti citazioni da famosi romanzi e canzoni e individua i pronomi dimostrativi.

Esempio: A me sembran tutti pazzi costoro! Diceva padron Cipolla. (Giovanni Verga, *I Malavoglia*)

A me sembran tutti pazzi **costoro!** *Diceva padron Cipolla.* (Giovanni Verga, *I Malavoglia*)

1. Carneade! Chi era costui? (Alessandro Manzoni, *I promessi sposi*)

2. La nostra sola giustificazione, se ne abbiamo una, è di parlare in nome di tutti coloro che non possono farlo. (Albert Camus, *L'artista e il suo tempo*)

3. Il miglior scrittore sarà colui che ha vergogna di essere un letterato. (Friedrich Nietzsche, *Umano troppo umano*)

4. E quanto fosse grande lo desiderio che Amore di vedere costei mi dava, né dire né intendere si potrebbe. (Dante Alighieri, *Il convivio*)

5. Mida vien dopo a costoro: ciò che tocca, oro diventa. (Lorenzo il Magnifico, *Canzone di Bacco e Arianna*)

Ascoltiamo

(CD 4, TRACK 18)

A. Il menù. I clienti apprezzano molto i piatti del ristorante di Stefano. Ascolta le loro frasi di apprezzamento e trasformale in base ai suggerimenti forniti. Ripeti la risposta corretta dopo averla ascoltata.

Esempio: Questa pasta è deliziosa. (pesce)
Questo **pesce** *è delizioso*

1. _____
2. _____
3. _____
4. _____
5. _____
6. _____
7. _____

(CD 4, TRACK 19)

B. La cena di Stefano e Daniela. Stefano e Daniela decidono di organizzare una cena per gli amici. Ascolta le domande di Daniela e poi rispondi usando l'aggettivo dimostrativo *quello* e i suggerimenti forniti. Segui l'esempio e ripeti la risposta corretta dopo averla ascoltata.

Esempio: Dove compriamo da mangiare? (supermercato)
In quel supermercato.

1. _____
2. _____
3. _____
4. _____
5. _____
6. _____
7. _____

 **ASCOLTIAMO**

(CD 4, TRACK 20)

I pericoli del fast food. Ascolta una trasmissione alla radio con un dietologo che parla del fast food e dei pericoli connessi ad esso.

A. Comprensione. Scegli la risposta esatta alle domande tra le tre scelte presentate, secondo quanto ha detto il dietologo.

1. Cosa ha preso il posto della tavola per gli italiani?
   a. Il self service.
   b. Le trattorie.
   c. I ristoranti sofisticati.

2. Secondo quanto hai ascoltato, quali sono le abitudini alimentari da evitare per una buona salute?
   a. Mangiare una volta al giorno.
   b. Mangiare solo carboidrati.
   c. Mangiare velocemente.

3. Qual è un pericolo del fast food all'americana?
   a. Essere ossessionati dalle calorie.
   b. Non assorbire abbastanza calorie necessarie.
   c. Il non contare le calorie.

4. Qual è un effetto del fast food all'americana sulla cultura italiana?
   a. Eliminare la tavola nelle case italiane.
   b. Far dimenticare l'amore per la buona tavola.
   c. Permette di guadagnare tempo per lavorare.

5. Qual è l'apporto calorico di un pasto tipico in un fast food all'americana?
   a. Circa 500 calorie.
   b. Circa 800 calorie.
   c. Circa 1000 calorie.

B. Cosa sappiamo sul fast food all'americana. Ascolta di nuovo la trasmissione e indica quali delle seguenti affermazioni sono vere e quali sono false. Correggi quelle sbagliate.

_____ 1. Il fast food viene spesso consumato dalle persone anziane e dalle mamme.

_____

_____ 2. Il fast food è un'alternativa a cui si ricorre quando si viaggia.

_____

_____ 3. È necessario mangiare lentamente per la salute.

_____

_____ 4. Il fast food all'americana non fornisce abbastanza calorie.

_____

_____ 5. Il fast food all'americana rischia di cambiare la cultura della tavola in Italia.

_____

_____ 6. Un cheeseburger ha circa 400 calorie.

_____

_____ 7. Un pasto in un fast food all'americana è povero di grassi.

_____

_____ 8. Un bicchiere di una bibita gassata ha circa 100 calorie.

_____

(CD 4, TRACK 21)

Una soluzione: il fast food all'italiana. Ora il dietologo intervista il famoso nutrizionista Paolo Nero riguardo possibili alternative al fast food all'americana.

A. L'Italia del fast food? Ascolta l'intervista e poi trova la risposta corretta nella colonna B alla domanda nella colonna A.

A

1. Qual è un tradizionale cibo fast food in Italia?
2. Dove si compra la pizza al taglio?
3. Qual è un fast food che offre piatti tradizionali italiani?
4. Cosa si può mangiare da «Spizzico»?
5. Cos'è «Al dente»?
6. Cosa si mangia da «Al dente»?
7. Chi offre vari tipi di fast food in Italia?

B

a. Il gruppo Autogrill.
b. Vari tipi di pizza.
c. Uno snack bar.
d. La pizza al taglio.
e. La pasta.
f. Dal panettiere.
g. «Ciao».

B. **La sfida Italia-America.** Ascolta ancora la trasmissione e l'intervista alla radio e confronta il fast food all'italiana e quello all'americana in base al cibo e alle calorie seguendo l'esempio fornito nella tabella.

Fast food all'americana	Cibo	Calorie	Grassi	Totale Delle Calorie
	Bevanda gassata	80 calorie		
Fast food all'italiana				

Chi vince? Guarda la tabella e indica quale menù ti sembra più sano, perché e quale preferiresti mangiare.

_____

_____

_____

_____

LEGGIAMO

L'Italia è conosciuta in tutto il mondo per la pizza, piatto tipico dell'area del Mediterraneo ed elaborata e modificata nel corso del tempo, per poi diventare l'alimento che spesso si trova sulle tavole di quasi tutto il mondo. Piatto semplice, veloce ed economico, è uno dei prodotti che il *made in Italy* ha esportato all'estero.

Prima di leggere

Prima di leggere il testo rispondi alle seguenti domande.

1. **Gli ingredienti della pizza.** Leggi la lista degli ingredienti nella lista e indica con una croce (X) quali sono quelli che solitamente associ con la pizza.

_____ 1. il pomodoro

_____ 2. la bistecca

_____ 3. la banana

_____ 4. il basilico

_____ 5. le lenticchie

_____ 6. la mozzarella

2. Esistono diversi stili di pizza nel tuo Paese? Descrivili.

_____

_____

3. Quali sono le catene fast food che offrono la pizza nel tuo Paese? Descrivi il prodotto che offrono.

_____

_____

Uno dei prodotti italiani più conosciuti ed esportati in tutto il mondo

IL PIATTO NAZIONALE: LA PIZZA

Antenati della pizza

L'età della pizza? Forse tremila anni. Infatti le antiche civiltà mediterranee, dall'Egitto alla Grecia classica e all'antica Roma, presentano esempi di focacce e schiacciate[1] che possono essere considerate le antenate della pizza. Numerose sono le tracce di questo alimento anche durante il Medioevo e il Rinascimento[2] in particolare nella città e regione di Napoli, considerata patria della pizza. In questo periodo la parola «pizza» è già attestata e indica variazioni sia dolci che salate del prodotto. Nel Seicento il termine appare nella storia *Le due pizzelle* nella famosa raccolta di storie *Cuntu de li cunti* (1634) del napoletano Gianbattista Basile e descrive un piatto fatto con un disco di pasta piegato col ripieno[3].

[1] kind of focaccia
[2] Renaissance

[3] stuffing

Nasce la pizza come la conosciamo noi

Per incontrare la classica pizza col pomodoro bisogna aspettare il Settecento. La ragione è che il pomodoro non esisteva in Europa, essendo una pianta originaria del Perù. È solo con la scoperta dell'America (1492) che si introduce il pomodoro nel vecchio Continente. Tuttavia solo un secolo e mezzo dopo gli europei si rendono conto delle virtù del pomodoro e verso la metà del Settecento diventa uno degli ingredienti fondamentali della cucina napoletana, usato per la pasta e la pizza.

I pizzaioli a Napoli avevano di solito i banchetti all'aperto e una delle prime pizzerie, *Port'Alba*, apre nel 1830 ed è frequentata da famosi intellettuali italiani, come Gabriele D'Annunzio, e francesi come Alexandre Dumas, autore dei *Tre moschettieri*. Egli parla della pizza nella sua opera *Le Corricolo*, una raccolta[4] di articoli del 1835.

[4] collection

La pizza Margherita

Nel 1889, il re d'Italia Umberto I e la regina Margherita decidono di passare l'estate nella reggia[5] di Capodimonte. La regina ha sentito parlare della pizza ma non l'aveva mai mangiata, e chiama a corte il più famoso pizzaiolo di Napoli, Raffaele Esposito. Raffaele prepara tre tipi di pizza tra le quali una con mozzarella, pomodoro e basilico, cioè bianca rossa e verde, come i colori della bandiera[6] italiana. Questa pizza entusiasma la regina e Raffaele decide di chiamarla «pizza Margherita» in suo onore.

[5] royal palace

[6] flag

La pizza negli Stati Uniti

La pizza arriva anche negli Stati Uniti in seguito alla forte emigrazione a fine ottocento. La prima pizzeria in USA appare nel 1905 a Little Italy a New York: si chiama «Lombardi's» dal nome del suo proprietario[7], Gennaro Lombardi. La popolarità della pizza aumenta ancora dopo la seconda guerra mondiale in

[7] owner

seguito al ritorno delle truppe alleate[8] che hanno occupato l'Italia e scoperto[9] la pizza. Iniziano a propagarsi[10] le pizzerie e le catene come, ad esempio, *Pizza Hut*, nata nel 1954 in Kansas, e le varianti della pizza italiana come la New York-Style Pizza o la Chicago-Style Pizza.

[8] allied troops / [9] discovered
[10] spread

Una curiosità: *Totò sapore e la magica storia della pizza*

Nel 2003 il regista Maurizio Forestieri realizza il film d'animazione *Totò sapore e la magica storia della pizza*, dove la musica è scritta dai popolari fratelli e cantanti Edoardo e Eugenio Bennato. Il film, ambientato nel 1700, racconta la storia di Totò, giovane cuoco e cantante di piazza , che riceve da Pulcinella delle pentole magiche che trasformano ogni ingrediente in cibo delizioso. Grazie a questo diventa il cuoco del re di Napoli e . . . alla fine di molte avventure crea un piatto prelibato: la pizza!

FONTI:

Pizza mondo. www.pizzamondo.it.

Totò sapore e la magica storia della pizza. www.imdb.com.

Comprensione

A. Scegli **la risposta esatta** tra le tre scelte presentate.

1. Qual è l'età della pizza?
   a. Circa tre secoli.
   b. Circa tremila anni.
   c. Circa trecento anni.

2. Quando arriva il pomodoro in Europa?
   a. Dopo il 1492.
   b. Verso l'anno 1000.
   c. Nel 1700.

3. Quando apre una delle prime pizzerie a Napoli?
   a. Nel 1700.
   b. Nel 1800.
   c. Nel 1600.

4. Perché si chiama pizza Margherita?
   a. Dal nome della moglie del pizzaiolo.
   b. Dal nome della regina d'Italia.
   c. Dal nome del pizzaiolo.

5. Quali sono i colori della pizza Margherita?
   a. Quelli degli abiti della regina.
   b. Quelli della bandiera italiana.
   c. Quelli della reggia di Capodimonte.

6. Dove apre la prima pizzeria negli Stati Uniti?
   a. Kansas.
   b. Chicago.
   c. New York.

7. Cos'è *Totò sapore*?
   a. Un fumetto.
   b. Un cartone animato.
   c. Un libro sulla storia della pizza.

B. **Vero o falso?** Leggi l'articolo sulla pizza e indica se le seguenti affermazioni sono vere o false e correggi quelle false.

_____ 1. Un cuoco di Napoli inventa la pizza.

_____

_____ 2. Nel Seicento appare un testo con una storia che parla della pizza.

_____

_____ 3. Si considera Napoli la patria della pizza.

_____

_____ 4. Solo nel Cinquecento si usa il pomodoro sulla pizza.

_____

_____ 5. Il pomodoro non è un prodotto europeo.

_____

_____ 6. Il nome della pizza Margherita deriva da quello del re d'Italia.

_____

_____ 7. In America si creano diverse varianti della pizza.

_____

_____ 8. Le prime pizzerie in America aprono all'inizio del secolo scorso.

_____

SCRIVIAMO

A. **Una festa.** Un tuo amico decide di organizzare una festa in cui offre solo pizza. Dagli dei consigli su come preparare la pizza e che tipi di pizza offrire agli inviati. Se hai bisogno di informazioni per la ricetta aiutati con Internet.

_____

_____

_____

_____

_____

_____

_____

_____

_____

_____

B. Un piatto tipico del tuo Paese. Una tua amica straniera ti chiede la ricetta di un piatto tipico del tuo Paese. Scrivile gli ingredienti e spiegale dettagliatamente la preparazione.

_____

_____

_____

_____

_____

_____

_____

_____

 ### NAVIGHIAMO NELLA RETE

A. I musei del cibo della città di Parma. Parma è famosa in tutto il mondo per i suoi prodotti quali il prosciutto e il parmigiano. Recentemente a Parma è stata creata una rete di musei sul cibo per offrire «itinerari culinari» ai turisti. Cerca su un motore di ricerca italiano il sito dei «Musei del cibo» di Parma e rispondi alle seguenti domande.

1. Quanti musei del cibo ci sono a Parma?

    _____

2. Quando sono stati inaugurati e aperti?

    _____

3. Perché Parma ha deciso di realizzare i «Musei del cibo».

    _____

    _____

B. Visita ad un museo. Ora visita uno dei musei del cibo e rispondi alle domande.

1. Quale museo hai visitato e perché?

    _____

2. Ci sono ricette tipiche da portare «a tavola»?

    _____

3. Tra le ricette che hai trovato nel sito indica quale consideri la più interessante e perché.

    _____

    _____

    _____

    _____

CAPITOLO 9

L'Italia del passato: il ventennio fascista e il neorealismo

TEMI

Il ventennio fascista

A. Il contrario della democrazia. Associa i termini della colonna A con il loro opposto nella colonna B.

A	B
1. dittatura	a. oppressione
2. nemico	b. cosmopolitismo
3. censura	c. pacifista
4. patriottismo	d. opposizione
5. militarista	e. alleato
6. violenza	f. libertà di stampa
7. libertà	g. democrazia
8. consenso	h. femminista
9. invasione	i. gentilezza
10. maschilista	l. liberazione

B. Ricostruiamo la storia. Completa il seguente brano con la parola corretta.

prigione	dittatore	legge razziale	disprezzo	forza
propaganda	regime	fascista	violenza	duce	diritti civili

Benito Mussolini governò l'Italia fra il 1922 e il 1943 come guida assoluta dello Stato, una sorta

di _____ (1). Si faceva chiamare il _____ (2) dai suoi fedeli seguaci. Nel

corso della sua dittatura Mussolini aveva mostrato un completo _____ (3) per i

_____ (4) dei cittadini italiani: aveva promulgato la _____ (5); aveva

ridotto al silenzio l'opposizione attraverso la _____ (6) e la _____ (7). Il

_____ (8) cercava di ottenere il consenso attraverso la _____ (9) e la

_____ (10).

C. Parole crociate. Completa il cruciverba con le parole che corrispondono alle definizioni date.

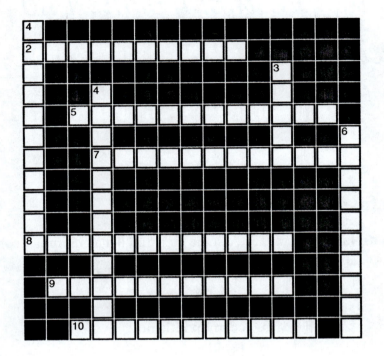

Orizzontali

2. Violento
5. Amore per la patria
7. Politica estera aggressiva
8. Si deve fare
9. Il contrario di femminista

Verticali

1. Aggettivo derivato da patriottismo
3. Il partito politico di Mussolini
4. Esaltazione del sentimento nazionale
6. Uccidere, cancellare, annientare

Il dopoguerra e il neorealismo

A. La Resistenza e il dopoguerra. Associa ogni parola della colonna A con la definizione appropriata nella colonna B.

A

1. disoccupazione
2. commuovere
3. macerie
4. sfollare
5. partigiano
6. reduce

B

a. rovine, edifici distrutti
b. combattente contro il regime fascista e nazista
c. liberare un'area dalla popolazione che la abita
d. soldato che sopravvive a una guerra
e. mancanza di lavoro
f. far piangere

B. Girare un film in Italia. Mario scrive al suo amico Piero riguardo al film che sta girando a Roma. Completa la mail di Mario usando la parola corretta. Ricordati di coniugare i verbi nella persona e nel tempo corretti.

ambientata   attore   macchina da presa   riprese
studi cinematografici   sfondo   esterni   regista   scena

Ciao Piero,

ti racconto le ultime novità sul film. Abbiamo iniziato le _____ (1) due settimane fa

qui a Roma. Dobbiamo girare moltissimi _____ (2) e la città è uno _____

(3) ideale per il mio film. Come sai, si tratta della storia di un giovane _____ (4)

durante il fascismo. Tutta la vicenda è _____ (5) vicino agli _____ (6) di

Cinecittà. Una scena in particolare, però, mi preoccupa: si tratta di una _____ (7)

durante il quale il protagonista cerca di comprare una _____ (8) da un ufficiale

fascista corrotto. Dobbiamo girare questa scena la settimana prossima e ancora non abbiamo

trovato un _____ (9) che interpreti la parte dell'ufficiale fascista. Speriamo che vada

tutto bene. A prestissimo,
Mario

C. Trova le parole. Ritrova nello schema le parole riportate qui sotto.

bombardare   sfollare   partigiano   combattere   reduce
sconfiggere   intrattenere   distrarre   mistificare   impegnato

```
C I A M C H X V J S Z U E R L
S E N Z W F M O B E T C W K V
E R E T T A B M O C F B U E Z
T R V E R E G G I F N O C S P
B A I E R A D R A B M O B I T
J R O M I S T I F I C A R E Z
U T M R P A R T I G I A N O D
U S H H T E A Q E C W J Z M Q
J I D M D J G E T N W A C P S
S D V U N R L N S K E A N W C
R S C S F O L L A R E R D E H
O E J F E G S E N T T E R N
M W T F X D O B S C O T G Y D
S S R Q F F P D J L D U Q Y T
Y M R H M R D Z J L V G V M R
```

STRUTTURE

9.1 La concordanza dei tempi dell'indicativo e del congiuntivo

Scriviamo

A. I ricordi di un anziano. Un partigiano racconta la sua esperienza con la Resistenza. Cambia le frasi dal presente al passato indicativo (passato remoto, imperfetto o trapassato) facendo tutti i cambiamenti necessari.

Esempio: So che il fascismo è un regime dittatoriale.
Sapevo che il fascismo era un regime dittatoriale.

1. Mi unisco ai partigiani perché voglio combattere per la libertà.

   _____

2. Molti non si uniscono alla Resistenza perché hanno paura delle minacce.

   _____

3. Molti civili sanno che aiutare i partigiani è una cosa giusta.

   _____

4. So che ho corso il rischio di essere ferito o ucciso.

   _____

5. Dicono che molti compagni sono morti durante la Resistenza.

   _____

6. Sono certo che noi partigiani abbiamo un posto nella storia d'Italia.

   _____

B. La guerra e il neorealismo. Completa le frasi con la forma corretta del congiuntivo.

1. All'inizio della guerra Mussolini pensava che Hitler _____ (essere) un alleato utile.

2. I fascisti invasero l'Etiopia affinché l'Italia _____ (espandersi) come l'impero romano.

3. Rossellini scelse di girare fuori dagli studi cinematografici perché voleva che i suoi film _____ (sembrare) molto più realistici e _____ (commuovere) profondamente il pubblico.

4. Nei primi mesi di guerra Mussolini credette che i tedeschi _____ (possedere) un esercito invincibile.

5. I partigiani della Resistenza combattevano perché i loro figli _____ (potere) vivere liberi.

6. Quando i tedeschi invasero l'Italia pensavano che gli italiani_____ (abbandonare) già da molto tempo la speranza di rimanere liberi.

7. Gli italiani di oggi pensano che il fascismo _____ (segnare [*to mark*]) profondamente la coscienza collettiva italiana ed europea.

C. L'insegnamento della storia nelle scuole italiane. Uno studente della scuola media italiana parla di quello che ha imparato a scuola sul fascismo. Completa il brano scegliendo la forma corretta del verbo.

Il mese scorso i miei compagni ed io *abbiamo studiato / studieremo* (1) il ventennio fascista. Abbiamo imparato che durante il fascismo molti diritti civili *siano stati soppressi / sono stati soppressi* (2). Molti dei miei compagni non capiscono come mai gli italiani non *abbiano reagito / reagirebbero* (3) alle limitazioni della libertà imposte da Mussolini. Loro si chiedono perché i loro nonni *mantengano / abbiano mantenuto* (4) il silenzio anche quando sono state promulgate le leggi razziali. Domani a scuola ci sarà una conferenza sul fascismo e un anziano partigiano parlerà della sua esperienza in quegli anni. Credo che *ci parla / ci parlerà* (5) anche delle leggi razziali. Spero che i miei compagni gli *chiedano / chiedono* (6) di spiegare perché, secondo lui, gli italiani *rimanevano / siano rimasti* (7) in silenzio anche davanti a questa grande ingiustizia. Forse i miei compagni di classe non faranno questa domanda, ma sono sicuro che il nostro professore la *fa / farà* (8).

 Ascoltiamo

(CD 5, TRACK 1)

A. Fausto e il cinema. Fausto parla del ruolo di ufficiale [*officer*] fascista che gli è stato assegnato nel film di Mario. Ascolta le sue affermazioni e completa le trascrizioni riportate qui sotto con il verbo che senti. Ogni frase sarà ripetuta due volte.

> Esempio: SENTI: Credo che il mio personaggio pensi a quanti soldi possa chiedere per la macchina da presa.
>
> VEDI: Credo che il mio personaggio _____ a quanti soldi possa chiedere per la macchina da presa.
>
> SCRIVI: Credo che il mio personaggio ***pensi*** a quanti soldi possa chiedere per la macchina da presa.

1. Non sapevo che Mario _____ un film sul fascismo.

2. Credevo che non _____ prima di quest'estate.

3. Ho saputo che il personaggio principale _____ da Fabio Contini.

4. Credo che mi _____ una settimana per prepararmi alla scena.

5. Penso che _____ nervoso il giorno delle riprese.

Nome _____ Data _____ Classe _____

(CD 5, TRACK 2)

B. La conferenza a scuola. Un vecchio partigiano racconta le sue avventure e le sue opinioni al presente. Trasforma al passato indicativo o condizionale il verbo della frase secondaria. Ogni frase sarà ripetuta due volte.

Esempio: SENTI: Penso che gli italiani non si ribellino a causa della propaganda.
VEDI: Pensavo che gli italiani non _____ a causa della propaganda.
SCRIVI: Pensavo che gli italiani non **_si ribellassero_** a causa della propaganda.

1. Insieme alla Resistenza pensavo che _____ la mia gente.

2. Credevo che _____ sulle montagne per mesi.

3. Pensavo che la guerra _____ già finita.

4. Sapevo che io e i miei compagni _____ molta fortuna.

5. Pensavo che _____ con molti altri partigiani.

9.2 I pronomi relativi

Scriviamo

A. Gli italiani e il fascismo. Unite le due frasi che seguono usando un pronome relativo. Segui l'esempio.

Esempio: Gli italiani hanno partecipato alla resistenza. / *Gli italiani* erano scontenti del regime.
*Gli italiani **che** hanno partecipato alla Resistenza erano scontenti del regime.*

1. I nazisti avevano invaso l'Italia. / *I nazisti* sono stati attaccati dai partigiani.

   _____

2. I nazisti arrestavano le persone. / *Le persone* si rifiutavano di collaborare.

   _____

3. I nazisti uccidevano gli italiani. / *Gli italiani* si ribellavano.

   _____

4. La Resistenza aveva contatti con gli alleati. / *Gli alleati* combattevano nel sud d'Italia.

   _____

5. Mussolini aveva tradito la fiducia delle persone. / *Le persone* avevano sostenuto il fascismo.

   _____

B. Quant'è difficile girare un film! Leggi le disavventure di Mario e del suo film. Completa il brano scegliendo il pronome relativo corretto.

Proprio oggi che si doveva girare la scena *nella quale / che* (1) il protagonista parla con l'ufficiale fascista, l'attore principale si è ammalato. *Il quale / Ciò* (2), come potete immaginare, ha rallentato le riprese di alcuni giorni. Gli studi cinematografici *che / di cui* (3) avevamo affittato e *chi / nei quali* (4) avevamo già allestito le scenografie ci costano un occhio della testa. E adesso dobbiamo affittarli per altri due giorni! L'attore *dove / che* (5) abbiamo scelto per interpretare la parte dell'ufficiale fascista ha anche rinunciato ad andare al matrimonio della sorella pur di essere qui. E noi non possiamo girare! Come se non bastasse, il sindacato *il quale / a cui* (6) appartengono gli autisti degli autobus della città *che / in cui* (7) giriamo hanno dichiarato sciopero e quindi non posso neanche andare a controllare le ambientazioni *dove / per cui* (8) gireremo le scene *che / chi* (9) abbiamo in programma per i prossimi giorni. Con questi scioperi, è bravo *chi / il quale* (10) ci capisce qualcosa. Che sfortuna, proprio una giornata da dimenticare!

C. Racconti di guerra. Un partigiano racconta una notte di molti anni fa. Completa il testo con uno dei seguenti pronomi relativi. Nota che avrai bisogno di usare alcuni dei pronomi relativi più di una volta.

con la quale	con cui	che	il cui
in cui	quello che	quanto	chi	ciò che

Mi ricordo la notte _____ (1) prendemmo Alba. Eravamo io, Mario e Piero, insieme a Furio, _____ (2) era il comandante della nostra compagnia. Il giorno prima eravamo a Campomolino, il paese _____ (3) era nato Mario. Piero, _____ (4) fratello era stato catturato qualche giorno prima nel corso di un'operazione _____ (5) si cercava di rallentare i tedeschi, era molto nervoso. A _____ (6) gli chiedeva come si sentisse, rispondeva con un'alzata di spalle. _____ (7) era successo ci aveva scosso tutti. _____ (8) non riuscivamo a capire era come avessero fatto a farsi sorprendere in una zona _____ (9) conoscevano benissimo. Franco, il partigiano _____ (10) il fratello di Mario si trovava quando era stato catturato, era riuscito a scappare . . .

Ascoltiamo

(CD 5, TRACK 3)

A. **Le conoscenze di Armando.** Ascolta le affermazioni di Armando e rispondi a ciascuna di esse utilizzando la frase **Non conosco**… e il pronome relativo **che**. Segui l'esempio e ripeti ogni frase dopo averla ascoltata.

Esempio: Ho letto dei libri.
Non conosco i libri che hai letto.

1. _____
2. _____
3. _____
4. _____
5. _____
6. _____
7. _____
8. _____

(CD 5, TRACK 4)

B. **Conversazione sul fascismo e il neorealismo a scuola.** Rispondi di «sì» alle domande di Marco sul fascismo e il neorealismo sostituendo il pronome relativo **quale** con **cui**, come nell'esempio. Ripeti la risposta corretta dopo averla ascoltata.

Esempio: I partigiani *ai quali* ti riferisci sono italiani?
Sì, i partigiani a cui mi riferisco sono italiani.

1. _____
2. _____
3. _____
4. _____
5. _____
6. _____
7. _____
8. _____

9.3 Il discorso indiretto

Scriviamo

A. **Una scena del film di Mario.** Leggi la sceneggiatura della scena del film di Mario fra il protagonista (Franco) e l'ufficiale fascista (Italo Fascetti). Riscrivi il dialogo usando il discorso indiretto. Fai attenzione a coniugare i verbi al tempo corretto.

Esempio: FRANCO: Caro tenente Fascetti, come potrò mai ripagarla di questo favore?
Franco chiese al tenente Fascetti ***come avrebbe potuto ripagarlo di questo favore.***

FRANCO: Se non fosse stato per la guerra, probabilmente non ci saremmo mai incontrati.

1. Franco disse che se _____

   ITALO: Cosa glielo fa credere?

2. Italo chiese _____

   FRANCO: Senza la guerra Lei non sarebbe mai diventato tenente.

3. Franco rispose che _____

   ITALO: No, certo. Ma anche senza la guerra avremmo potuto incontrarci, come civili.

4. Italo suggerì che _____

   FRANCO: È vero! E magari saremmo diventati amici.

5. Franco era d'accordo e aggiunse che _____

   ITALO: Non esageriamo!

6. Italo invitò Franco a _____

   FRANCO: Mi scusi, tenente. Non volevo offenderla.

7. Franco si scusò e disse che _____

   ITALO: Le serve una macchina da presa?

8. Italo chiese se _____

   FRANCO: Sì, perché mentre lavoravo al film la macchina da presa si è rotta.

9. Franco disse di sì e raccontò che _____

   ITALO: Per quanto tempo Le serve?

10. Italo chiese _____

    FRANCO: Un paio di settimane dovrebbero bastare. Mi mancano solo due scene.

11. Franco rispose che _____ poiché _____

B. **Il nonno di Paolo.** Paolo ha appena studiato il fascismo a scuola. Leggi la discussione che ha con il nonno e trasforma le domande e le risposte usando il discorso indiretto. Segui l'esempio.

Esempio: PAOLO: Nonno, è vero che gli italiani ammiravano molto Mussolini?
   Paolo ha chiesto al nonno se era vero che gli italiani ammiravano molto Mussolini.
   NONNO: Sì, all'inizio lo ammiravano molto.
   Il nonno ha risposto che all'inizio gli italiani lo ammiravano molto.

PAOLO: E poi cosa è successo?

1. _____

NONNO: Dopo essere entrato in guerra accanto alla Germania, Mussolini ha perso il consenso.

2. _____

PAOLO: Cosa facevi mentre Mussolini dichiarava l'entrata in guerra?

3. _____

NONNO: Ero ancora un bambino. Ricordo che stavamo in piazza.

4. _____

PAOLO: C'era anche la nonna?

5. _____

NONNO: No, la nonna non l'avevo ancora conosciuta allora.

6. _____

PAOLO: Con chi eri?

7. _____

NONNO: Ero con mia madre, stavamo facendo la spesa.

8. _____

C. **Agli ordini!** Come siamo tutti bravi a dare ordini! Trasforma le seguenti frasi al discorso indiretto.

Esempio: Il generale ha ordinato ai suoi soldati: «Prendete il fucile [*gun*]!»
   *Il generale ha ordinato ai suoi soldati **di prendere il fucile**.*

1. Dal balcone di piazza Venezia Mussolini ha urlato: «Vincete le guerra!»

_____

2. Durante i bombardamenti il mio amico mi disse: «Rimani in cantina!»

_____

3. A scuola il mio insegnante dice sempre: «Studiate la storia!»

_____

4. Mio nonno mi ripete sempre: «Ascolta i racconti degli anziani!»

_____

5. Il partigiano ci ha ripetuto: «Riflettete su quello che ho detto!»

_____

Ascoltiamo

(CD 5, TRACK 5)

A. **Mario parla del suo film.** Ripeti le dichiarazioni di Mario usando il discorso indiretto. Inizia ogni frase con «Mario dice che . . .» e il tempo corretto del verbo. Segui l'esempio e ripeti ogni frase dopo averla ascoltata.

Esempio: Questo è stato un film difficile.
Mario dice che *questo* ***è stato*** *un film difficile.*

1. _____
2. _____
3. _____
4. _____
5. _____
6. _____
7. _____

(CD 5, TRACK 6)

B. **Il racconto di Paolo.** Ascolta il racconto di Paolo riguardo alla sua esperienza nella Resistenza e trasforma le sue frasi usando il discorso indiretto. Inizia ogni frase con «Paolo disse che . . .» e la forma corretta del verbo. Segui l'esempio e ripeti ogni frase dopo averla ascoltata.

Esempio: Partimmo a settembre.
Paolo disse che *erano* ***partiti*** *a settembre.*

1. _____
2. _____
3. _____
4. _____
5. _____
6. _____
7. _____
8. _____
9. _____

9.4 I pronomi tonici

Scriviamo

A. La prima del film di Mario. Mario ha finalmente completato il suo film. Leggi quello che è successo durante la presentazione del film ai giornalisti. Completa il brano scegliendo il pronome tonico corretto.

La sera della prima Mario era molto nervoso. Aveva chiesto alla sua fidanzata di andare al cinema insieme *a lui / a noi*. Purtroppo Marcella, la fidanzata di Mario, aveva già promesso alla sua amica che sarebbe andata a cena *con lei / con voi*, e così Mario si è presentato alla prima *da solo / da sé*, nervosissimo. Lì ha incontrato gli attori e ha parlato *con loro / con me* per un po'. Dopo la proiezione del film tutti hanno applaudito e finalmente Mario si è sentito più tranquillo. Quando la serata stava per finire ha invitato tutti a casa sua per un bicchiere di vino. Ha detto: «Andiamo *da me / da lui* a bere un bicchiere!»

B. Esperienze da partigiani. Un partigiano racconta a Piero alcuni episodi della Resistenza. Riscrivi le seguenti frasi sostituendo la parola in corsivo con il pronome tonico adeguato.

> Esempio: Avevamo preparato una piccola festa di compleanno per *Matteo e Antonio*.
> *Avevamo preparato una piccola festa di compleanno per **loro**.*

1. Quando combattevamo lo facevamo *per te e quelli della tua generazione*.

   _____

2. Prima di partire avevo appena incontrato Giovanna e mi ero innamorato *di quella ragazza*.

   _____

3. Dopo aver preparato lo zaino, finalmente ero pronto a partire *con i partigiani*.

   _____

4. I tedeschi cercavano *me e Matteo*, e gli abitanti del villaggio ci hanno aiutato a scappare.

   _____

5. Mi ricordo che sono riuscito a passare il mio ventesimo compleanno con *la mia fidanzata*.

   _____

6. Matteo e Antonio erano molto altruisti. Non pensavano mai a *Matteo e Antonio*.

   _____

7. Il giorno dell'attacco Matteo era ancora malato e quindi siamo andati all'appuntamento senza *Matteo*.

   _____

8. In quei giorni non parlavo più con *Alberto*.

   _____

C. Mario e Fausto. Durante una pausa nelle riprese del film Mario e Fausto parlano dei loro progetti per le vacanze. Completa le risposte di Fausto sostituendo la parte in corsivo con un pronome tonico.

Esempio: MARIO: Pensi di fare un viaggio *con i tuoi fratelli* appena finisci di girare il film?
FAUSTO: *Sì, penso di fare un viaggio **con loro**.*

1. MARIO: Pensi di partire *con la tua ragazza?*

   FAUSTO: Sì, penso di partire _____.

2. MARIO: Ti ricorderai *di noi* quando sarai in vacanza? Mandaci una cartolina!

   FAUSTO: Sì, certamente mi ricorderò _____.

3. MARIO: Potete incontrarvi *con me* a Venezia? Sarò lì per due settimane a settembre.

   FAUSTO: Sì, ci incontreremo a Venezia _____.

4. MARIO: Comprerete qualche souvenir *per me e Matteo?*

   FAUSTO: Sì, compreremo qualche souvenir _____.

5. MARIO: Passerai un po' di tempo *con tuo fratello?*

   FAUSTO: No, purtroppo non potrò passare un po' di tempo _____.

6. MARIO: Hai organizzato la vacanza *da te* oppure ti sei rivolto ad un'agenzia di viaggi?

   FAUSTO: Ho organizzato la vacanza _____.

Ascoltiamo

(CD 5, TRACK 7)

A. La storia della Resistenza. Alla radio c'è un dibattito sulla Resistenza. Indica a chi si riferisce il pronome tonico nelle frasi che senti. Ogni frase sarà ripetuta due volte.

Esempio: SENTI: La Resistenza lottava contro di loro.
VEDI: a. i nazisti b. Mussolini c. io e mio padre
SCRIVI: a

1. a. il re   b. Hitler   c. gli italiani
2. a. Mussolini   b. i fascisti   c. gli alleati
3. a. l'inverno   b. il freddo   c. la libertà
4. a. Mussolini   b. la mia famiglia e io c. i contadini
5. a. il partigiano   b. sua moglie   c. i francesi

(CD 5, TRACK 8)

B. Chiacchiere sul set. Durante una pausa nella lavorazione, gli attori del film di Mario si rilassano e chiacchierano. Rispondi alle domande che senti usando il pronome tonico corretto. Segui l'esempio e ripeti ogni frase dopo averla ascoltata.

Esempio: Vai al cinema con i tuoi amici?
    Sì, vado al cinema **con loro**.

1. _____
2. _____
3. _____
4. _____
5. _____
6. _____

 **ASCOLTIAMO**

(CD 5, TRACK 9)

Una telefonata importante. Mario telefona a Fausto per offrirgli una parte nel suo film. Ascolta la conversazione, che verrà ripetuta due volte, e completa gli esercizi che seguono. Per facilitare la comprensione, leggi le domande prima di ascoltare il testo: ti aiuteranno a familiarizzare con il vocabolario e il contenuto del brano che sentirai.

A. Scegli la **risposta esatta** tra le tre scelte presentate.

1. Perché Mario ha telefonato a Fausto?
   a. Per chiedergli se vuole andare a cena con lui.
   b. Per chiedergli se vuole interpretare un ruolo nel suo film.
   c. Per chiedergli se vuole scrivere una sceneggiatura per lui.
2. Qual è il lavoro di Mario?
   a. Fa lo scultore b. Fa l'attore c. Fa il cuoco
3. In che periodo è ambientato il film di cui parlano?
   a. Durante il ventennio fascista
   b. Durante il Rinascimento
   c. Durante gli anni del Neorealismo
4. Se Fausto accettasse, che parte interpreterebbe?
   a. Un partigiano comunista
   b. Un monaco francescano
   c. Un ufficiale fascista
5. Quante scene dovrebbe girare Fausto?
   a. 10   b. 7   c. 2
6. Perché Mario crede che Fausto sia perfetto per la parte?
   a. Fausto ha i vestiti giusti per il ruolo.
   b. Fausto ha la voce giusta per il ruolo.
   c. Fausto ha il volto giusto per il ruolo.

B. **La tua opinione.** Ascolta ancora una volta la telefonata fra Mario e Fausto e rispondi alle seguenti domande.

1. Secondo te, come finirà il film di Mario? Il protagonista riuscirà a girare il suo film? Racconta brevemente come immagini che sia la trama completa del film.

_____

_____

_____

_____

_____

_____

2. Secondo te il film di Mario avrà successo? Perché?

_____

_____

_____

_____

_____

_____

(CD 5, TRACK 10)

Un problema in produzione. Mario chiama Fausto per comunicargli il giorno delle riprese per la sua scena. Ascolta il dialogo, che verrà ripetuto due volte, e completa gli esercizi che seguono. Per facilitare la comprensione, leggi le domande prima di ascoltare il testo: ti aiuteranno a familiarizzare con il vocabolario e il contenuto del brano che sentirai.

A. **Vero o falso?** Indica se le seguenti affermazioni sono vere o false e correggi quelle sbagliate.

1. La produzione ha prenotato gli studi cinematografici per il giovedì della settimana successiva.

_____

2. Le riprese dureranno un paio di settimane.

_____

3. La sorella di Fausto si sposa proprio quel giorno.

_____

4. La sorella di Fausto può sposarsi un altro giorno.

_____

5. Mario non vuole fare le riprese un altro giorno.

_____

6. Mario dice che telefonerà alla produzione.

_____

7. Fausto chiamerà Mario appena riceve notizie dalla produzione.

_____

B. Mario ha detto, Fausto ha detto. Riscrivi la conversazione fra Mario e Fausto usando il discorso indiretto. Usa i suggerimenti riportati qui sotto.

1. Mario ha telefonato perché voleva dire a Fausto che _____

   _____

2. Fausto ha detto che _____

   _____

3. Mario avrebbe chiamato la produzione per chiedere se _____

   _____

4. Mario saluta Fausto dicendo che _____

   _____

COSA SAPPIAMO DEGLI ITALIANI?

Gli anni fra il 1922 e il 1945 sono molto importanti per la storia d'Italia. È in questo periodo che si svolge l'esperienza totalitaria del regime fascista e che nasce e comincia a diffondersi, come reazione al regime, un movimento cinematografico innovativo che avrebbe reso famoso il cinema italiano nel mondo: il «**neorealismo**».

Prima di leggere

Prima di leggere il testo rispondi alle seguenti domande.

1. Che cosa sai del fascismo in Italia?

   _____

   _____

2. A cosa associ la parola «fascismo»? A cosa ti fa pensare questa parola? A quale periodo storico ti fa pensare?

   _____

   _____

3. Il «neorealismo» è uno stile letterario e cinematografico italiano. Basandoti sul suo nome (che contiene la parola «realismo») quali caratteristiche credi che abbia?

   _____

   _____

4. Se fossi un regista o uno scrittore neorealista, che tipo di storie ti piacerebbe raccontare?

   _____

   _____

Qualche cenno sulla storia di quegli anni

Il fascismo

Nonostante la vittoria della prima guerra mondiale, l'Italia del primo dopoguerra era afflitta da una povertà diffusa e da un profondo malcontento. Benito Mussolini usò il disagio[1] sofferto come un'opportunità per affermare il proprio partito politico, il partito dei «Fasci di combattimento», fondato nel 1919. Creando un partito di estrema destra, Mussolini difendeva gli interessi delle classi industriali e borghesi, opponendosi a quella che veniva percepita come la minaccia dei movimenti di sinistra, molto popolari tra le classi operaie e meno abbienti[2]. I fascisti, detti anche «camicie nere» dal colore della loro divisa, adottarono la violenza come principale strumento di intimidazione e persuasione. Nel 1922 le squadre fasciste, favorite dalla debolezza della monarchia di Vittorio Emanuele III, si impossessarono della capitale italiana con una simbolica «marcia su Roma». Nonostante gli inizi violenti, Mussolini prese il sopravvento[3] nel governo con un'apparenza di legalità. Forse per questo motivo molti italiani non si resero conto della vera natura del regime dittatoriale che li avrebbe soffocati sempre di più. Il ventennio fascista fu un regime totalitario e dittatoriale: gli oppositori furono messi in carcere, assassinati o mandati al confino, i sindacati dei lavoratori furono aboliti, il diritto allo sciopero[4] fu revocato e fu instaurata la censura su libri, giornali, film, e anche lettere private, che venivano aperte, lette e cancellate nelle parti ritenute pericolose. Nel 1936, stabilito l'ordine interno con la violenza e la paura, il Duce decise di iniziare una politica di espansione coloniale, anche per risolvere i grandi problemi economici che affliggevano[5] il Paese. Le truppe italiane furono mandate in Africa, in Somalia, Etiopia ed Eritrea, mentre Mussolini formava l'alleanza con la Germania di Hitler. Nel 1939 Mussolini, a fianco della Germania, trascinò[6] l'Italia nella seconda guerra mondiale. La preparazione del Paese alla guerra non era però assolutamente adeguata né economicamente né militarmente e il prezzo pagato da tutti gli italiani fu enorme. I terribili disagi e la povertà causata dalla guerra, insieme all'opposizione politica al fascismo portarono nel 1943 all'arresto di Mussolini. Dopo l'arresto del Duce il governo italiano sciolse l'alleanza con il regime di Hitler e firmò un armistizio con gli Alleati. Da quel momento la guerra si trasformò per l'Italia in una guerra civile fra gli oppositori al fascismo e i seguaci del Duce, il quale, liberato dai tedeschi, costituì al Nord la Repubblica Sociale di Salò.

Contemporaneamente si formò un movimento di opposizione armata che fu chiamato «Resistenza». I suoi membri, i «partigiani», erano organizzati in brigate clandestine e favorirono l'avanzata[7] delle truppe alleate che erano sbarcate[8] al Sud. Il processo di liberazione durò due anni, finché si concluse con l'uccisione[9] di Benito Mussolini da parte dei partigiani. Nel 1946, finita la guerra e liberata l'Italia dal fascismo, gli italiani furono chiamati a votare in un referendum per la monarchia o la repubblica e scelsero la forma di governo repubblicana, per cui il re fu mandato in esilio. L'Italia aveva sofferto immensamente per la guerra: la povertà era estrema, le città erano state distrutte dai bombardamenti, l'economia era a terra. Ci sarebbero voluti altri dieci anni e gli aiuti economici del governo americano per risollevare il Paese.

[1] distress
[2] well-off
[3] upper hand
[4] strike
[5] afflicted
[6] dragged
[7] advance
[8] landed
[9] assassination

Il neorealismo

Il neorealismo fu intimamente connesso con l'opposizione al fascismo. Fu caratterizzato in generale dal trattamento realistico di problemi soprattutto sociali, da un'ambientazione[10] semplice e popolare, dall'attualità politica e storica e dall'impegno politico. Gli anni del cinema neorealista vanno soprattutto dal 1945 al 1953, anche se la sua influenza continua ancora oggi. Questo è universalmente riconosciuto come un momento di particolare importanza nella storia del cinema a livello internazionale. Il neorealismo comunque si manifestò ampiamente anche in letteratura, con scrittori come Elio Vittorini, Primo Levi, Cesare Pavese, Italo Calvino e Alberto Moravia. Nel cinema registi come Roberto Rossellini e Vittorio De Sica, sceneggiatori quali Sergio Amidei e Cesare Zavattini, in genere intellettuali di sinistra, iniziarono una lotta consapevole[11] contro il cinema d'evasione, che tendeva a rappresentare una realtà borghese falsa e artificiosa. Questo cinema d'evasione era stato un altro strumento di propaganda nelle mani di Mussolini, che se ne era servito per dare agli italiani l'illusione di vivere in un Paese ricco, i cui problemi erano stati tutti risolti dal fascismo. I registi neorealisti invece si proposero di rivelare tante realtà e problemi sociali che il regime fascista aveva nascosto e negato per molti anni, in modo da obbligare lo spettatore a rendersi conto[12] delle condizioni di vita delle classi subalterne. In genere, infatti, essi rappresentarono i problemi del vivere quotidiano delle fasce[13] più povere della popolazione e scelsero ambienti veri, come le strade delle città bombardate e gli interni reali delle case della gente, invece di ricreare tutto negli studi cinematografici.

[10] setting

[11] conscious

[12] to realize
[13] layers

Comprensione

A. Vero o falso? Leggi l'articolo sul fascismo e il neorealismo e indica se le seguenti affermazioni sono vere o false.

_____ 1. Mussolini fonda il partito dei Fasci nel 1920.

_____ 2. La «marcia su Roma» è stato un atto simbolico.

_____ 3. Mussolini fu arrestato dagli Alleati.

_____ 4. I film neorealisti erano film d'evasione.

_____ 5. Calvino è un famoso regista neorealista.

_____ 6. Il neorealismo fu anche movimento letterario.

_____ 7. Gli anni del cinema neorealista vanno soprattutto dal 1935 al 1943.

B. Trova l'intruso. Trova l'intruso tra questi gruppi di nomi che hai trovato nell'articolo sul fascismo e il neorealismo, e spiega perché.

1. Fasci	Camicie nere	Partigiani
2. Hitler	Vittorini	Mussolini
3. Calvino	Rossellini	Pavese
4. De Sica	Amidei	Zavattini
5. Somalia	Albania	Eritrea
6. Inghilterra	Italia	Germania

C. Scegli **la risposta esatta** tra le tre scelte presentate.

1. Quali fra questi è un regista neorealista?
   a. Primo Levi
   b. Benito Mussolini
   c. Roberto Rossellini

2. Il cinema neorealista era caratterizzato da
   a. l'uso di attori professionisti
   b. un interesse verso le classi borghesi
   c. un'ambientazione semplice e popolare

3. Che tipo di film promuoveva il fascismo?
   a. film d'evasione e di intrattenimento
   b. film che analizzavano i problemi della società italiana
   c. film che parlavano della vita nell'antica Roma

4. Qual era l'atteggiamento del Neorealismo nei confronti del fascismo?
   a. una sostanziale indifferenza verso il fascismo
   b. un atteggiamento di approvazione e di esaltazione
   c. un atteggiamento di critica e di condanna

5. I fascisti venivano chiamati anche
   a. giubbe rosse
   b. camicie nere
   c. camicie brune

6. Il fascismo difendeva gli interessi
   a. delle classi aristocratiche e nobiliari
   b. delle classi operaie e contadine
   c. delle classi industriali e borghesi

7. Nel 1946 gli italiani votarono per scegliere se
   a. essere una repubblica o una monarchia
   b. essere alleati degli americani o dei giapponesi
   c. essere annessi alla Francia o all'Inghilterra

8. Perché le truppe italiane furono mandate in Africa?
   a. per combattere contro gli inglesi
   b. per risolvere i problemi interni dell'economia italiana
   c. per aiutare le nazioni africane a costruire un regime democratico

D. **Le tue opinioni sul neorealismo e sul fascismo.** Dopo aver letto il testo, scrivi almeno cinque cose che hai imparato sul fascismo.

1. _____
2. _____
3. _____
4. _____
5. _____

SCRIVIAMO

A. Un/Una giornalista a Roma. Immagina di essere un/una giornalista che ha intervistato un vecchio partigiano che ha partecipato alla Resistenza. Usando le tecniche indicate nel libro di testo nella sezione *Per scrivere*, scrivi un breve testo in cui usi il discorso indiretto per riassumere quello che ha detto il partigiano.

_____

_____

_____

_____

_____

_____

_____

_____

B. Un film neorealista. Sei un/una regista e vuoi girare un film neorealista. Scrivi un breve riassunto della trama del film che pensi di girare.

_____

_____

_____

_____

_____

_____

_____

C. Cosa pensano gli italiani di Mussolini. Immagina di avere avuto l'opportunità di intervistare un italiano/un'italiana e di chiedergli/chiederle cosa pensa di Mussolini. Usando il discorso indiretto, scrivi un breve testo nel quale racconti quello che hai chiesto all'intervistato/all'intervistata e quello che lui/lei ti ha risposto.

_____

_____

_____

_____

_____

_____

_____

NAVIGHIAMO NELLA RETE

A. Il neorealismo su Internet. Cerca su Internet le informazioni su un film neorealista. Ecco alcuni titoli:

La terra trema	*Paisà*	*Umberto D.*	*Sciuscià*	*Roma, città aperta*
	Stromboli	*Germania anno zero*	*Ossessione*	

Inserisci uno di questi titoli in un motore di ricerca italiano e trova almeno una recensione critica sul film. Scrivi un breve testo nel quale riporti l'opinione del critico usando il discorso indiretto. Inizia il testo con: Il critico [scrivi il nome del critico] ha scritto che . . . .

_____

_____

_____

_____

_____

_____

_____

_____

B. Ladri di biciclette. Questo è il titolo di uno dei film neorealisti più famosi. Inserisci il titolo in un motore di ricerca italiano e trova le informazioni per rispondere alle seguenti domande.

1. Chi è il regista di questo film?

_____

2. Quali altri film ha girato?

_____

_____

3. Racconta brevemente la trama del film.

_____

_____

_____

4. Ti piacerebbe vedere questo film? Perché?

_____

_____

_____

CAPITOLO 10

L'economia: il «sistema» Italia e le nuove sfide

TEMI

Il «sistema» Italia

A. **La lingua dell'economia.** Associa alle parole della colonna A la loro definizione o un loro sinonimo elecanti nella colonna B.

A	B
1. il divario	a. il CEO
2. il settore	b. la scarpa
3. lo stabilimento	c. il mercato azionario
4. il proprietario	d. una parte di un sistema economico
5. la calzatura	e. la compagnia, un'industria
6. tessile	f. per ciascuna persona
7. l'amministratore delegato	g. la differenza fra le classi sociali
8. pro capite	h. settore che produce tessuti
9. la borsa	i. una fabbrica
10. la società	l. il padrone di una fabbrica o di un negozio

B. **Gli affari di Soldini.** Completa con la parola corretta la descrizione della ditta che il signor Soldini vuole aprire all'estero.

> in via di sviluppo affari beni investimento gestire
> inflazione servizi impresa tasse addetto

Il signor Soldini ha deciso di aprire un' _____(1) in un paese _____(2).
Ha contattato l'_____(3) al commercio dell'ambasciata per chiedere alcune
informazioni. Il signor Soldini vuole sapere quante _____(4) si pagano lì e che tipo
di _____(5) sono disponibili. Il signor Soldini è anche preoccupato per lo stato dell'
_____(6), non vorrebbe perdere il valore del suo _____(7). Il signor
Soldini è sicuro che farà ottimi _____(8) perché i _____(9) che produce
sono molto richiesti. Il signor Soldini cercherà di _____(10) la ditta nel miglior
modo possibile.

C. Parole crociate. Completa il cruciverba con le parole che corrispondono alle
definizioni date.

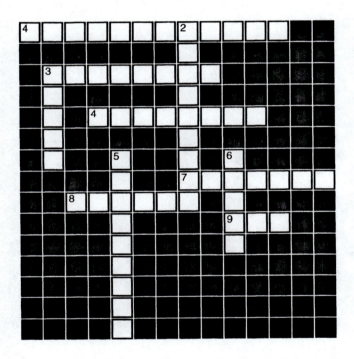

Orizzontali

1. Padrone di una fabbrica o di un negozio
3. Padrone, proprietario
4. Management
7. Tassa
8. Azione [stock]
9. Società per azioni

Verticali

2. Il settore dei servizi
3. Interesse [rate]
5. Volume delle vendite
6. Uscita, pagamento a terzi

Le nuove sfide

A. Parlando di economia. Nel bar vicino al Ministero del Commercio molti ministri e imprenditori prendono il caffé e parlano d'affari. Completa le frasi con la forma corretta di una delle parole della lista.

recessione	calo	infrastrutture	concorrenza	competere	esportare
		valuta	imprenditore		

1. Spediremo centinaia di casse in Francia. Vorremmo _____ gran parte della nostra produzione.

2. La _____ economica ha causato la perdita di molti posti di lavoro.

3. Dobbiamo mantenere i nostri prezzi bassi per battere [beat] la _____.

4. Il Governo ha promesso di migliorare le _____ per incoraggiare la ripresa economica.

5. L'impresa di Soldini ha sofferto un _____ nelle esportazioni.

6. Il signor Soldini è un _____ di grande successo.

7. La nostra azienda può _____ sul mercato internazionale.

8. Il mercato della _____ ha visto un forte calo nel valore del dollaro.

B. Una cena d'affari. Giorgio Parchetti e Michele Giardinoli discutono di affari durante una cena di lavoro. Completa la loro conversazione con la forma corretta di una delle parole della lista.

multinazionali	strategia	contraffazioni	concorrenza	mercato estero
	falsari	esportazioni	brevetto	

GIORGIO: Volevo parlarti di questo nuovo prodotto.

MICHELE: Siamo riusciti a completarlo prima della _____(1). Abbiamo anche un _____(2), quindi non lo possono copiare.

GIORGIO: Non ti preoccupano i _____(3)? Capita sempre più spesso di vedere delle brutte _____(4) nei mercati e nei negozi.

MICHELE: No, non mi preoccupano. Piuttosto, come pensi che andranno le _____(5)?

GIORGIO: Sono sicuro che andranno molto bene. Il _____(6) offre moltissime possibilità.

MICHELE: Non hai paura della concorrenza delle _____(7)?

GIORGIO: No, abbiamo un'ottima _____(8) per evitare qualsiasi problema.

C. Trova le parole. Trova nello schema le seguenti parole.

brevetto	competitività	concorrenza	esportazione	multinazionale
	produzione	strategia	importazione	

```
C  O  M  P  E  T  I  T  I  V  I  T  À  E  E
E  N  O  I  Z  U  D  O  R  P  C  U  L  O  S
I  B  D  M  M  M  K  Y  X  O  X  A  E  T  P
R  A  U  B  I  P  N  N  N  N  L  V  T  O  O
S  S  I  M  P  V  O  C  M  O  N  W  C  E  R
T  X  N  G  D  U  O  R  I  N  M  T  N  V  T
T  R  V  P  E  R  V  Z  T  E  Q  Q  R  E  A
W  B  C  D  R  T  A  C  P  A  A  F  U  R  Z
B  D  O  E  R  N  A  W  L  L  Z  T  Q  B  I
Q  V  N  C  I  P  C  R  N  W  V  I  B  A  O
P  Z  H  T  Y  B  S  H  T  Z  Y  H  O  H  N
A  F  L  S  Y  U  N  S  I  S  M  B  P  N  E
N  U  T  X  E  T  M  X  X  L  U  X  L  P  E
M  K  A  J  E  B  K  K  U  F  A  Q  A  Y  W
E  J  G  I  Y  W  K  V  T  A  U  R  O  N  P
```

STRUTTURE

10.1 Le forme impersonali

Scriviamo

A. **La lettera di Giancarlo.** Giancarlo scrive a un collega straniero riguardo all'industria italiana. Segui il modello del primo verbo che è stato già coniugato.

<u>Si sa</u> (Sapere) che in Italia l'industria automobilistica e quella della moda sono tra i principali settori economici del Paese. _____(1. Fabbricare) molte automobili e

_____(2. produrre) anche una grande quantità di articoli d'abbigliamento. Infatti in

Italia _____(3. ritenere) che siano molto importanti tutti i settori della moda. Le

marche italiane di abiti _____(4. trovare) in tutto il mondo, specialmente nei negozi

nei quali _____(5. vendere) articoli di lusso. Quando _____(6. parlare)

dell'Italia, _____(7. pensare) immediatamente alle grandi marche della moda e

delle auto. Quando _____(8. pubblicizzare) queste marche, _____

(9. insistere) sempre sulla cura al dettaglio per cui in tutto il mondo _____

(10. prendere) ad esempio le industrie.

B. **Si stava meglio quando si stava peggio.** Nonno Riccardo si lamenta della situazione economica attuale e ricorda i bei tempi passati. Riscrivi le sue affermazioni usando il *si* impersonale al posto dei verbi in corsivo.

1. *La gente spendeva* meno quando ero giovane io.

   _____

2. *La gente non aveva bisogno* di tanti oggetti inutili.

   _____

3. *La gente abitava* in case più piccole.

   _____

4. *La gente guadagnava* di meno ma *era* più felice.

   _____

5. *La gente lavorava* di meno e *passava* più tempo con la famiglia.

   _____

C. **Il lancio di un nuovo modello.** La tua amica Elena ti racconta di una festa organizzata da un'industria italiana di automobili per il lancio promozionale di un nuovo modello. Riscrivi le frasi usando il *si* impersonale al posto dei verbi in corsivo. Ricordati di fare tutti i cambiamenti necessari.

1. Sembrava che *saremmo arrivati* tardi a causa del traffico.

   _____

2. Una volta alla villa, *siamo andati* subito nel salone dell'esposizione.

    _____

3. C'era proprio tanta gente, ma *non abbiamo capito* perché non ci fosse il direttore.

    _____

4. *Dicevano* che sarebbe venuto anche il famoso designer.

    _____

5. *Abbiamo visto* il prototipo di un'auto decisamente all'avanguardia.

    _____

6. Sembra che in questa macchina *possiamo* usare una benzina speciale a basso costo.

    _____

7. *Non sappiamo* però di cosa sia composta questa benzina.

    _____

8. *Si sono meravigliati* tutti dello stile e delle rifiniture eleganti.

    _____

9. Dal salone *siamo passati* tutti in giardino, dove c'era il buffet.

    _____

10. *Abbiamo mangiato* tanti piatti raffinati.

    _____

11. *Abbiamo bevuto* anche molto.

    _____

12. Nel salone non *potevamo* fumare, ma *la gente ha fumato* in giardino.

    _____

D. L'economia italiana all'estero. Stefano, un amico italiano, ti fa domande su quello che si sa nel tuo Paese a proposito dell'economia italiana. Rispondi alle sue domande usando la forma impersonale quando è possibile.

1. Nel tuo Paese, quali prodotti italiani conosce la gente?

    _____

2. Quali prodotti le persone comprano di più ? Quali di meno?

    _____

3. Che cosa sanno nel tuo Paese dell'economia italiana?

    _____

4. Di quali problemi economici italiani sono informate le persone?

    _____

5. Quali sono alcune similarità e alcune differenze tra l'economia italiana e quella del tuo Paese?

    _____

Ascoltiamo

(CD 5, TRACK 11)

A. Relazione annuale sull'economia. Ascolta quello che dice il Ministro dell'Economia nella sua relazione annuale. Trasforma le frasi che senti usando il *si* impersonale. Segui l'esempio e ripeti la risposta corretta dopo averla ascoltata.

Esempio: La gente risparmia pochi soldi.
Si risparmiano pochi soldi.

1. _____
2. _____
3. _____
4. _____
5. _____

(CD 5, TRACK 12)

B. Un incontro con gli azionisti. Il signor Soldini tiene una relazione ai suoi azionisti riguardo l'andamento della sua impresa. Trasforma le sue affermazioni usando il *si* impersonale. Ripeti la risposta corretta dopo averla ascoltata.

Esempio: Quest'anno abbiamo battuto la concorrenza.
Quest'anno si è battuta la concorrenza.

1. _____
2. _____
3. _____
4. _____
5. _____

10.2 Le frasi esclamative

Scriviamo

A. Shopping in via Montenapoleone. Marta sta facendo delle compere in via Montenapoleone, la strada più famosa di Milano dove si concentrano i negozi delle marche più prestigiose. Riscrivi le sue affermazioni usando la forma esclamativa.

Esempio: Questi negozi sono costosi.
Che negozi costosi!

1. Questi vestiti sono eleganti.

_____

2. Le commesse sono antipatiche e sgarbate [*rude*].

_____

3. Questi gioielli sono raffinati.

_____

4. I bar sono caratteristici.

_____

5. I clienti sono facoltosi.

_____

6. Le scarpe sono comode.

_____

7. La signora è gentile.

_____

8. Le vetrine sono invitanti.

_____

B. Concessionario d'automobili di lusso. Piero entra in una concessionaria di automobili di lusso per informarsi sull'auto dei suoi sogni. Trasforma le frasi dell'addetto alle vendite in frasi esclamative usando *come* e *quanto*.

    Esempi: Questa macchina è molto veloce.
                    ***Com'è** veloce questa macchina!*

                    Questa macchina costa molto.
                    ***Quanto** costa questa macchina!*

1. Questa macchina consuma moltissimo.

_____

2. Questa macchina è ricca di accessori.

_____

3. Questa macchina piace molto alle ragazze.

_____

4. Questa macchina è molto delicata.

_____

5. Questa macchina è molto silenziosa.

_____

6. Questa macchina è molto potente.

_____

7. Questa macchina è molto sicura.

_____

8. Questa macchina è molto affidabile.

_____

Ascoltiamo

(CD 5, TRACK 13)

A. **Il lavoro di Alberto.** Alberto lavora come analista di mercato in una grande azienda. Ascolta quello che dice e trasforma le sue affermazioni utilizzando espressioni esclamative con il *che*. Segui l'esempio e ripeti la risposta corretta dopo averla ascoltata.

Esempio: Il mio è un lavoro noioso.
Che lavoro noioso il mio!

1. _____
2. _____
3. _____
4. _____
5. _____
6. _____

(CD 5, TRACK 14)

B. **Renato e Anna.** Ascolta i seguenti complimenti che Renato rivolge ad Anna e trasforma le frasi usando le espressioni esclamative. Segui l'esempio e ripeti la risposta corretta dopo averla ascoltata.

Esempio: Le tue scarpe sono elegantissime.
Come sono eleganti le tue scarpe!

1. _____
2. _____
3. _____
4. _____
5. _____
6. _____

10.3 La forma passiva

Scriviamo

A. **La fabbrica di Marta.** Marta è la proprietaria di una piccola azienda dove si fabbricano prodotti in pelle molto raffinati. Una giornalista la intervista per capire le ragioni del suo successo e scrivere un articolo sulla sua attività. Completa le risposte di Marta usando la forma passiva del verbo.

Esempio: GIORNALISTA: Gli stranieri comprano molte delle vostre borse? (Sì)
MARTA: *Sì, molte delle nostre borse **sono comprate dagli stranieri.***

1. GIORNALISTA: La vostra ditta esporta le borse in tutto il mondo?

   MARTA: Sì, _____.

2. GIORNALISTA: I clienti pagano regolarmente i prodotti?

   MARTA: Sì, _____.

3. GIORNALISTA: I vostri dipendenti vi stimano?

   MARTA: Sì, _____.

4. GIORNALISTA: Offrite grossi sconti ai vostri impiegati?

   MARTA: Sì, _____.

5. GIORNALISTA: Una stilista specializzata disegna le vostre giacche?

   MARTA: Sì, _____.

6. GIORNALISTA: Rinnovate la linea ogni anno?

   MARTA: Sì, _____.

7. GIORNALISTA: Il disegnatore considera le richieste del mercato?

   MARTA: Sì, _____.

8. GIORNALISTA: Consegnate i vostri prodotti in maniera puntuale?

   MARTA: Sì, _____.

9. GIORNALISTA: Controllate a mano tutti i prodotti?

   MARTA: Sì, _____.

B. **La produzione del vino.** Giorgio visita una cantina che produce una grande quantità di vino ogni anno. Giancarlo, il proprietario dell'azienda, gli spiega nei dettagli il processo di lavorazione che trasforma l'uva in vino. Completa le frasi coniugando i verbi tra parentesi nella forma passiva con *venire* + participio passato.

L'uva _____(1. raccogliere) dalle piante e _____(2. mescolare) con altri tipi di uve in contenitori chiamati «tini». Nei tini l'uva _____(3. schiacciare [*to crush*]) per ricavarne il succo e questa operazione _____(4. chiamare) pigiatura. Per mantenere costanti il sapore e l'odore del vino attraverso le diverse annate _____ (5. aggiungere) al mosto alcune sostanze chimiche. Questa operazione _____ (6. chiamare) «correzione dei mosti». Dai tini il mosto _____(7. trasferire) nelle botti, dove completa la fermentazione e matura in vino. Nelle ultime fasi della produzione i vini _____(8. purificare) dalle impurità che _____(9. generare) inevitabilmente nel corso della produzione. Questa operazione _____ (10. chiamare) «chiarificazione». I vini _____(11. invecchiare) per migliorarne il gusto.

C. Salvare l'azienda. Il signor Quattrini illustra il suo piano per salvare l'azienda nella quale lavora. Cambia le seguenti frasi dalla voce attiva a quella passiva usando *andare* + participio passato. Segui l'esempio e ricordati di fare tutte le trasformazioni necessarie.

Esempio: Dobbiamo riorganizzare l'intera azienda.
*L'intera azienda **va riorganizzata.***

1. Dobbiamo diminuire le spese.

   _____

2. Dobbiamo aumentare la produzione.

   _____

3. Dobbiamo licenziare alcune persone.

   _____

4. Dobbiamo chiudere alcuni impianti.

   _____

5. Dobbiamo investire le nostre risorse nella ricerca.

   _____

6. Dobbiamo conquistare nuovi mercati.

   _____

7. Dobbiamo ridurre i tempi di produzione.

   _____

8. Dobbiamo trovare nuovi fornitori.

   _____

9. Dobbiamo rafforzare la nostra posizione sul mercato italiano.

   _____

D. La ricetta. Edoardo gestisce un ristorante di successo. Le «orecchiette alle cime di rapa», un piatto tradizionale pugliese, è il più popolare sul suo menù. Completa la sua ricetta con i verbi coniugati con il *si passivante*. Segui il modello dei primi due verbi che sono stati già coniugati.

Per preparare le orecchiette alle cime di rapa **si fa** (fare) bollire l'acqua per la pasta e **si buttano** (buttare) le orecchiette. Nel frattempo _____(1. fare) rosolare [*to brown*] l'aglio e l'olio, _____(2. aggiungere) il filetto di acciughe ed il peperoncino. _____(3. lasciare) sul fuoco per due minuti, quindi _____(4. spegnere) la fiamma. A metà cottura delle orecchiette _____(5. aggiungere) nell'acqua le cime di rapa. _____(6. scolare) le orecchiette e le rape e _____(7. versare) il tutto nella padella e _____(8. fare) saltare per circa tre minuti. _____(9. spegnere) la fiamma e _____(10. condire) la pasta con un filo d'olio extra-vergine d'oliva.

Ascoltiamo

(CD 5, TRACK 15)

A. **Gli italiani e l'economia.** Tu e la tua amica americana Robin parlate dell'economia italiana. Rispondi alle domande di Robin utilizzando il suggerimento fornito e la forma passiva del verbo. Segui l'esempio. Ripeti la risposta corretta dopo averla ascoltata.

Esempio: SENTI: Gli italiani pagano le tasse?
VEDI: (Sì)
DICI: *Sì, **le tasse sono pagate dagli italiani.***

1. (Sì)
2. (Sì)
3. (Sì)
4. (Sì)

5. (No)
6. (Sì)
7. (No)

(CD 5, TRACK 16)

B. **Ricette.** Sei in cucina con la tua amica Silvia e discutete di come preparare certi piatti. Rispondi alle sue domande utilizzando il suggerimento fornito e la forma passiva con *andare* + participio passato come nell'esempio. Ripeti la risposta corretta dopo averla ascoltata.

Esempio: SENTI: Dobbiamo mettere l'aglio nella carbonara?
VEDI: (No)
DICI: *No, l'aglio **non va messo** nella carbonara.*

1. (No)
2. (No)
3. (Sì)

4. (Sì)
5. (Sì)
6. (No)

(CD 5, TRACK 17)

C. **La produzione dell'economia italiana.** Il tuo amico Franco ti fa domande sulla produzione e l'esportazione di prodotti italiani. Rispondi alle sue domande utilizzando il suggerimento fornito e la forma passiva con *venire* + participio passato come nell'esempio. Ripeti la risposta corretta dopo averla ascoltata.

Esempio: SENTI: L'Italia produce molti vestiti?
VEDI: (Sì)
DICI: *Sì, molti vestiti **vengono prodotti dall'Italia.***

1. (No)
2. (No)
3. (Sì)
4. (Sì)

5. (Sì)
6. (Sì)
7. (Sì)

10.4 Gli interrogativi

Scriviamo

A. Intervista al signor Quattrini. Emanuele intervista il signor Quattrini. Ecco le domande che ha intenzione di rivolgergli. Completa le domande con un interrogativo della lista.

come mai	perché	chi	dove	quale	quando	come

1. _____ è il Suo più stretto collaboratore?
2. _____ ha cominciato a lavorare in quest'azienda?
3. _____ ha deciso di intraprendere questo tipo di carriera?
4. _____ ha deciso di rimanere a lavorare in quest'azienda così a lungo?
5. _____ parte del suo lavoro preferisce?
6. _____ passa il suo tempo libero?
7. _____ le piace passare le vacanze?

B. Le opinioni del signor Soldini. Le risposte seguenti vengono da un'intervista con il signor Soldini, imprenditore italiano di successo. Formula le domande relative a ciascuna risposta usando gli interrogativi.

Esempio: L'anno prossimo l'Italia esporterà molto vino.
   ***Cosa** esporterà l'Italia l'anno prossimo?*

1. Non so quanti litri di olio di oliva si producono ogni anno.

   _____ ?

2. I prodotti italiani si esportano in tutto il mondo.

   _____ ?

3. I prodotti italiani sono ricercati per la qualità e per il design.

   _____ ?

4. Scarpe, automobili e vestiti sono alcuni dei prodotti italiani conosciuti in tutto il mondo.

   _____ ?

5. La cura per i dettagli è una delle ragioni del successo dei prodotti italiani.

   _____ ?

6. Forse l'industria più importante in Italia è quella del turismo.

   _____ ?

C. Per aprire un negozio italiano all'estero. Parli con la tua amica irlandese Sarah di aprire un negozio di prodotti italiani in Irlanda. Scrivi una possibile conversazione fra te e Sarah immaginando le domande e le risposte. Segui l'esempio e usa gli interrogativi.

Esempio: TU: Dove potrei aprire il mio negozio?
SARAH: Potresti aprire il tuo negozio in una grande città.

TU: _____

SARAH: _____

TU: _____

SARAH: _____

TU: _____

SARAH: _____

TU: _____

SARAH: _____

Ascoltiamo

(CD 5, TRACK 18)

A. Le spese di Alfredo. Ascolta le risposte di Alfredo e formula le domande appropriate usando gli interrogativi. Segui l'esempio e ripeti la risposta corretta dopo averla ascoltata.

Esempio: Ho speso 200 euro.
Quanto hai speso?

1. _____
2. _____
3. _____
4. _____
5. _____
6. _____

(CD 5, TRACK 19)

B. La carriera di Aldo. Aldo parla con un giornalista della sua carriera come esperto di commercio internazionale. Ascolta le sue risposte e formula le domande appropriate usando gli interrogativi e la forma del *Lei* come nell'esempio. Ripeti la risposta corretta dopo averla ascoltata.

Esempio: Ho cominciato a lavorare 30 anni fa.
Quanti anni fa ha cominciato a lavorare?

1. _____
2. _____
3. _____
4. _____
5. _____

⊚ ASCOLTIAMO

(CD 5, TRACK 20)

Intervista all'ingegnere Lavoretti. Un giornalista intervista l'ingegnere Lavoretti riguardo alla sua azienda. Ascolta il dialogo, che verrà ripetuto due volte, e completa le seguenti attività.

A. **Vero o falso?** Indica se le seguenti affermazioni sono vere o false e correggi quelle sbagliate.

1. L'azienda dell'ingegnere Lavoretti produce vino.

   _____

2. L'azienda dell'ingegnere Lavoretti esporta il suo prodotto in tutto il mondo.

   _____

3. Secondo l'ingegnere Lavoretti i mercati più importanti sono quello europeo, australiano e americano.

   _____

4. Le esportazioni in questi mercati diminuiranno nei prossimi cinque anni.

   _____

5. Il mercato con la maggiore crescita sarà quello australiano.

   _____

6. Il mercato cinese crescerà del 250%.

   _____

7. Negli ultimi due anni le esportazioni verso l'Australia e la Cina sono aumentati del 60%.

   _____

8. Il giornalista crede che l'ingegnere Lavoretti sia troppo ottimista.

   _____

B. **Consigli per l'ingegnere Lavoretti.** L'ingegnere Lavoretti vuole esportare il suo prodotto nel tuo Paese. Ti contatta per avere la tua opinione. Rispondi alle domande fornendo delle motivazioni e spiegando il tuo punto di vista.

1. Secondo te, il prodotto dell'ingegnere Lavoretti avrebbe successo nel tuo Paese?

   _____

   _____

   _____

   _____

   _____

   _____

2. Come dovrebbe essere modificato e pubblicizzato il prodotto dell'ingegnere Lavoretti per avere successo nel tuo Paese?

_____

_____

_____

_____

_____

_____

_____

(CD 5, TRACK 21)

Colloquio in banca. Alfredo vuole chiedere un prestito alla sua banca per creare una nuova azienda. Ascolta la conversazione, che verrà ripetuta due volte, e completa le seguenti attività.

A. **La risposta corretta.** Scegli la risposta corretta tra le tre scelte presentate.

1. Cosa produrrà l'azienda di Alfredo?
   a. gioielli   b. scarpe   c. vino

2. Dove sarà la sede centrale dell'azienda?
   a. A Milano   b. In Emilia Romagna   c. In Romania

3. Dove verranno prodotte le scarpe?
   a. Milano   b. Napoli   c. Romania

4. A cosa serviranno i soldi che Alfredo sta chiedendo in prestito?
   a. ad assumere personale e comprare materie prime
   b. ad affittare uffici e comprare computer
   c. a pagare le tasse e comprare cibi e bevande

5. Quante persone ha già assunto Alfredo?
   a. otto   b. nove   c. dieci

B. **Qualche domanda in più.** Indica se le seguenti affermazioni relataive al colloquio tra Alfredo e il bancario sono vere o false e poi correggi quelle false.

_____ 1. Le scarpe di Alfredo sono per clienti con pochi soldi.

_____

_____ 2. A Milano si faranno le indagini di mercato.

_____

_____ 3. Alfredo non ha ancora assunto il personale amministrativo.

_____

_____ 4. Il bancario ha approvato immediatamente il prestito.

_____

_____ 5. La banca contatterà ad Alfredo la settimana prossima.

_____

COSA SAPPIAMO DEGLI ITALIANI?

L'economia italiana è cambiata molto negli ultimi decenni, trasformando radicalmente lo stile di vita e le abitudini degli italiani. Dal primo dopoguerra fino ad oggi l'Italia ha conosciuto periodi di forte crescita, ma anche gravi crisi economiche.

Prima di leggere

Prima di leggere il testo rispondi alle seguenti domande.

1. Sai a che cosa si riferiscono gli italiani quando parlano del «boom economico»? Se non conosci questo termine, prova a immaginare a cosa si riferisce.

   _____

   _____

2. Conosci un personaggio o un marchio famoso dell'economia italiana? Cosa sai su questo personaggio/marchio?

   _____

   _____

3. Compri dei prodotti italiani? Se sì, quali? Perché?

   _____

   _____

Dal primo dopoguerra all'euro

BREVE STORIA DELL'ECONOMIA ITALIANA

Prima della seconda guerra mondiale

Nonostante l'Italia avesse vinto la Grande Guerra, il prezzo da pagare per la vittoria fu altissimo. Una grave crisi economica colpì la Penisola e gli altri Stati europei causando gravi disagi alla popolazione. I profitti erano in declino, le banche fallivano[1], la disoccupazione cresceva. Per assicurare i propri profitti, le grandi industrie dovettero abbattere[2] i salari e aumentare i prezzi. Il governo, allo stesso tempo, cercava di proteggere l'economia intervenendo con sussidi[3] e aiuti che si traducevano poi in maggiori tasse per i lavoratori e in una riduzione drastica dello stato sociale. Fu anche grazie a questa condizione economica che Benito Mussolini e i suoi Fasci riuscirono a conquistare il potere. Attraverso una politica populista, il fascismo cavalcò[4] il malcontento popolare e raggiunse il potere.

[1] failed
[2] cut
[3] economic incentives
[4] rode on

Il Dopoguerra e la ricostruzione

Nel corso del ventennio fascista l'economia italiana aveva subìto un forte rallentamento[5] nei confronti dell'economia degli altri Paesi europei, soprattutto a causa del protezionismo prima e dell'isolazionismo poi voluto da Mussolini. Alla conclusione della seconda guerra mondiale l'Italia si trovava di fronte ad una situazione difficilissima. La distruzione delle infrastrutture economiche e

[5] had undergone an extreme slowdown

l'alto prezzo in vite umane rendeva esigue[6] le speranze per una ricostruzione rapida dell'economia. Nonostante questo, però, e anche grazie agli aiuti americani che cominciarono ad arrivare nel 1948 con il piano Marshall, l'economia italiana riuscì a riprendersi e a prosperare nuovamente, portando il Paese in poco tempo a quello che sarebbe stato definito il «miracolo italiano» o «boom economico».

[6] slim

Il «Miracolo italiano»

Tra il 1958 e il 1963 l'economia italiana conobbe una stagione di intenso e rapidissimo sviluppo. La causa di questo sviluppo va individuata[7] nella disponibilità di una grande quantità di manodopera[8] a basso costo, proveniente dal Sud Italia, area nella quale lo sviluppo industriale era molto più lento. Inoltre le industrie pubbliche fornivano al settore privato materie prime ed energia a basso costo. Ma le conseguenze del «boom economico» vanno al di là dei numeri dell'economia. In quegli anni, a causa dell'aumento del tenore di vita degli italiani e all'alto tasso di mobilità interna, le abitudini e i costumi della nazione cambiarono radicalmente.

[7] identify
[8] labor

Il modello industriale del Nord-Est

Alla grande espansione degli anni del «boom» seguì una crisi pesante che si fece sentire in Italia così come nel resto del mondo. Una rifioritura[9] dell'industria italiana si è verificata, però, nel Nord-Est della Penisola, area nella quale una rete di piccole imprese si è imposta[10] sui mercati internazionali sia a livello europeo che a quello mondiale. Il segreto di queste aziende, che producono i beni ed i servizi più disparati, va ritrovato nell'antica tradizione artigianale dalla quale provengono, nella qualità dei loro prodotti e nella estrema flessibilità della loro organizzazione aziendale.

[9] rebirth
[10] began

Il divario fra Nord e Sud

Se nel Nord si concentrano sia la grande industria, che la piccola e media industria del Nord-Est, lo sviluppo del Sud vede da decenni[11] un pesante ritardo nei confronti del resto del Paese. Le ragioni per questo ritardo sono numerose, e risalgono[12] molto indietro nella storia della Penisola. Quella che viene chiamata anche la «questione meridionale», e cioè il ritardo nello sviluppo economico da parte del Sud, è un problema che molti hanno discusso e cercato di risolvere, fino ad ora senza molto successo.

[11] decades
[12] come up

L'euro e le nuove sfide

L'introduzione della moneta unica nell'area europea ha influenzato notevolmente l'economia italiana. Se ha portato come effetti positivi una maggiore stabilità ed affidabilità dell'economia ha però portato anche alcuni problemi, come l'aumento dei prezzi di beni e servizi. Ma la sfida dell'euro è solo una delle molte difficoltà che l'economia italiana si troverà a fronteggiare[13] nei prossimi anni. Un debito pubblico fra i più alti in Europa, un tasso di crescita economica molto basso e la concorrenza dei Paesi asiatici sono tutti problemi con i quali l'economia italiana dovrà fare i conti[14] se vorrà continuare a crescere e a rimanere competitiva.

[13] face
[14] to reckon with

Comprensione

A. Vero o falso? Dopo aver letto l'articolo sulla storia dell'economia italiana, indica se le seguenti affermazioni sono vere o false e correggi quelle sbagliate.

_____ 1. L'Italia perse la prima guerra mondiale.

_____

_____ 2. Mussolini sfruttò la crisi economica a suo vantaggio.

_____

_____ 3. Il piano Marshall aiutò la ripresa dell'economia italiana.

_____

_____ 4. Gli aiuti economici americani cominciarono ad arrivare nel 1958.

_____

_____ 5. Il «boom economico» avenne fra il 1958 e il 1963.

_____

_____ 6. Il modello economico del Nord-Est è basato sulla grande industria.

_____

_____ 7. L'euro ha portato solo vantaggi per l'economia italiana.

_____

_____ 8. Le economie asiatiche costituiscono una sfida per l'Italia.

_____

B. Le crisi e le riprese. Associa a ciascun termine della colonna A la definizione pertinente nella colonna B.

A	**B**
1. Modello del Nord-Est	a. Stabilità ed affidabilità
2. Questione meridionale	b. Piccole e medie industrie
3. Effetti positivi dell'euro	c. Aumento dei prezzi
4. Effetti negativi dell'euro	d. Debito pubblico, tasso di crescita basso, economie orientali
5. Nuove sfide per l'Italia	e. Divario nello sviluppo economico fra Nord e Sud

C. Scegli la risposta esatta tra le tre scelte presentate.

1. Alla fine della prima guerra mondiale l'economia italiana
   a. attraversò un periodo di espansione
   b. attraversò un periodo di crisi
   c. attraversò un periodo di stabilità

2. Mussolini sfruttò la situazione economica
   a. con una politica comunista
   b. con una politica liberista
   c. con una politica populista

3. Secondo il brano, la seconda guerra mondiale
   a. distrusse le infrastrutture economiche
   b. aiutò l'economia italiana
   c. diede una spinta alla grande industria

4. Il «Miracolo italiano»
   a. ebbe effetti solo sull'economia italiana
   b. ebbe effetti solo sull'economia del Nord
   c. ebbe effetti sulla società in generale oltre che sull'economia

5. Il divario fra il Nord e il Sud in Italia
   a. è stato colmato dal «boom economico»
   b. è stato colmato dal piano Marshall
   c. è un problema ancora aperto

6. L'introduzione dell'euro in Europa
   a. ha influenzato notevolmente l'economia italiana
   b. non ha influenzato affatto l'economia italiana
   c. ha danneggiato l'economia italiana

7. L'alto debito pubblico è
   a. un fatto comune a tutti i Paesi europei
   b. un grave problema dell'economia italiana
   c. un fenomeno estraneo all'economia italiana

D. Le tue opinioni sull'economia italiana. Rispondi alle seguenti domande.

a. L'articolo sull'economia italiana che hai appena letto ha cambiato l'opinione che avevi di questo Paese? In che modo?

_____

_____

_____

b. Se tu fossi un industriale, apriresti un'azienda in Italia? Perché?

_____

_____

_____

SCRIVIAMO

A. Aprire un'industria in Italia. Sei un industriale che vuole aprire una fabbrica in Italia. Hai bisogno di convincere la tua banca a darti un prestito per cominciare la tua attività. Scrivi una lettera nella quale illustri i punti di forza dell'economia italiana.

_____

_____

_____

_____

_____

_____

_____

_____

B. Rivenditore di macchine di lusso. Lavori in un autosalone specializzato in macchine di lusso e hai appena incontrato un cliente che vorrebbe comprare una Ferrari, ma è indeciso. Per far seguito all'incontro, gli mandi una mail in cui gli illustri le qualità dell'automobile per convincerlo ad acquistarla.

_____

_____

_____

_____

_____

_____

C. L'economia italiana nel mondo. Scrivi un breve paragrafo rispondendo alle seguenti domande: qual è l'influsso dell'economia italiana nel tuo Paese? Quali prodotti vengono associati all'Italia?

_____

_____

_____

_____

_____

_____

_____

🌐 NAVIGHIAMO NELLA RETE

A. I marchi italiani. Cerca informazioni su Internet riguardo tre marchi italiani che sono famosi nel tuo Paese. Scrivi un breve paragrafo su ciascuno di essi indicando cosa producono, da quale città italiana proviene il marchio e a che tipo di pubblico si rivolgono i prodotti.

_____

_____

_____

_____

_____

_____

_____

_____

_____

_____

_____

_____

B. I gioielli italiani. La produzione di gioielli è un settore molto importante dell'economia italiana. Cerca su Internet un catalogo dei prodotti di una delle molte aziende che in Italia creano gioielli. Poi rispondi alle seguenti domande.

1. Hai trovato un oggetto che ti piace? Di cosa si tratta? Descrivilo brevemente.

_____

_____

2. Ti piacerebbe comprare questo oggetto? Quanto costa?

_____

_____

3. Secondo te il prezzo indicato è alto o basso?

_____

_____

4. Ti piacerebbe comprare quest'oggetto per te stesso/a, o ti piacerebbe regalarlo ad un'altra persona?

_____

_____

CAPITOLO 11

La cultura italiana

TEMI

Arte e letteratura italiana

A. **Visita guidata.** Andrea sta viaggiando nel Sud d'Italia e scrive una mail a Manuela, descrivendo i luoghi che ha visitato. Inserisci la parola corretta negli spazi vuoti del seguente brano.

> basilica   bellezza   dipinti   opera
> composizione   sculture   marmo

Ciao, Manuela,

Oggi ti scrivo dalla bellissima città di Lecce. Questa mattina ho visitato la chiesa di Santa

Croce. La chiesa è di una _____ (1) straordinaria. È stata costruita durante il

periodo Barocco ed è stata restaurata di recente, quindi la si può ammirare al meglio. La

facciata ha una _____ (2) molto monumentale, ed è coperta da tantissime

_____ (3). Per la sua costruzione non si è usato il _____(4), ma una pietra

locale che si chiama «pietra leccese». All'interno contiene bellissimi _____ (5). La

_____(6) di Santa Croce è un' _____ (7) veramente eccezionale.

B. **Trova l'intruso** tra questi gruppi di parole.

1. a. il volto   b. il gesto   c. la cupola
2. a. la basilica   b. il gesto   c. il tempio
3. a. l'età moderna   b. l'idealizzazione   c. l'imitazione
4. a. il trattato   b. il saggio   c. il dipinto
5. a. il romanziere   b. il marmo   c. il bronzo
6. a. la compostezza   b. il decoro   c. il tempio
7. a. la narrativa   b. il verso   c. la poesia
8. a. il dipinto   b. il poema epico   c. i colori
9. a. la cappella   b. il campanile   c. lo sfondo
10. a. l'armonia delle forme b. la strofa   c. la monumentalità delle figure

C. Definizioni. Scrivi la parola che corrisponde alla definizione data.

1. È tipica della poesia, e in italiano diciamo che «cuore» fa _____ con «amore».
2. È la chiesa principale di una città: _____.
3. È un sinonimo di «rovine», vuol dire che un monumento non è più intatto: _____.
4. Luogo di culto, tipico dei romani e dei greci: _____.
5. Movimento artistico in cui si inseguiva un ideale di bellezza classico: _____.
6. È un dipinto sulle pareti di una chiesa, spesso di grosse proporzioni: _____.
7. La _____ Sistina fu dipinta da Michelangelo.
8. Così si definiscono opere in prosa come romanzi e racconti, l'opposto della poesia: _____.
9. È un'opera letteraria che presenta un argomento in maniera critica: _____.
10. Così si definisce un libro pubblicato che contiene un insieme di racconti: _____.

Musica italiana

A. Ad un concerto. Paolo e Franco discutono della serata di Paolo. Completa il dialogo usando le parole riportate qui di seguito.

tastiera	parole	band	jazz	palcoscenico	incidere	tournée

FRANCO: Ciao Paolo, cosa hai fatto di bello ieri sera?

PAOLO: Sono andato ad un concerto di musica _____(1).

FRANCO: Che tipo di strumenti musicali c'erano?

PAOLO: Sul _____ (2) c'erano soltanto una batteria un basso e una _____(3).

FRANCO: C'era anche un cantante?

PAOLO: No, la musica era senza _____(4).

FRANCO: Si trattava di musicisti famosi?

PAOLO: Sì, i musicisti che hanno suonato sono molto famosi. Hanno fatto una _____ (5) in tutto il mondo. Pensano anche di _____ (6) un nuovo disco fra qualche mese.

FRANCO: Ti piace anche la musica rock?

PAOLO: Si, mi piace moltissimo.

FRANCO: La settimana prossima c'è un concerto di una _____ (7) che mi piace molto. Non sono famosi, ma sono molto bravi. Ti va di venire con me?

PAOLO: Sì, volentieri!

B. Uno strano concerto. Sara racconta al suo diario la strana serata che ha vissuto il giorno precedente. Completa il dialogo scegliendo le parole adeguate fra quelle riportate qui sotto.

prove	melodia	fischiare	spartito	applaudire	ritornello	parole	incidere

Caro Diario,

ieri io e Marcello abbiamo assistito ad un concerto molto strano. I musicisti improvvisavano e

quindi suonavano senza _____ (1). La musica che suonavano non aveva

_____ (2) e assomigliava a un rumore confuso. Sembrava che i musicisti avessero

saltato le _____ (3) e non si fossero preparati al concerto. Quella musica non mi

piaceva affatto, e stavo per _____ (4) quando tutto il pubblico ha cominciato ad

_____ (5). Io non me ne ero accorta, ma la prima parte del concerto era finita.

Marcello e io siamo scappati via immediatamente.

C. Parole crociate Completa il cruciverba con le parole che corrispondono alle definizioni date.

Orizzontali

1. Compone le proprie canzoni e le canta.

3. Creare musica.

4. Tipo di voce femminile.

5. Parte del teatro in cui prende posto il pubblico.

6. Foglio di musica.

8. Parte del teatro in cui prendono posto gli artisti.

9. Dà il tempo alla musica.

Verticali

1. Insieme di voci.

2. Parte di una canzone che si ripete più volte.

3. Voce maschile.

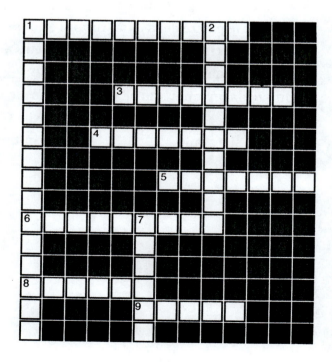

STRUTTURE

11.1 Gli Avverbi

Scriviamo

A. **Le opinioni di Stefano.** Stefano esprime le sue preferenze sui luoghi da visitare in Italia. Completa le affermazioni scegliendo l'avverbio più adatto.

1. Firenze mi piace tanto e cerco di andarci *mai / spesso*.
2. Odio la campagna e ci vado *subito / raramente*.
3. Il treno da Milano a Firenze viaggia molto *velocemente / pochino*.
4. In autobus si viaggia *tardi / comodamente*.
5. Mi piacciono le città a misura d'uomo e vado a Siena *regolarmente / ieri*.
6. Quando vado a Pisa vado anche al mare, perché è *dopo / là vicino*.
7. Ho visto Napoli una volta *solamente / così*.

B. **Gita a Pompei.** Sandra telefona a Lola per raccontarle la sua visita a Pompei. Completa il testo trasformando gli aggettivi tra parentesi in avverbi.

Ciao, Lola! Ho appena visitato le rovine della città romana di Pompei e voglio raccontarti questa esperienza meravigliosa. Pompei era una ricca città romana che è stata distrutta _____(1. improvviso) nel 79 d.C. da un'eruzione del vulcano Vesuvio. Le case e gli abitanti sono stati ricoperti _____(2. rapido) da una pioggia di cenere e pietre. Oggi le ceneri e la lava sono state rimosse _____(3. completo) e si possono vedere le case, le strade e le piazze della città. Tutto si è conservato _____(4. meraviglioso). Quando si entra nella città sembra di tornare indietro nel tempo _____(5. magico). Sembra quasi che gli abitanti siano scomparsi solo _____(6. temporaneo) e che possano ritornare da un momento all'altro. Persino alcuni dipinti murali si sono conservati _____(7. miracoloso) fino ad oggi. Gli scavi sono _____(8. attuale) ancora in corso e si trovano _____(9. continuo) nuovi oggetti, nuove case e nuovi edifici.

C. Viaggio in Italia. Un turista ricorda alcune delle città e dei monumenti che ha visitato in Italia. Riscrivi le frasi collocando l'avverbio tra parentesi nella posizione corretta.

Esempio: È una scultura strana (molto).
*È una scultura **molto** strana.*

1. La musica contemporanea che abbiamo ascoltato in Italia non è apprezzata (comunemente).

    _____

2. Abbiamo visto una facciata così stupefacente come quella del duomo di Lecce (raramente).

    _____

3. Dopo Pisa, abbiamo visitato Firenze (anche).

    _____

4. Abbiamo visitato il museo degli Uffizi e abbiamo passeggiato per la piazza (poi).

    _____

5. Avendo visto Firenze, ci siamo innamorati di quella città (subito).

    _____

6. Ricorderò la prima volta che ho visto la Cappella Sistina (sempre).

    _____

7. Saremmo restati a Lecce, ma dovemmo partire dopo una settimana (di più).

    _____

8. Il nostro viaggio in Italia è stato breve (troppo).

    _____

Ascoltiamo

(CD 6, TRACK 1)

A. Kevin impara l'italiano. Aiuta Kevin a imparare l'italiano. Ascolta gli aggettivi pronunciati dalla professoressa e trasformali negli avverbi corrispondenti. Ripeti la risposta corretta dopo averla ascoltata.

Esempio: PROFESSORESSA: Lento
Lentamente

1. _____   6. _____
2. _____   7. _____
3. _____   8. _____
4. _____   9. _____
5. _____   10. _____

(CD 6, TRACK 2)

B. Il contrario di tutto. Trasforma le affermazioni di Ruggiero usando il contrario degli avverbi usati da lui. Ripeti la risposta corretta dopo averla ascoltata.

Esempio: Mario guida lentamente.
*Mario guida **velocemente**.*

1. _____

2. _____

3. _____

4. _____

5. _____

11.2 I comparativi e i superlativi regolari

Scriviamo

A. Le opinioni di Giovanni. Giovanni sta facendo commenti entusiastici sulla gente e sui luoghi in Italia. Scrivi delle frasi con i suggerimenti forniti usando il comparativo di uguaglianza. Non dimenticare di mettere l'aggettivo nella forma corretta.

Esempi: Uffizi / Musei Vaticani (interessante)
Gli Uffizi sono tanto interessanti quanto i Musei Vaticani.

Milano / Torino (gallerie d'arte)
Milano ha tante gallerie d'arte quanto Torino.

1. Santa Croce / San Marco (bello)

   _____

2. Firenze / Roma (musei)

   _____

3. Viaggiare in treno / viaggiare in aereo (comodo)

   _____

4. Musica barocca / musica contemporanea (complesso)

   _____

5. Cantanti italiani / cantanti internazionali (bravo)

   _____

6. Leonardo da Vinci / Michelangelo Buonarroti (famoso)

   _____

7. A Bari / a Genova (chiese)

   _____

8. La città di Pompei / Ercolano (antico)

   _____

B. **Roma, *caput mundi.*** Claudio pensa che Roma sia la città più bella d'Europa. Scrivi delle frasi complete con i seguenti suggerimenti, usando il comparativo di maggioranza o di minoranza. Segui l'esempio.

Esempio: Roma / Parigi (antico)
*Roma **è più antica di** Parigi.*

1. Roma / Londra (scenografica)

_____

2. Roma / Firenze (affascinante)

_____

3. Roma / Venezia (eventi culturali)

_____

4. Roma / Siracusa (caldo)

_____

5. Roma / Berlino (caotico)

_____

6. Roma / Bari (abitanti)

_____

7. Roma / Amsterdam (alberghi)

_____

8. Roma / Madrid (pericoloso)

_____

9. Roma / Oslo (vivibile)

_____

10. Roma / Londra (piovoso)

_____

C. **Le opinioni di Lucia.** Lucia esprime alcuni giudizi sulle città italiane. Riscrivi i suoi giudizi e usa il comparativo di uguaglianza, maggioranza o minoranza. Fa' tutti i cambiamenti necessari.

Esempio: Siracusa è una bella città. Anche Agrigento è una bella città
*Siracusa è **tanto (così)** bella **quanto (come)** Agrigento.*

1. Il traffico a Palermo scorre lentamente. Anche a Firenze il traffico scorre lentamente.

_____

2. A Milano ci sono poche isole pedonali. A Roma ci sono molte isole pedonali.

_____

3. Le strade di Siena sono molto strette. Anche le strade di Pisa sono molto strette.

_____

4. A Roma ci sono molte fontane. A Milano ci sono poche fontane.

_____

5. I palermitani passeggiano molto. Anche i fiorentini passeggiano molto.

   _____

6. Nelle città italiane è molto difficile circolare in macchina. Nelle città italiane è molto
   facile circolare a piedi.

   _____

7. A Roma ci sono molte chiese barocche. A Roma ci sono poche chiese moderne.

   _____

D. Visita a Palermo. Roberta visita Palermo per la prima volta e fa molte domande alla sua
guida. Rispondi alle domande di Roberta usando il superlativo relativo. Segui l'esempio.

   Esempio: È molto vecchia questa piazza? (città)
   È la piazza più vecchia della città.

1. È molto antica questa chiesa? (regione)

   _____

2. Sono molto famosi questi artisti? (Medioevo)

   _____

3. Queste strade sono molto frequentate? (città)

   _____

4. Queste vie sono molto eleganti? (Palermo)

   _____

5. Questa strada è molto rumorosa? (quartiere)

   _____

6. Sono molto importanti questi monumenti? (epoca normanna)

   _____

7. È molto grande questo parco? (zona)

   _____

E. **La più bella del reame.** Anna, una studentessa straniera che ha trascorso alcuni mesi a Venezia, se ne è innamorata perdutamente. Completa le sue affermazioni con la forma corretta del superlativo assoluto. Forma il superlativo usando -*issimo*, come nell'esempio.

Esempio: Queste strade sono strette, anzi sono _____.
Queste strade sono strette, anzi sono **_strettissime_**.

1. Piazza San Marco è sempre affollata, anzi è _____.
2. Questo negozio è caro, anzi è _____.
3. Il proprietario del negozio è ricco, anzi è _____.
4. Questa cupola è bella, anzi è _____.
5. Questi cavalli sono famosi, anzi sono _____.
6. Queste statue sono antiche, anzi sono _____.
7. Questo campanile è alto, anzi è _____.
8. Questa piazza è importante, anzi è _____.
9. Queste vie sono lunghe, anzi sono _____.
10. Quest'albergo è vecchio, anzi è _____.

Ascoltiamo

(CD 6, TRACK 3)

A. **La città di Caterina.** Caterina paragona la sua città alla tua. Trasforma le sue affermazioni utilizzando il comparativo di uguaglianza. Segui l'esempio e ripeti la risposta corretta dopo averla ascoltata.

Esempio: La mia città è grande. Anche la tua città è grande.
*La mia città è **tanto grande quanto la tua**.*

1. _____
2. _____
3. _____
4. _____
5. _____

(CD 6, TRACK 4)

B. **Le opinioni di Anna.** Trasforma le affermazioni di Anna usando il comparativo di maggioranza o di minoranza. Segui gli esempi e ripeti la risposta corretta dopo averla ascoltata.

Esempi: La statua è realistica. Il dipinto non è realistico.
*La statua è **più** realistica **del** dipinto.*

Il palazzo non è solenne. La chiesa è solenne.
*Il palazzo è **meno** solenne **della** chiesa.*

1. _____
2. _____
3. _____
4. _____
5. _____

(CD 6, TRACK 5)

C. Esprimere giudizi. Trasforma i giudizi usando i suggerimenti. Usa il comparativo di maggioranza per l'aggettivo che vedi. Segui l'esempio e ripeti la risposta corretta dopo averla ascoltata.

Esempio: SENTI: Questa musica è triste.
VEDI: dolce
DICI: *Questa musica è **più dolce che** triste.*

1. lunga
2. ridicola
3. famoso
4. affollato
5. grande

(CD 6, TRACK 6)

D. Un turista curioso. Rispondi alle domande di un turista, utilizzando i suggerimenti. Usa il superlativo relativo. Segui l'esempio e ripeti la risposta corretta dopo averla ascoltata.

Esempio: È una città molto grande? (regione)
*Sì, è la città **più grande della regione**.*

1. _____
2. _____
3. _____
4. _____
5. _____

(CD 6, TRACK 7)

E. Un amico insicuro. Rassicura Marcello, rispondendo affermativamente alle sue domande. Usa il superlativo assoluto. Segui l'esempio e ripeti la risposta corretta dopo averla ascoltata.

Esempio: È una città molto grande, vero?
*Sì, è una città **grandissima**.*

1. _____
2. _____
3. _____
4. _____
5. _____

11.3 I comparativi e i superlativi irregolari

Scriviamo

A. Piccole e grandi città. Alessandra paragona una grande città alla sua cittadina di provincia. Completa le seguenti frasi usando **migliore, peggiore, minore, maggiore, ottimo** o **pessimo.**

Le infrastrutture nella mia cittadina sono efficientissime, sono _____ (1) di queste. Infatti le nostre infrastrutture sono _____ (2). Invece le infrastrutture di questa città sono _____ (3). Il nostro museo contiene le opere dei _____ (4) artisti del Rinascimento. Infatti il nostro è un _____ (5) museo. In questo museo invece ci sono solo opere _____ (6) di artisti sconosciuti. Questo museo è _____ (7) del nostro. Infatti è un _____ (8) museo. Il nostro teatro comunale è molto piccolo. Invece questo teatro comunale è molto famoso: è _____ (9) del nostro. In questo teatro hanno cantato i _____ (10) cantanti lirici del secolo. Questa biblioteca è molto grande e contiene le opere dei _____ (11) scrittori europei. La nostra biblioteca è molto piccola e insignificante, infatti è _____ (12) di questa. Questa biblioteca è _____ (13), mentre la nostra biblioteca è _____ (14).

B. Un altro concerto. Sara racconta al suo diario un altro concerto a cui ha assistito con Marcello. Completa la narrazione, scegliendo la forma corretta dell'aggettivo fra le alternative proposte.

Caro Diario,
ieri io e Marcello abbiamo assistito ad un altro concerto. Si esibiva il *migliore / meglio* (1) interprete della musica jazz in Italia. La band era formata da *peggiori / ottimi* (2) musicisti. Questo concerto è stato *migliore / bellissimo* (3) di quello della settimana scorsa da cui io e Marcello siamo scappati. Quello è stato un *maggiore / pessimo* (4) concerto. Questa volta, però, il teatro in cui abbiamo assistito al concerto era *il peggiore / peggiore* (5) di quello della settimana scorsa. Ma, nonostante questo, ci siamo divertiti molto.

C. Una serata fuori. Ruggiero racconta una serata che ha trascorso con Laura. Completa il testo modificando gli avverbi tra parentesi al superlativo relativo o al superlativo assoluto.

Ieri sera io e Laura ci siamo divertiti _____(1. molto), anche se la serata non era cominciata _____(2. bene). Per prima cosa siamo andati in un ristorante nel centro storico. Marco ci aveva detto che lì si mangiava _____(3. bene), ma noi abbiamo mangiato _____(4. male). Dopo, però, siamo andati in un pub dove tutto costava _____(5. poco). Abbiamo ballato _____(6. molto) a lungo che abbiamo potuto e abbiamo incontrato molti nuovi amici. Per tornare a casa volevamo camminare _____(7. poco) possibile, così abbiamo preso un taxi.

🎧 *Ascoltiamo*

(CD 6, TRACK 8)

A. Le idee di Massimo. Massimo è convinto che tutto quello che lo riguarda è peggiore o migliore rispetto a quello che hanno gli altri. Trasforma le frasi usando il comparativo irregolare. Segui l'esempio e ripeti la risposta corretta dopo averla ascoltata.

Esempio: Il mio professore è cattivo
*Il mio è **peggiore**.*

1. _____
2. _____
3. _____
4. _____
5. _____

(CD 6, TRACK 9)

B. Visita al museo. Sei una guida turistica che sta mostrando un museo a un gruppo di turisti. Rispondi alle loro domande usando il superlativo assoluto irregolare. Segui l'esempio e ripeti ogni frase dopo averla ascoltata.

Esempio: È un artista di grande importanza?
*Sì, è **un artista di massima** importanza.*

1. _____
2. _____
3. _____
4. _____
5. _____

11.4 Gli aggettivi e i pronomi indefiniti

✐ *Scriviamo*

A. Passeggiata notturna. Paola descrive una passeggiata notturna a Roma. Completa il testo usando gli aggettivi indefiniti corretti scegliendoli fra le alternative proposte.

Roma è bellissima di notte. La settimana scorsa io e Antonio abbiamo fatto una passeggiata notturna. Per strada c'erano *poche / alcune* (1) persone. *Qualcuno / Tutti* (2) erano già a letto o guardavano la TV. *Parecchie / Qualche* (3) macchina era ancora in giro, ma le strade erano quasi vuote. Non si vedeva *nessun / qualcuno* (4) autobus. Dovevamo incontrare *tutti / alcuni* (5) amici, ma quando siamo arrivati erano già andati via. Allora abbiamo imboccato *tante / certe* (6) strade che non avevamo mai percorso e siamo arrivati in *parecchio / alcune* (7) piazzette bellissime. Ci siamo persi *certe / molte* (8) volte, ma alla fine abbiamo ritrovato la strada di casa. Durante la passeggiata abbiamo scoperto *tante / poca* (9) strade di Roma che non conoscevamo e *nessuna / alcune* (10) chiese bellissime.

B. Concerto di musica leggera. Riccardo racconta di un concerto gratuito a Roma. Completa il testo usando la forma corretta degli aggettivi indefiniti che seguono. Ricordati di fare tutti i cambiamenti necessari.

certo altro tutto parecchio tanto poco qualche molto

Due settimane fa ho assistito a un concerto di musica pop a Roma. Il concerto si svolgeva al Circo Massimo. _____ (1) le band si sono esibite sul palco. Nel pubblico con me c'erano _____ (2) amici. _____ (3) band erano italiane, _____ (4) erano band straniere. _____ (5) persone nel pubblico preferivano la musica italiana, _____ (6) preferivano la musica internazionale. _____ (7) amici avevano portato _____ (8) bottiglia di vino, così abbiamo bevuto tutti _____ (9) bicchieri. Il concerto è andato avanti fino a tardi. È stata una serata davvero divertente!

C. Parlando di musica. Riccardo e Antonio discutono di musica italiana. Rispondi alle domande sostituendo le espressioni in corsivo con i pronomi indefiniti corretti. Ricordati di fare tutti i cambiamenti necessari. Segui l'esempio.

Esempio: In Italia *tutta la gente* conosce Verdi?
          *Sì, in Italia **tutti** conoscono Verdi.*

1. Ad *alcuni giovani italiani* piace la musica leggera?

   Sì, _____.

2. *Tutti i giovani italiani* comprano CD di musica straniera?

   Sì, _____.

3. Ci sono *alcuni giovani* che ascoltano solo musica straniera?

   Sì, _____.

4. *Molte persone giovani* ascoltano la musica rock?

   Sì, _____.

5. *Tutta la gente* ascolta musica tradizionale?

   Sì, _____.

6. *Molte persone* conoscono la musica italiana fuori dall'Italia?

   Sì, _____.

7. È vero che *pochi giovani* assistono ai concerti di musica lirica?

   Sì, _____.

D. Una conferenza sull'arte italiana. Paola ha seguito una conferenza importante e racconta la sua esperienza ad un'amica. Completa il testo scegliendo gli aggettivi o i pronomi indefiniti corretti fra le alternative proposte.

La settimana scorsa sono stata ad una conferenza sull'arte italiana. *Alcuni / Tutto* (1) esperti sui maggiori periodi dell'arte italiana hanno parlato di *certe / qualcuno* (2) questioni molto interessanti *tutti / ognuno* (3) avevano pubblicato parecchi saggi sull'arte italiana. *Qualche / Certi* (4) avevano trascorso moltissimi anni di studio in Italia. *Ognuno / Molti* (5) di loro è ritenuto un'autorità importante nel proprio campo. *Ogni / Tante* (6) relazione è stata lunga e interessante. Alla fine gli esperti hanno risposto a *chiunque / ciascuno* (7) avesse delle domande. *Molti / Nessuno* (8) hanno chiesto chiarimenti sulle relazioni che erano state presentate e gli esperti hanno risposto a *qualunque / ciascuno* (9) domanda venisse fatta, fornendo i particolari della loro ricerca. È stata un'esperienza molto istruttiva.

 Ascoltiamo

(CD 6, TRACK 10)

A. Impressioni di viaggio. Ascolta le impressioni di viaggio di Elena e trasforma le sue affermazioni usando gli aggettivi indefiniti suggeriti e facendo tutti i cambiamenti necessari. Segui l'esempio e ripeti ogni frase dopo averla ascoltata.

Esempi: SENTI: A teatro c'erano trecento persone.
           VEDI: Parecchio.
           DICI: *A teatro c'erano **parecchie** persone.*

           SENTI: A teatro non c'erano spettatori.
           VEDI: Nessuno
           DICI: *A teatro non c'era **nessuno spettatore.***

1. tanto
2. alcuni/e
3. nessuno
4. qualche

5. poco
6. altro
7. nessuno

(CD 6, TRACK 11)

B. Turismo in Italia. Ruggiero parla con un amico delle abitudini dei turisti in Italia. Ascolta le frasi e ripetile usando i pronomi indefiniti suggeriti e facendo tutti i cambiamenti necessari. Segui l'esempio e ripeti la risposta corretta dopo averla ascoltata.

Esempio: Due persone preferiscono Milano. (poco)
         Pochi preferiscono Milano.

1. _____
2. _____
3. _____
4. _____
5. _____

🎧 ASCOLTIAMO

(CD 6, TRACK 12)

Al bar del museo. Antonio e Alessandra parlano del museo che hanno appena visitato. Ascolta la conversazione, che verrà ripetuta due volte, e completa i seguenti esercizi.

A. **Vero o falso?** Indica se le seguenti affermazioni sono vere o false e correggi quelle sbagliate.

1. Nel museo ci sono soltanto quadri.

   _____

2. Il museo è famoso per la sua collezione di sculture.

   _____

3. Molti quadri sono stati donati dagli artisti.

   _____

4. Il museo ha la collezione di quadri impressionisti più grande del mondo.

   _____

5. In quattro anni il museo ha raddoppiato il numero delle sale aperte al pubblico.

   _____

6. Il museo ha un giardino con dei mosaici.

   _____

7. Il giardino non si può visitare perché è chiuso per lavori di restauro.

   _____

8. Il negozio di souvenir vende ombrelli.

   _____

B. Scegli **la risposta esatta** tra le tre scelte presentate.

1. Il museo è famoso per la sua collezione di
   a. sculture futuriste
   b. ceramiche egizie
   c. quadri impressionisti

2. Gli artisti e le loro famiglie
   a. hanno prestato molti quadri al museo
   b. hanno donato molti quadri al museo
   c. hanno rubato molti quadri dal museo

3. Antonio e Alessandra
   a. hanno già visitato il giardino delle sculture
   b. non hanno ancora visitato il giardino delle sculture
   c. non hanno voglia di visitare il giardino delle sculture

4. Che tempo fa?
   a. Fa caldo   b. Nevica   c. Piove

5. Alessandra
   a. non sa quando potrà tornare a visitare il museo
   b. non vuole visitare il museo mai più
   c. visiterà il museo la settimana successiva

(CD 6, TRACK 13)

Incontro in libreria. Marco e Sara si incontrano per caso in libreria. Ascolta la conversazione, che verrà ripetuta due volte, e completa i seguenti esercizi.

A. Scegli **la risposta esatta** tra le tre scelte presentate.

1. Cosa fa Marco in libreria?
   a. Cerca dei libri che vuole regalare.
   b. Cerca dei libri che vuole bruciare.
   c. Cerca dei libri che vuole leggere.

2. Cosa fa Sara in libreria?
   a. Cerca dei libri che vuole regalare.
   b. Cerca dei libri che vuole bruciare.
   c. Cerca dei libri che vuole leggere.

3. Che genere di libri legge il fratello di Sara?
   a. Libri di storia e religione.
   b. Libri di magia e occultismo.
   c. Libri di viaggio e avventura.

4. Che tipo di libro vuole comprare Sara?
   a. Un libro classico.
   b. Un romanzo moderno.
   c. Un trattato medioevale.

5. Cosa consiglia Marco?
   a. Una commedia del Seicento o una raccolta di saggi moderni.
   b. Un romanzo dell'Ottocento o una raccolta di novelle rinascimentali.
   c. Un poema classico e una raccolta di epigrammi latini.

6. Le novelle rinascimentali sono
   a. paurose.   b. noiose.   c. avventurose.

7. Al fratello di Sara piacciono tantissimo l'arte e l'architettura del
   a. Modernismo italiano.
   b. Rinascimento italiano.
   c. Divisionismo italiano.

8. Come si chiama l'autore consigliato da Marco?
   a. Eugenio Montale.
   b. Carlo Emilio Gadda.
   c. Gianfranco Straparola.

9. Sara è sicura che il libro suggerito da Marco
   a. piacerà tantissimo a suo fratello.
   b. sarà difficilissimo da trovare.
   c. costerà tantissimo.

B. **Le abitudini di lettura.** Scegliere un libro da regalare a qualcuno è sempre molto difficile. Immagina di essere al posto di Marco.

1. Se Sara ti avesse chiesto un consiglio, quale libro le avresti suggerito? Perché?

_____

_____

_____

_____

_____

_____

_____

_____

2. Ti piacerebbe leggere una raccolta di novelle rinascimentali? Perché?

_____

_____

_____

_____

_____

_____

_____

_____

_____

_____

COSA SAPPIAMO DEGLI ITALIANI?

La cultura italiana ha dato, nel corso dei secoli, un contributo essenziale alla storia delle arti e delle scienze occidentali, creando un patrimonio di valore inestimabile.

Prima di leggere

Prima di leggere il testo rispondi alle seguenti domande.

1. Hai mai visto un film ambientato nel passato (ad esempio nel Medioevo)? Che film era? Che tipo di vita conducevano le persone in quel periodo? Com'erano vestiti?

_____

_____

_____

_____

_____

2. Quali artisti italiani del Rinascimento conosci? Quale arte praticavano? Che opere hanno fatto?

_____

_____

_____

_____

_____

3. Che cosa sai del Barocco? Quando si è sviluppato? Quali erano le sue principali caratteristiche? Conosci qualche artista e/o opera di questo periodo artistico?

_____

_____

_____

_____

_____

_____

Dal Medioevo al Barocco

BREVE STORIA DELL'ARTE E DELLA CULTURA ITALIANA

Le molte invasioni e dominazioni che ci sono state in Italia, oltre ad avere avuto un effetto distruttivo, hanno anche arricchito il patrimonio culturale e artistico della Penisola. Nel corso dei secoli, greci, etruschi, romani, bizantini, normanni, franchi, arabi e molti altri popoli hanno lasciato testimonianza[1] del loro passaggio.

[1] testimony

Medioevo

Con il termine «Medioevo» si indica quel periodo storico compreso tra la caduta dell'Impero Romano d'Occidente (476 d.C) e la scoperta dell'America (1492). Il Medioevo viene tradizionalmente diviso in Alto Medioevo (secoli V–X) e Basso Medioevo (secoli XI–XV).

Nell'Alto Medioevo la maggior parte della popolazione era analfabeta[2]. I monaci erano gli unici in grado di leggere e scrivere e una delle loro attività principali era quella di copiare i manoscritti. È grazie al loro lavoro che la ricchissima eredità[3] della cultura classica è arrivata fino a noi.

[2] illiterate

[3] legacy

Nel Basso Medioevo le corti dei re diventarono importanti centri di cultura e produssero una gran quantità di testi letterari. La più antica opera in lingua volgare arrivata fino a noi è la *Canzone di Orlando*, scritta in francese nel XII secolo. Più tardi anche in Italia comparvero[4] le prime opere in volgare. Si trattava, in un primo tempo, soprattutto di poesia lirica, fino ad arrivare al capolavoro[5] della *Divina Commedia* di Dante Alighieri. In questo periodo nacquero anche le università, la più antica delle quali è quella di Bologna.

[4] appeared

[5] masterpiece

Per quanto riguarda le arti figurative, nel Medioevo ci furono tre stili principali: Bizantino, Romanico e Gotico. Il Bizantino è il più antico e si diffuse in Italia a partire dal VI secolo. L'architettura di questo periodo è caratterizzata da una predilezione per edifici a pianta centrale, decorati con mosaici, come la chiesa di San Vitale a Ravenna.

Il Romanico si diffuse in Europa tra il 1000 e il 1300. Questo stile mostra una forte influenza dell'arte romana, i cui segni erano ancora ben visibili in tutta Europa. Uno slendido esempio di questo stile è la chiesa di San Nicola a Bari.

L'arte gotica nacque verso la metà del XII secolo e continuò fino al XIV. Questo stile era caratterizzato da linee più slanciate[6] e da una forte carica mistica e spirituale. Appartengono a questo stile alcune delle più belle cattedrali europee. In Italia uno splendido esempio di gotico è il duomo di Milano.

[6] slim

Umanesimo e Rinascimento

L'Umanesimo corrisponde a quel periodo del Quattrocento italiano attraverso il quale il mondo della cultura uscì dal Medioevo e si avvicinò agli ideali del Rinascimento. Gli Umanisti si autodefinivano in questo modo per la loro attenzione verso tutte le cose prodotte dall'uomo, e dunque la letteratura, l'arte e la musica. Erano particolarmente interessati allo studio degli autori classici, della loro lingua e del loro pensiero filosofico e morale.

Con il termine «Rinascimento» si indica un movimento culturale nato in Italia nel corso del XVI secolo e poi diffusosi in tutta Europa. Durante questo periodo tutte le arti si svilupparono in modo eccezionale, anche grazie alla protezione dei principi e dei signori che governavano la Penisola.

Mentre la vita degli uomini nel Medioevo era basata sulla fede e sull'adorazione del divino, il Rinascimento esaltò i valori dell'umanità e in modo particolare quelli dell'arte, della bellezza e dell'armonia. Anche nel campo della morale, della politica e della filosofia vennero abbandonate le idee medioevali e si elaborano valori e convinzioni che sono all'origine della modernità.

Se il soggetto preferito dell'arte medievale era Dio, l'arte rinascimentale si concentrò soprattutto sull'uomo e sulla natura, che veniva considerata come una forza benigna ed armoniosa da cui l'arte avrebbe dovuto derivare i propri canoni. Gli artisti di questo periodo si occuparono di più d'una forma d'arte nel corso della loro vita. Alcuni spaziarono dalla letteratura all'architettura, dalla pittura alle scienze. Esempi di questo tipo di intellettuale poliedrico sono Leon Battista Alberti e Leonardo Da Vinci.

La lista degli artisti che hanno lavorato in questo periodo e quella delle stupende opere che ci hanno lasciato sarebbe lunghissima, anche se l'eredità più importante del Rinascimento è il rinnovamento delle categorie estetiche e delle tecniche artistiche in tutti i campi dell'espressione umana.

Barocco

Il periodo del Barocco, che si affermò in Italia e in Europa tra Seicento e primo Settecento, fu un'epoca caratterizzata da forti contrasti e da profonde trasformazioni, sia politiche che sociali. Se il Rinascimento aveva sottolineato l'importanza dell'armonia delle forme e dell'equilibrio compositivo, il Barocco esaltò la stravaganza e la ricerca del contrasto, allo scopo di divertire, impressionare e stupire[7] il pubblico. Questo nuovo principio estetico venne applicato a tutte le arti, dalla letteratura alla pittura, dalla scultura all'architettura.

[7] to amaze

In letteratura il Barocco segnò la nascita del romanzo moderno, e la ricerca in poesia di metriche nuove ed inedite. Nelle arti figurative il Barocco è caratterizzato da forme complicate e decorazioni ricche e spettacolari. I pittori raffigurarono[8] soggetti monumentali e ricchi di dettagli, oppure soggetti umili e inconsueti, come furono quelli di Caravaggio.

[8] depicted

Anche le scienze ebbero un grande sviluppo in questo periodo, e in particolare la fisica, l'astronomia e la matematica. Nacque in questo secolo il metodo scientifico sperimentale, soprattutto grazie al contributo di Galileo Galilei.

BREVE STORIA DELLA MUSICA ITALIANA

Medioevo

Pochissimo si è conservato della musica medievale, e specialmente della musica dell'Alto Medioevo. In quel periodo non si conosceva ancora un sistema efficace per la scrittura della musica e la mancanza di documenti scritti ci impedisce di ricostruire con esattezza il tipo di musica che veniva praticata. Quello che si sa per certo, però, è che vi erano due generi principali di musica, uno sacro e uno profano. La musica sacra era quella suonata nelle chiese nel corso della liturgia. Quella profana, invece, era la musica suonata nelle piazze e nelle feste popolari. La musica sacra comprendeva il canto gregoriano e la laude, mentre la musica profana trovava la sua espressione più alta nei lavori di poeti e musicisti professionisti che si chiamavano trovatori.

Verso la fine del Medioevo si diffuse un modo di fare musica radicalmente diverso da quello del passato, che prese il nome di «Ars Nova (Nuova Arte)». Questo stile sfruttava[9] le nuove scoperte in campo tecnico, fra le quali l'invenzione di una scrittura musicale più complessa e articolata. Determinante[10] nello stile di questo periodo fu anche l'uso più libero e complesso della polifonia.

[9] made use of

[10] crucial

Umanesimo e Rinascimento

La musica italiana nel Rinascimento si distingueva in due scuole dalle caratteristiche diverse: la scuola romana e la scuola veneziana. Entrambe le scuole svilupparono[11] la polifonia, che già aveva caratterizzato la musica tardo-medioevale. Ma mentre la scuola romana produsse soprattutto musica sacra o liturgica, dai toni severi e misurati, la scuola veneziana aveva un carattere più brillante e fastoso[12]. La scuola romana faceva un uso limitato degli strumenti musicali, preferendo composizioni polifoniche vocali a cappella. La scuola veneziana, invece, faceva un ampio uso degli strumenti musicali non solo nella musica profana, ma anche in quella sacra. Fra le forme più diffuse nella produzione musicale di questo periodo vanno ricordate il madrigale, il mottetto, le canzoni amorose e, soprattutto, la messa. Fra i più importanti compositori di questo periodo vano ricordati Giovanni Pierluigi da Palestrina, Andrea Gabrieli e Giovanni Gabrieli.

[11] developed

[12] grand

Barocco

La musica barocca è profondamente diversa da quella rinascimentale. Nacquero e si stabilirono in questi anni quei generi che avrebbero poi dominato la musica dei secoli successivi: il concerto grosso, il melodramma (o opera lirica), il concerto solista, la sonata e la suite. Il melodramma è il genere che avrebbe avuto più successo nei secoli successivi. Il primo esempio di questo nuovo modo di fare musica e teatro si deve a Claudio Monteverdi, che scrisse l'*Orfeo* nel 1609. Fra i compositori barocchi più influenti occorre ricordare Antonio Vivaldi, Arcangelo Corelli e Giovanni Battista Pergolesi.

Romanticismo e musica popolare

Il Romanticismo segnò il trionfo dell'opera lirica, che diventò, insieme alle esibizioni di alcuni virtuosi (come per esempio Paganini), il più diffuso genere di intrattenimento[13]. In questo periodo si sviluppò in Italia anche la produzione di musica popolare. Le canzoni più famose vennero composte da artisti provenienti dalla Campania e soprattutto da Napoli. La canzone napoletana godette[14] di un grandissimo successo fino alla fine della prima metà del Novecento. In quegli anni si trasformò e si avvicinò alla canzone leggera italiana. Le hanno dato nuova vita interpreti contemporanei come Renato Carosone, Peppino di Capri e Mario Merola.

[13] entertainment

[14] enjoyed

La canzone leggera e i cantautori

La musica leggera italiana è influenzata fortemente dalla musica degli altri Paesi europei e da quella degli Stati Uniti. Accanto a questa diffusa internazionalità, si trovano i cantautori, musicisti che compongono e suonano le proprie canzoni. Alcuni dei più famosi cantautori italiani sono Paolo Conte, Fabrizio de Andrè, Francesco Guccini e Franco Battiato.

Comprensione

A. Vero o falso? Leggi l'articolo sulla storia dell'arte italiana, indica se le seguenti affermazioni sono vere o false e correggi quelle sbagliate.

_____ 1. Il Medioevo va dalla caduta dell'Impero Romano d'Oriente alla scoperta dell'America.

_____

_____ 2. Il Medioevo si divide in Alto Medioevo e Basso Medioevo.

_____

_____ 3. Nell'Alto Medioevo gli unici in grado di leggere e scrivere erano i nobili.

_____

_____ 4. Molti monaci passavano il tempo a mangiare e bere.

_____

_____ 5. Nel Basso Medioevo nacquero le prime università.

_____

_____ 6. L'Umanesimo è un movimento artistico che si sviluppò nel Cinquecento.

_____

_____ 7. Gli artisti del Rinascimento si dedicavano a una sola forma d'arte.

_____

_____ 8. Il Barocco produsse opere basate sull'armonia e l'equilibrio.

_____

_____ 9. Nel Seicento si fecero molti progressi nelle scienze.

_____

B. Vero o falso? Leggi l'articolo sulla storia della musica italiana, indica se le seguenti affermazioni sono vere o false e correggi quelle sbagliate.

_____ 1. Si sono coservati moltissimi documenti sulla musica medievale.

_____

_____ 2. La musica sacra era il principale genere di musica medievale.

_____

_____ 3. La musica rinascimentale è una musica monodica.

_____

_____ 4. Il madrigale è un genere di musica rinascimentale.

_____

_____ 5. La musica barocca è poco importante nella storia della musica italiana.

_____

_____ 6. Durante il Barocco nasce l'opera lirica.

_____

_____ 7. Nessuno ascoltava l'opera nell'Ottocento.

_____

_____ 8. La musica popolare ha influenzato la musica leggera italiana.

_____

C. Scegli **la risposta esatta** tra le tre scelte presentate.

1. Il Basso Medioevo va
   a. dal VI al IX secolo.
   b. dal XI al XV secolo.
   c. dal V al X secolo.

2. Quale, fra i seguenti, non è uno stile medievale?
   a. Bizantino.
   b. Barocco.
   c. Romanico.

3. Gli Umanisti portavano questo nome perché
   a. erano altruisti verso gli altri uomini.
   b. erano mangiatori di uomini.
   c. erano studiosi di scienze umane.

4. Gli Umanisti
   a. aprirono la strada al Rinascimento.
   b. aprirono la strada al Barocco.
   c. aprirono la strada al Romanticismo.

5. Il soggetto preferito dell'arte rinascimentale era
   a. Dio.
   b. gli animali.
   c. l'uomo.

6. L'arte rinascimentale si ispirava
   a. alla natura.
   b. alla cultura medievale.
   c. a Dio.

7. L'arte barocca era
   a. misurata ed equilibrata.
   b. stravagante e imprevedibile.
   c. nostalgica e pessimista.

8. Quale genere letterario venne inventato durante il Barocco?
   a. Il romanzo moderno.
   b. Il mottetto.
   c. La novella.

D. Scegli **la risposta esatta** tra le tre scelte presentate.

1. Durante il Medioevo la musica sacra era
   a. la musica suonata nelle chiese durante la liturgia.
   b. la musica suonata nella piazza durante il mercato.
   c. la musica suonata nelle osterie durante le feste.

2. Come si chiamava lo stile musicale nato alla fine del Medioevo?
   a. Ars Vetera.
   b. Ars Nova.
   c. Ars Gravis.

3. In quali scuole si divideva la musica italiana rinascimentale?
   a. Nella scuola napoletana e fiorentina.
   b. Nella scuola milanese e palermitana.
   c. Nella scuola romana e veneziana.

4. Chi ha scritto il primo melodramma?
   a. Antonio Vivaldi.
   b. Arcangelo Corelli.
   c. Claudio Monteverdi.

5. Come si intitolava il primo melodramma?
   a. *Achille.*
   b. *Orfeo.*
   c. *Teseo.*

6. Quale di questi cantanti non ha mai cantato musica popolare napoletana?
   a. Francesco Guccini.
   b. Mario Merola.
   c. Renato Carosone.

7. Quale di questi artisti è un cantautore?

   a. Antonio Vivaldi.
   b. Paolo Conte.
   c. Lucio Battisti.

SCRIVIAMO

A. La musica che ascolto. Di cosa parlano le canzoni che ascolti di solito? Pensa a una delle tue canzoni preferite e usando le tecniche indicate nel libro di testo nella sezione **Per scrivere** fai la parafrasi del testo.

_____

_____

_____

_____

_____

_____

_____

_____

B. La macchina del tempo. Se tu fossi un artista, in quale periodo storico ti piacerebbe vivere? Perché? Che tipo di mestiere ti piacerebbe fare? Che tipo di arte vorresti praticare? Lavoreresti per un principe o per la Chiesa? Ti piacerebbe lavorare a opere monumentali o a opere di piccole dimensioni? Spiega le tue scelte.

_____

_____

_____

_____

_____

_____

_____

_____

C. Se fossi un pittore. Immagina di essere un pittore: cosa ti piacerebbe dipingere? Che stile useresti? Come spiegheresti il significato del quadro che vorresti dipingere?

_____

_____

_____

_____

_____

_____

_____

🌐 **NAVIGHIAMO NELLA RETE**

A. **Una notte all'Opera.** Cerca informazioni su Internet riguardo alle più famose opere della lirica italiana. Alcuni titoli sono: *Turandot, Carmen, Aida, La Traviata, Il Rigoletto, Madame Butterfly.*

1. Scegline una e raccontane brevemente la trama.

   _____

   _____

   _____

   _____

   _____

2. L'opera che hai scelto sarà rappresentata in un teatro italiano nei prossimi mesi? In quale?

   _____

   _____

   _____

3. Quando sarà la «prima»? Quanto costa il biglietto?

   _____

   _____

   _____

4. Ti piacerebbe andare ad assistere alla «prima»? Perché?

   _____

   _____

   _____

B. **I Musei Vaticani.** Nei Musei Vaticani c'è una delle collezioni d'arte più ricche del mondo. Cerca su Internet il sito ufficiale del museo. Poi rispondi alle seguenti domande.

1. Hai trovato un'opera che ti piace particolarmente? Di cosa si tratta? Descrivila brevemente.

   _____

   _____

   _____

   _____

   _____

   _____

   _____

2. Secondo te, qual è il significato di quest'opera?

_____

_____

_____

_____

_____

_____

_____

3. Quale parte della collezione ti interessa di più? Perché?

_____

_____

_____

_____

_____

_____

_____

CAPITOLO 12

Ricapitoliamo: la realtà italiana

STRUTTURE

12.1 I numeri cardinali e ordinali

Scriviamo

A. Dai i numeri! In italiano usiamo questa espressione per indicare che quello che dici non ha senso. A lezione d'italiano, invece, i tuoi numeri sono molto importanti! Completa le frasi, scrivendo in lettere i numeri cardinali che trovi fra parentesi.

1. Mio fratello ha viaggiato in India per _____ (7) anni.

2. I genitori di Paola sono stati sposati per _____ (28) anni.

3. Il nonno del mio amico ha vissuto una vita lunghissima. Pensa che è morto all'età di _____ (101) anni.

4. La madre di Vanessa le ha regalato una macchina costosissima. Ha speso più di _____ (63.000) euro.

5. Marta e Paolo hanno appena comprato una casa a Capri. Hanno fatto un ottimo affare. Pensa che hanno speso solo _____ (748.000) euro.

6. Il governo italiano ha stanziato _____ (37.750.000) euro per l'università e la ricerca.

7. Gli italiani spendono più di _____ (12.500.000.000) all'anno per l'istruzione e la sanità.

B. Età e abitudini italiane. Marco, appena arrivato a Boston per studiare all'università, racconta al suo compagno di stanza come si vive in Italia. Completa le frasi scrivendo in lettere i numeri ordinali che trovi fra parentesi.

1. In Italia si diventa maggiorenni al _____ (18°) anno d'età. Puoi votare per la prima volta e prendere la patente.

2. In Italia non bisogna aspettare fino al _____ (21°) compleanno per consumare alcolici.

3. In Italia ogni anno a maggio si corre una supermaratona di 100 km che parte da Firenze ed arriva a Faenza. L'anno scorso anch'io ho partecipato e sono arrivato _____ (247°).

4. Alcuni cantanti stranieri hanno partecipato alla _____ (42°) edizione del Festival di San Remo.

5. In italiano c'è un proverbio che dice che «Fra i due litiganti il _____ (3°) gode».

6. Nel 1992 a Genova si sono organizzati grandi festeggiamenti per il _____ (500°) anniversario della scoperta dell'America.

7. La Ferrari ha vinto il _____ (2°) premio nella gara di Formula Uno della settimana scorsa.

C. Investimenti. Oggi i membri della famiglia Giangiacomi si sono riuniti per discutere dei loro investimenti. Completa le frasi scrivendo in lettere le frazioni o le percentuali dei numeri che trovi fra parentesi.

1. Paolo ha investito i _____ (4/5) del suo patrimonio in azioni.

2. Alfredo ha speso i _____ (2/3) dell'eredità che gli ha lasciato il padre.

3. Ruggiero ha perso il _____ (25%) di quello che ha investito l'anno scorso.

4. Anna ha detto che bisogna prendere in considerazione il fatto che l'inflazione è stata fissata al _____ (2,15%).

5. Carlo vuole usare il _____ (90%) dei suoi risparmi per comprare una casa.

6. Patrizia ha investito _____ (1/2) del suo patrimonio in borsa.

7. Raffaele ha realizzato un profitto del _____ (75%) sulla vendita della sua casa.

12.2 I giorni, i mesi, le stagioni, l' anno, i secoli

Scriviamo

A. La settimana bianca. Alfredo e Barbara hanno trascorso una settimana di vacanza in montagna. Al ritorno Barbara scrive una mail alla madre per raccontarle che cosa è successo. Leggi il messaggio di Barbara e poi rispondi alle domande con frasi complete.

Alfredo e io siamo partiti da Milano venerdì 3 gennaio e lo stesso giorno siamo arrivati nella località sciistica che avevamo scelto. Il giorno dopo, di prima mattina, abbiamo preso lezioni di sci, perché Alfredo non sa sciare. L'indomani io sono tornata a sciare, mentre Alfredo ha preferito rimanere in albergo al caldo. Il giorno successivo, mentre eravamo in un parco naturale, Alfredo è caduto e ha dovuto trascorrere la serata e il giorno successivo a letto. Per fortuna sono arrivati anche Marta e Giulio, che hanno fatto compagnia ad Alfredo. Erano lì per festeggiare il compleanno di Marta. Avevo dimenticato che l'otto gennaio era il compleanno di Marta! Abbiamo festeggiato il compleanno insieme, e il giorno dopo siamo andati a sciare tutti e quattro. Purtroppo quella sera siamo ripartiti per Milano: la vacanza era finita!

1. Che giorno era quando Barbara e Alfredo sono arrivati in montagna?

    _____

2. Che giorno era quando Alfredo è caduto?

    _____

3. Che giorno era quando Barbara è andata a sciare da sola?

    _____

4. In che giorno della settimana era il compleanno di Marta?

    _____

5. Che giorno era quando Alfredo e Barbara hanno preso lezioni di sci?

    _____

6. Che giorno era quando i quattro amici sono andati a sciare insieme?

    _____

7. Che giorno era quando Alfredo e Barbara sono tornati a Milano?

    _____

B. Le stagioni e i mesi. Rispondi alle seguenti domande con frasi complete.

1. In quale stagione si festeggia il Natale?

    _____

2. In quale stagione si festeggia Halloween?

    _____

3. In quale stagione si va al mare?

    _____

4. In quale stagione si festeggia la Pasqua?

_____

5. In quale mese è il tuo compleanno?

_____

6. In quale mese hai iniziato la scuola?

_____

7. In quale mese farai la tua prossima vacanza?

_____

8. Qual è il mese che ha meno giorni degli altri?

_____

9. Qual è il primo mese dell'anno?

_____

10. Qual è l'ultimo mese dell'anno?

_____

C. Le date e la storia. Gervaso, uno studente di storia, sta riguardando i suoi appunti prima dell'esame di domani. Completa le frasi, scrivendo in lettere l'anno indicato tra parentesi.

1. Giovanni Giacomo Casanova nacque a Venezia nel _____ (1725).

2. Ludovico Ariosto morì a Ferrara nel _____ (1533).

3. L'uomo sbarcò per la prima volta sulla luna nel _____ (1969).

4. Romano Prodi è stato eletto al Governo nel _____ (2006).

5. La Riforma protestante si è svolta nel _____ (1500).

6. L'arte barocca ha avuto la sua massima diffusione nel _____ (1600).

12.3 L'uso delle preposizioni

Scriviamo

A. Racconto di viaggio. Alessandra racconta la sua esperienza di viaggio in Italia. Completa il testo con la preposizione corretta scegliendo fra quelle proposte fra parentesi.

L'anno scorso ho visitato l'Italia (1. *da* / *per*) la prima volta. Un caro amico (2. *di* / *a*) mia sorella aveva affittato una casa (3. *nel* / *al*) centro (4. *in* / *di*) Roma, così siamo andati a trovarlo. Appena usciti (5. *dell'* / *dall'*) aeroporto abbiamo trovato il nostro amico che ci aspettava. Ci ha fatto salire (6. *sulla* / *nella*) sua macchina e ci ha portato fino a casa sua. Poi abbiamo fatto una passeggiata e abbiamo pranzato (7. *a* / *in*) un ottimo ristorante. Abbiamo passato la serata seduti (8. *a* / *in*) una bellissima piazza. Il giorno dopo abbiamo visitato un museo (9. *per* / *con*) altri amici di mia sorella e abbiamo guardato statue e dipinti (10. *per* / *da*) almeno tre ore. Mia sorella voleva visitare un altro museo, ma le ho chiesto di fare una pausa (11. *fra* / *in*) un museo e l'altro. (12. *In* / *A*) un vicolo vicino al museo abbiamo trovato una gelateria buonissima. Mentre mangiavamo il gelato abbiamo discusso (13. *dei* / *sui*) quadri che avevamo visto e ci siamo riposati. Mia sorella ha chiesto il numero di telefono (14. *dal* / *al*) gelataio e lo ha scritto (15. *sul* / *al*) suo diario. Quella sera sono andati (16. *nel* / *al*) cinema insieme ...

B. Il viaggio continua. Alessandra continua a raccontare il suo viaggio in Italia. Completa il testo con la preposizione corretta scegliendola tra quelle proposte.

in   per   dei   all'   a   dalla   da   di   dalle   con

Mia sorella era molto contenta di uscire col gelataio, ma non aveva niente da mettersi, così

siamo andate _____ (1) un negozio _____ (2) moda e abbiamo cercato

qualcosa _____ (3) quella serata importante. I prezzi _____ (4) vestiti

erano molto bassi, così abbiamo comprato molte cose. Dopo che siamo tornate

_____ (5) appartamento, mia sorella ha cominciato a prepararsi, mentre io mi sono

addormentata. Dormivo _____ (6) due ore quando lei mi ha svegliato e mi ha detto

che il gelataio l'aveva chiamata _____ (7) gelateria per dirle che avrebbe fatto tardi.

Lei l'ha aspettato _____ (8) 10 _____ (9) mezzanotte ma lui non è

arrivato. Adesso non vuole uscire _____ (10) lui mai più.

C. Il compleanno di Mario. Alfredo racconta come Mario ha trascorso il suo compleanno. Completa il testo con la preposizione semplice o articolata corretta.

La festa _____ (1) il compleanno _____ (2) Mario è stata bellissima.

Prima abbiamo cenato _____ (3) ristorante «_____ (4) Ciccio». Poi siamo

andati _____ (5) ballare _____ (6) discoteca più famosa _____

(7) città. In discoteca Mario ha ballato _____ (8) molte ragazze e ha bevuto molto. Ha anche cercato di ballare _____ (9) tavoli, ma è stato fermato e accompagnato _____ (10) porta _____ (11) due uomini della sicurezza. Non avevo mai riso tanto in vita mia!

12.4 Le preposizioni e congiunzioni

Scriviamo

A. **Una domenica allo stadio.** Paolo descrive una domenica trascorsa allo stadio con il suo migliore amico. Completa il testo scegliendo la congiunzione o la preposizione corretta.

Prima che / Prima della (1) partita abbiamo pranzato a casa di Marta. *Prima che / Prima di* (2) partissimo per raggiungere lo stadio Marta ha preparato il caffè. *Dopo che / Dopo di* (3) avevamo preso il caffè, Angelo è uscito a spostare la macchina e io sono uscito *dopo che / dopo di* (4) lui. Abbiamo parlato *fino allo / finché lo* (5) stadio, *senza di / senza che* (6) smettessimo un attimo, *fino a / finché* (7) siamo arrivati a destinazione. Eravamo molto nervosi *a causa della / perché la* (8) partita importante a cui avremmo assistito quel giorno. *Dopo che / Dopo di* (9) abbiamo parcheggiato la macchina ci siamo affrettati *a causa di / perché* (10) avevamo paura di essere in ritardo. Abbiamo raggiunto i nostri posti e abbiamo assistito ad una partita bellissima. Non vedevo la mia squadra giocare così bene *da / da quando* (11) avevamo vinto l'ultimo campionato. Che giornata!

B. **La finale del campionato.** Riccardo racconta di una finale di calcio a cui ha assistito con alcuni amici. Completa il testo con le congiunzioni e le preposizioni corrette scegliendole tra quelle proposte.

finché	prima che	siccome	dato che	dagli	dopo che	prima della
		dopo	senza di			

_____ (1) partita abbiamo parlato di calcio per alcune ore. _____ (2) mancava ancora mezz'ora all'inizio della partita, siamo usciti a fare una passeggiata. Abbiamo cercato Mauro, ma non riuscivamo a trovarlo. Lo abbiamo cercato _____ (3) è iniziata la partita, poi abbiamo deciso di partire _____ (4) lui. _____ (5) iniziasse la partita eravamo tutti nervosissimi. _____ (6) urlavamo continuamente, abbiamo perso la voce quasi subito. _____ (7) l'arbitro (*referee*) aveva fischiato la fine della partita eravamo tutti felicissimi. Non vincevamo una finale _____ (8) anni '80. _____ (9) aver festeggiato un po' in casa, siamo andati in piazza e abbiamo raggiunto gli altri amici.

12.5 Altri usi del congiuntivo

Scriviamo

A. L'uomo ideale. Paola descrive il suo ideale di uomo a Franca. Completa il testo coniugando i verbi fra parentesi nel tempo corretto del congiuntivo.

Il mio uomo ideale non ha molte qualità eccezionali. Semplicemente, cerco qualcuno che

_____ (1. essere) onesto, attento e gentile. Non sopporterei un uomo che

_____ (2. pensare) solo agli sport e che _____ (3. guardare)

continuamente la televisione. Cerco qualcuno che mi _____ (4. portare) dei fiori

molto spesso, che mi _____ (5. parlare) di argomenti interessanti, mi

_____ (6. fare) ridere, _____ (7. ascoltare) i miei problemi e

_____ (8. sapere) capirmi. Perché non riesco a trovare un uomo così? Possibile che

tutti gli uomini che conosco _____ (9. essere) brutti e stupidi? Magari

_____ (10. incontrare) il mio uomo ideale domani!

B. Un'amica antipatica. Riccardo parla di una sua amica davvero antipatica. Completa le frasi coniugando il verbo tra parentesi nel tempo corretto del congiuntivo.

1. Benché _____ (essere) molto antipatica, la invitai comunque alla festa.

2. Bisognava che lei _____ (rimanere) sola perché qualcuno la invitasse a ballare.

3. È la persona più disorganizzata che io _____ (conoscere).

4. Qualunque consiglio lei mi _____ (dare), farò esattamente l'opposto di quello che mi dice.

5. Spero che lei _____ (trovare) un altro gruppo di amici con cui uscire la sera.

6. Magari non l' _____ mai _____ (incontrare)!

7. _____ (volere) il cielo che si trasferisse in un'altra città!

12.6 Altri usi di se

Scriviamo

C. Antonio Pallonetti. Mauro parla del suo giocatore di calcio preferito, Antonio Pallonetti. Completa le frasi coniugando il verbo fra parentesi nel tempo e modo corretto.

1. Se Pallonetti _____ (passare) ad un'altra squadra, non andrei più a vedere le sue partite.

2. Non so se _____ (giocare) nella nazionale l'anno prossimo.

3. Se _____ (firmare) quel contratto con l'Inter l'anno scorso!

4. Se (noi) _____ (andare) a vedere la partita contro il Torino?

5. Vorrei sapere se _____ (accettare) una riduzione del suo stipendio.

6. Se _____ (continuare) a giocare così bene, giocherà di sicuro in nazionale l'anno prossimo.

7. Se (noi) _____ (preparare) un grande cartello per la prossima partita contro il Torino?

8. Se almeno _____ (segnare) più gol, allora lo lascerebbero giocare di più!

9. Non so se lui _____ (decidere) di lasciare il calcio professionistico.

12.7 Lasciare + infinito

Scriviamo

A. Preparativi per un viaggio. Paola, Elisa e altri amici stanno per partire per un viaggio. Completa la conversazione scegliendo la forma corretta fra quelle proposte fra parentesi.

PAOLA:	È tutto pronto per il nostro viaggio?
ELISA:	Sì, Marco si è occupato di comprare i biglietti aerei.
PAOLA:	Avete lasciato che Mario (1. *comprare / comprasse*) i biglietti?
ELISA:	Sì, gli abbiamo permesso di (2. *farlo / lo facesse*). Perché?
PAOLA:	Ogni volta che lo lasciamo (3. *organizzare / organizzasse*) qualcosa, tutto va male. È un pasticcione!
ELISA:	Questa volta però ha fatto un ottimo lavoro. Chi ha prenotato l'albergo?
PAOLA:	Francesco ha prenotato l'albergo e le gite.
ELISA:	E voi avete permesso che lo (4. *facesse / fare*) lui?
PAOLA:	Sì, perché? Francesco è molto affidabile.
ELISA:	Ma se è peggio di Marco! Non riesco a credere che abbiate lasciato che lui (5. *prenotare / prenotasse*) l'albergo. Dormiremo di sicuro in aeroporto!

B. Prima di partire. Paola, Elisa, Francesco e Mario sono in partenza per la loro vacanza. Trasforma le frasi sostituendo la parte in corsivo con i pronomi corretti.

Esempi: Lascia che Mario porti *la valigia.*
Lasciala portare a Mario.

Lascia che *Paola* spenga *le luci.*
Lasciagliele spegnere.

1. Lascia che Paola chiami *il taxi.*

_____.

2. Lascia che Francesco tenga *i biglietti.*

_____.

3. Lascia che Elisa controlli *le prenotazioni.*

_____.

4. Lascia che *Mario* chiuda *la porta.*

_____.

5. Lascia che *Francesco* scelga *i posti.*

_____.

6. Lascia che *Paola* saluti *le zie.*

_____.

7. Lascia che *Mario* controlli *i passaporti.*

_____.

C. Vita in un collegio. Fausto descrive la sua esperienza da bambino in un collegio molto severo. Trasforma le sue affermazioni usando *permettere che* + congiuntivo. Ricordati di fare tutti i cambiamenti necessari.

Esempio: Non mi lasciavano stare sveglio fino a tardi.
Non **permettevano che stessi** *sveglio fino a tardi.*

1. Non mi lasciavano guardare la televisione tutto il giorno.

_____.

2. Non mi lasciavano leggere i fumetti.

_____.

3. Non mi lasciavano tornare tardi la sera.

_____.

4. Non mi lasciavano saltare le lezioni noiose.

_____.

5. Non mi lasciavano tenere un gatto in camera.

_____.

6. Non mi lasciavano portare gli amici in camera mia.

_____.

7. Non mi lasciavano mangiare i panini con la Nutella.

_____.

12.8 I suffissi

Scriviamo

A. Un esame difficile. Andrea racconta una brutta giornata a scuola. Per ogni nome in corsivo, indica quale aggettivo lo descrive meglio, scegliendo tra: *grande, brutto, piccolo, carino, insignificante, volgare.*

Ieri avevo un *esamone* (1) di due ore. Il nostro è un *professoruccio* (2) di provincia, ma si comporta come se fosse un *professorone* (3) dell'università. Per questo ha sequestrato tutti i nostri *zainetti* (4) e li ha messi accanto al suo *tavolaccio* (5). Volevo fare una *domandina* (6) al mio compagno di banco, ma lui mi ha dato un'*occhiataccia* (7) e io sono rimasto in silenzio. Non ci ha concesso neppure una *pausetta* (8) e ci trattava come *studentelli* (9) delle elementari. In quelle condizioni non riuscivo a concentrarmi e sono sicuro che prenderò un *votaccio* (10) per il mio compito in classe.

1. _____
2. _____
3. _____
4. _____
5. _____
6. _____
7. _____
8. _____
9. _____

12.9 I verbi di percezione con l'infinito

Scriviamo

Una vicina impicciona. Maria ha una vicina di casa impicciona che si interessa a tutto quello che fa. Riscrivi le sue affermazioni usando *che + l'indicativo.*

Esempio: La settimana scorsa ho sentito Maria rientrare alle sei del mattino.

La settimana scorsa ho sentito Maria **che rientrava** *alle sei del mattino.*

1. L'anno scorso sentivo spesso Maria cantare una romanza.

   _____.

2. Una volta ho visto Maria ballare in discoteca.

   _____.

3. Dalla finestra ho osservato Maria lottare con un cane che voleva rubarle la spesa.

   _____.

4. Ogni giorno vedo Maria passeggiare con il suo fidanzato.

   _____.

5. Due giorni fa ho notato Maria guidare una macchina che non era sua.

   _____.

6. Guardo spesso Maria lavorare in giardino.

   _____.

7. Un anno fa sentii Maria litigare con il suo fidanzato.

   _____.

12.10 Il trapassato remoto

Scriviamo

A. Trapassato prossimo o trapassato remoto? Completa le frasi coniugando i verbi fra parentesi al trapassato prossimo o al trapassato remoto.

1. Dopo che _____ (finire) la costruzione, ci trasferimmo nella nuova casa.

2. (io) _____ (perdere) ogni speranza quando mi ha chiamato per dirmi che (io) _____ (superare) la selezione.

3. Gli _____ (scrivere) moltissime lettere quando finalmente ha deciso di rispondermi.

4. Ci consegnarono il diploma solo dopo che _____ (arrivare) i risultati dell'esame.

5. Scelsero i candidati più adatti dopo che _____ (completare) una selezione accuratissima.

6. Mi _____ (addormentarsi) da poco quando Paola è tornata a casa.

B. Il primo giorno di scuola. Nonno Francesco racconta al nipote che sta per iniziare le elementari il suo primo giorno di scuola, tanti anni fa. Completa il brano con la forma corretta del trapassato prossimo, del trapassato remoto, del passato remoto, o dell'imperfetto.

Quella mattina (io) _____ (1. svegliarsi) tardissimo e mio padre _____

(2. aspettare) già da un'ora che mi decidessi a uscire. Dopo che (io) _____ (3. prepararsi)

e _____ (4. fare) colazione, (noi) _____ (5. affrettarsi) a raggiungere la scuola.

Quando finalmente (noi) _____ (6. arrivare), le lezioni _____ (7. cominciare)

già da alcuni minuti. Mio padre _____ (8. scusarsi) con il maestro e (io) _____

(9. sedersi) all'unico banco che _____ (10. rimanere) libero. Dopo che (io)

_____ (11. sistemare) tutta la mia roba, il maestro mi _____ (12. chiedere) se

fossi pronto e io _____ (13. arrossire) perché _____ (14. vergognarsi) del mio

ritardo. Il resto della giornata _____ (15. svolgersi) senza altri incidenti. Durante

l'intervallo (io) _____ (16. conoscere) molti bambini, _____ (17. divertirsi)

molto e non _____ (18. pensare) più all'imbarazzante ritardo.

12.11 I modi indefiniti: l'infinito, il gerundio e il participio

Scriviamo

A. Un allenatore di calcio. L'allenatore (*coach*) Giacometti parla della sua squadra con un giornalista. Riscrivi le frasi sostituendo le parti in corsivo con l'infinito corrispondente al presente o al passato. Usa la preposizione corretta quando è necessaria e fa' i cambiamenti necessari.

Esempio: Dopo *che ebbero* vinto la partita, festeggiarono per due giorni.
*Dopo **aver vinto** la partita, festeggiarono per due giorni.*

1. *Il fatto che hanno perso* il loro miglior giocatore ha influito sul morale della squadra.

   _____.

2. Persero *perché avevano smesso* di giocare con passione.

   _____.

3. «Non è possibile *che vinciate senza che giochiate* al meglio», gli ho detto.

   _____.

4. Dopo *che avevano atteso* l'inizio della partita, entrarono tutti nello stadio.

   _____.

5. «È importante *che giochiate perché vinciate*», li ho incitati.

   _____.

6. Non sopportavano *il fatto che avessero perso* contro quegli avversari così deboli.

   _____.

7. *Il fatto che avevano visto* gli avversari vincere li motivò ancora di più.

   _____.

B. La parola al giocatore. Un giocatore di calcio racconta alcune sue esperienze. Riscrivi le frasi usando il gerundio presente o passato al posto delle parti in corsivo e facendo i cambiamenti necessari. Usa **pur (pure)** quando è necessario.

Esempio: Mentre ci allenavamo, ho imparato a conoscere gli altri giocatori.
   Allenandoci *ho imparato a conoscere gli altri giocatori.*

1. *Dato che avevamo già vinto la partita,* non giocammo al meglio negli ultimi minuti.

   _____.

2. *Con l'allenarsi costantemente,* si ottengono risultati straordinari.

   _____.

3. *Anche se avessi segnato quel goal,* non avremmo vinto comunque.

   _____.

4. *Benché non avesse giocato a lungo,* Mattioli era un giocatore molto esperto.

   _____.

5. *Mentre uscivamo dallo stadio,* ricevemmo gli applausi del pubblico.

   _____.

6. Durante la finale, Mattioli guardava a destra *mentre passava la palla.*

   _____.

7. *Siccome non mi ero allenato* abbastanza, non ho potuto giocare.

   _____.

C. Dal punto di vista degli spettatori. Un appassionato di calcio parla di alcune partite a cui ha assistito. Riscrivi le frasi sostituendo l'infinito e il gerundio dei verbi in corsivo con il corrispondente participio passato nella costruzione assoluta.

Esempio: Dopo aver perso la partita, i giocatori lasciarono lo stadio in silenzio.
   Persa la partita, *i giocatori lasciarono lo stadio in silenzio.*

1. *Dopo aver segnato* un goal, il giocatore andò a esultare sotto la curva.

   _____

2. *Avendo ricevuto* un passaggio favorevole, il giocatore segnò un gol.

   _____

3. *Avendo capito* che sarebbe piovuto, l'arbitro sospese la partita.

   _____

4. *Dopo aver consultato* i capitani delle due squadre, l'arbitro assegnò il gol.

   _____

5. *Dopo aver superato* la semifinale, le due squadre erano pronte ad affrontarsi.

   _____

6. *Avendo giocato* la sua ultima partita, il capitano salutò la squadra.

_____

7. *Dopo aver vinto tutto*, il campione si ritirò dal calcio.

_____

LEGGIAMO

Il calcio ha un ruolo molto particolare nella cultura italiana. Molti sono i giornali e i programmi televisivi che si occupano di questo sport e molti sono gli appassionati che seguono le partite sia negli stadi che in televisione.

Prima di leggere

Prima di leggere il testo rispondi alle seguenti domande.

1. Qual è lo sport più seguito nel tuo Paese? Secondo te, perché la gente si appassiona tanto a questo sport? E tu pratichi o segui questo sport?

_____

_____

2. Sapresti spiegare brevemente le regole di questo gioco?

_____

_____

3. Qual è la tua squadra o il tuo atleta preferito? Che cosa ammiri in particolare in questa squadra o in questo atleta?

_____

_____

4. Hai mai visto un evento sportivo importante? Di che sport si trattava? Chi ha vinto? Racconta!

_____

_____

Il calcio e la cultura italiana

Una passione degli italiani

Anche se le regole del calcio moderno sono state codificate in Inghilterra in epoca abbastanza recente, il gioco del calcio era praticato in Italia già durante il Rinascimento. Il calcio rinascimentale viene ancora praticato da alcuni, con il nome di «calcio fiorentino».

Nel calcio moderno le squadre[1] sono composte da undici giocatori, uno dei quali è il portiere[2], l'unico giocatore in campo a cui è permesso di toccare la palla con le mani. Il campionato[3] di calcio italiano è uno dei più prestigiosi del mondo. Moltissimi campioni internazionali vengono ingaggiati[4] dalle squadre più ricche.

[1] teams
[2] goalkeeper
[3] championship
[4] hired

Il campionato italiano è diviso in quattro categorie diverse, che vengono chiamate «serie» e che sono indicate da lettere. La serie A è la più importante. Nella serie B e nella serie C giocano squadre meno brave, ma sempre formate da giocatori professionisti, mentre nella serie D giocano i dilettanti, cioè calciatori che nella vita fanno un altro lavoro oltre al gioco del calcio.

La squadra vincitrice del campionato di serie A riceve uno «scudetto», un distintivo[5] con i colori della bandiera italiana che viene applicato sulla maglia della squadra vincitrice e verrà indossato dai giocatori per tutta la durata del campionato successivo.

[5] badge

Il campionato di calcio dura nove mesi: inizia in settembre e finisce a giugno. In questi mesi si giocano partite[6] ogni domenica pomeriggio e spesso anche il sabato e durante la settimana. Moltissimi italiani sono appassionati di calcio e seguono costantemente la propria squadra del cuore[7], conoscendone tutti i giocatori e discutendo spesso animatamente con i sostenitori delle altre squadre.

[6] matches

[7] favorite team

Ciascuna squadra italiana è legata a una città da cui prende il nome. Alcune città hanno più di una squadra. Ad esempio Milano è la città del Milan e dell'Inter, mentre Torino è la città della Juventus e del Torino. Quando le due squadre di una stessa città si affrontano, si assiste a un «derby».

Gli italiani possono fare scommesse[8] sui risultati delle diverse partite giocando al «Totocalcio». Per vincere a questo gioco occorre indovinare il risultato di tredici diverse partite che si giocano in una giornata. Per ogni partita gli scommettitori dovranno indicare se vincerà la squadra che gioca in casa (e cioè nello stadio della propria città) o quella che gioca fuori casa, oppure se la partita finirà in un pareggio. Nel primo caso, scriveranno 1 sulla schedina; nel secondo caso, 2; in caso di pareggio, invece, si segnerà una X. Chi indovina tutti e tredici i risultati può vincere fino a qualche milione di euro. «Fare tredici» è uno dei sogni più comuni fra gli sportivi italiani.

[8] bets

Oltre alle squadre cittadine, nelle quali possono giocare sia calciatori italiani che stranieri, l'Italia ha anche una squadra nazionale, gli Azzurri, in cui possono giocare soltanto cittadini italiani. Le squadre nazionali di tutti i Paesi del mondo si sfidano[9] ogni quattro anni per il possesso della coppa del mondo di calcio. La nazionale italiana ha vinto fino ad oggi ben quattro coppe del mondo, l'ultima delle quali nel campionato del 2006.

[9] challenge each other

Comprensione

A. **Vero o falso?** Leggi l'articolo sul calcio nella cultura italiana, indica se le seguenti affermazioni sono vere o false e correggi quelle sbagliate.

_____ 1.   Il «calcio fiorentino» è nato in Inghilterra.

_____

_____ 2.   Le squadre di calcio sono composte da dodici giocatori.

_____

_____ 3.   Il Milan e l'Inter sono due squadre di Milano.

_____

_____ 4.   Il campionato italiano è diviso in tre categorie.

_____

_____ 5.   Le categorie del campionato italiano vengono chiamate «serie».

_____

_____ 6.   La squadra vincitrice del campionato guadagna uno «scudetto».

_____

_____ 7.   Lo «scudetto» è una coppa.

_____

_____ 8.   Il portiere non può toccare la palla con le mani.

_____

_____ 9.   I giocatori stranieri possono giocare nel campionato italiano.

_____

_____ 10. In Italia è vietato scommettere sui risultati delle partite di calcio.

_____

🌐 NAVIGHIAMO NELLA RETE

A. **Il Fantacalcio.** Inserisci la parola «Fantacalcio» in un motore di ricerca italiano e cerca tutte le informazioni riguardo a questo gioco. Poi rispondi alle seguenti domande.

1. Di che gioco si tratta? Ti piacerebbe giocare? Perché?

   _____
   _____
   _____

2. Quali sono le regole del gioco? Descrivile brevemente.

   _____
   _____
   _____
   _____
   _____

3. Quali sono i premi in palio per il vincitore?

   _____
   _____
   _____

4. Credi di poter vincere il campionato di Fantacalcio? Perché?

   _____
   _____
   _____

B. **La squadra dei sogni.** Scegli uno dei siti in italiano dedicato al Fantacalcio. Iscriviti e decidi quali saranno i giocatori della tua squadra. Poi rispondi alle seguenti domande.

1. Da chi è composta la squadra? Ci sono molti campioni?

   _____
   _____

2. Credi che continuerai a giocare al Fantacalcio? Perché?

   _____
   _____

3. Se dovessi vincere, cosa faresti con i premi in palio?

   _____
   _____

B. Scegli **la risposta esatta** tra le tre scelte presentate.

1. Alla serie D appartengono
   a. giocatori dilettanti
   b. giocatori professionisti
   c. giocatori stranieri

2. La Juventus appartiene alla città di
   a. Roma   b. Torino   c. Milano

3. Il «derby» è
   a. una partita fra due squadre della stessa città
   b. un campionato fra tre squadre
   c. una coppa vinta fuori casa

4. «Fare tredici» significa
   a. che la tua squadra del cuore ha vinto
   b. che il tuo campione preferito ha vinto
   c. che hai indovinato tutti i risultati del «Totocalcio»

5. Nel gioco del «Totocalcio» il numero 1 indica
   a. la vittoria della squadra che gioca fuori casa
   b. la vittoria della squadra che gioca in casa
   c. il pareggio fra le due squadre

6. Il premio per chi «fa tredici» consiste in
   a. qualche migliaio di euro
   b. qualche centinaio di migliaia di euro
   c. qualche milione di euro

C. Rispondi alle domande sul calcio in Italia.

1. Quanti mesi dura il campionato di calcio in Italia?
2. In che mese inizia e quando finisce?
3. Come si chiama il gioco di scommesse sul calcio?
4. Quanti campionati del mondo ha vinto la squadra nazionale italiana?
5. Come viene comunemente chiamata la Nazionale di calcio italiana?

D. Le tue opinioni sul calcio. Rispondi alle seguenti domande.

a. Hai mai seguito una partita di calcio? Di che partita si trattava? Se non hai mai seguito una partita di calcio, ti piacerebbe farlo? Perché?

_____

_____

_____

b. Ti piacerebbe seguire dal vivo una partita del campionato del mondo? Perché?

_____

_____

_____

SCRIVIAMO

A. Campione per un giorno. Immagina di essere un campione di calcio per una giornata. Scrivi un breve testo nel quale racconti con quale squadra giocheresti, cosa faresti e dove andresti.

_____

_____

_____

_____

_____

_____

B. Due biglietti gratis. Hai ricevuto in regalo due biglietti per una finale della coppa del mondo di calcio e vuoi portare con te un tuo amico o una tua amica. Lui o lei, però, pensa che il calcio sia noioso e non vuole venire con te. Scrivi un breve dialogo nel quale convinci il tuo amico o la tua amica ad andare alla partita insieme a te.

_____

_____

_____

_____

_____

_____

_____

_____

_____

C. La finale. La squadra della tua università ha vinto il campionato! Scrivi una mail ad un tuo amico o ad una tua amica nel quale racconti i festeggiamenti nel campus.

_____

_____

_____

_____

_____

_____

_____